BLV Gartenbücher

Brookes	Der eigene Garten richtig geplant und gestaltet
Fleig-Harbauer	Der japanische Garten – Wege zu moderner Gestaltung
Herwig	350 Ziergehölze in Farbe
Herwig/Boks	Das große Gemüsegarten-Buch
Herwig/Stehling	Der Weg zum schönen Garten
Kreuter	Der Bio-Garten
Lesniewicz	Bonsai
Lesniewicz/ Grames/Eckardt	Die Welt des Bonsai
Michaeli-Achmühle	Gartenpraxis A–Z
Schubert	Im Garten zu Hause
Stangl	Gesundes Obst + Gemüse aus dem eigenen Garten
Stangl	Mein Hobby der Garten
Toms/Dahl	Krankheiten und Schädlinge an Obst und Gemüse

BLV Gartenberater

Cevat	Was fehlt denn meiner Zimmerpflanze?
Franke	Gartenanlage Schritt für Schritt
Funke	Der Obstgehölzschnitt
Gugenhan	Bunte Gärten auf Balkon und Terrasse
Henseler	Der Pflanzendoktor für den Hausgarten
Herkner	Rund um den Wassergarten
Jacobi/Mierswa	Gärtnern unter Glas und Folie
Kreuter	Kräuter und Gewürze aus dem eigenen Garten
Lelley	Pilze aus dem eigenen Garten
Liebster	Heilkraft aus dem Garten
Lohmann	Öko-Gärten als Lebensraum
Nengelken	Wintergärten und Überdachungen
Oldale	Garten- und Zimmerpflanzen richtig vermehren
Rysy	Orchideen
Schmitt/Jacobi	Der Garten im Jahreslauf
Stangl	Stauden im Garten
Widmayr	Alte Bauerngärten neu entdeckt

BLV Garten- und Blumenpraxis

301 Gartenblumen
302 Gartenarbeit richtig gemacht
303 Kakteen und andere Sukkulenten
304 Bonsai
305 Ziergehölze
306 Obstbaumschnitt
307 Obstanbau im eigenen Garten
308 1 × 1 der Hydrokultur
309 Blattpflanzen für jede Wohnung
310 Gartengestaltung
311 Gemüseanbau im eigenen Garten
312 Gestalten mit Blüten und Blumen
313 Steingärten
314 Der gesunde Gartenboden
315 Biologischer Pflanzenschutz
316 Balkon- und Terrassengärten
317 Rosen
318 1 × 1 des Bio-Gärtnerns
319 Der Garten in den Jahreszeiten
320 Der naturgemäße Kräutergarten
321 Der Heidegarten
322 Gärtnern mit Kindern
323 Orchideen für zu Hause
324 Wassergärten
325 Rasen, Wiese, Bodendecker
326 Beerenobst für jeden Garten
327 Gärtnern im Kleingewächshaus
328 Naturnahe Gärten
329 Blumenbeete und Rabatten richtig gestalten
330 Mischkulturen für Flach- und Hügelbeete
331 Kletterpflanzen
332 Die schönsten Kübelpflanzen
333 Hecken für jeden Garten
334 Der Kleingarten
335 Nützlinge und Schädlinge im Garten
336 Grabgestaltung
337 Der liebe Nachbar
338 Mehr Freude an Schnittblumen
339 Gartenhäuser
340 Der Weinstock am Haus
341 Palmen für Haus und Garten

BLV GARTENBERATER

Martin Stangl

Freude und Erfolg im eigenen Obstgarten

BLV Verlagsgesellschaft
München Wien Zürich

CIP-Kurztitelaufnahme der Deutschen Bibliothek

Stangl, Martin:
Freude und Erfolg im eigenen Obstgarten /
Martin Stangl. – München; Wien; Zürich:
BLV Verlagsgesellschaft, 1987.
(BLV Gartenberater)
ISBN 3-405-13376-9

Bildnachweis

Alle Fotos vom Autor, außer:
Felbinger: 38, 69, 184
Henseler: 177 ur
Himmelhuber: 31
Pachtner: 73, 173 ul
Pfletschinger: 152, 169 mur
Reinhard: 8, 12, 54, 103 u, 120
Reithmeyer: 169 ul, 177 ul
Sulzberger: 181 r
Votteler: 189

Titelfoto: Hans Reinhard
Grafiken: Anina Westphalen

Foto Seite 2:
Dieser Walnußbaum steht im eigenen Garten. Er bildet den Eckpunkt der Terrasse und gibt ihr optischen Halt. Vor 40 Jahren wurde ein Nußkern in den Boden gelegt, aus dem sich ein mächtiger, malerischer Baum entwickelt hat. An der Südwand des Hauses ist freigezogenes Birnspalier erkennbar.

Gesamtherstellung: Pustet, Regensburg

Printed in Germany · ISBN 3-405-13376-9

Große Mode

war der Obstbau im vergangenen Jahrhundert. Pfarrer, Lehrer und Ärzte beschäftigten sich nicht nur mit Menschen, sondern auch mit Äpfeln, Birnen und Zwetschen. Obst- und Gartenbauvereine wuchsen wie Pilze aus dem Boden, die Dörfer waren von Obstwiesen umgeben und entlang der Straßen prägten Obstbäume das Landschaftsbild. Obstbäume waren ein Stück Heimat.
Heute entdecken wir den Obstbau neu. Anstelle von allzuvielen etwas steif und düster wirkenden Nadelgehölzen werden wieder vermehrt Obstbäume gepflanzt, die uns den Rhythmus der Jahreszeiten erleben lassen.
Obstbäume sind Bindeglieder zwischen den Generationen. Von den Eltern gepflanzt, spielen die Kinder und Enkel in ihrem Schatten, freuen sich an der Blüte und essen die Früchte. Obstbäume begleiten uns ein ganzes Leben lang.
So erinnere auch ich mich an einen Klarapfelbaum aus meinen Kindertagen, den mein Vater in voller Blüte aus dem Boden graben mußte, weil an dieser Stelle ein Haus entstehen sollte. Wir schauten traurig zu. Der prächtig blühende Baum tat uns leid, er war ein Stück unserer Kindheit. Und groß war die Freude, als er nach dem Verpflanzen neuen Trieb zeigte und noch viele Jahre hindurch blühte und Äpfel brachte.
Und ich denke an eine Obstausstellung in Pasing zurück. Ich ging damals noch zur Schule. Gut Hundert verschiedene Apfel- und Birnsorten waren in Papptellern treppenförmig übereinander im Nebenzimmer des Gasthauses »Pasinger Brauerei« ausgestellt. Ein namhafter deutscher Obstbauexperte bestimmte die Sorten, von denen die Aussteller keinen Namen wußten. Auch ich brachte Früchte mit, drei Pappteller voll.
In dem einen lagen grasgrüne Äpfel aus dem Bauminnern, im anderen herrlich gefärbte von den äußeren Zweigen und für den dritten Teller holte ich übergroße Äpfel vom selben Baum, wahre Schaufrüchte! Ob der Obstexperte merken würde, daß alle Äpfel vom gleichen Baum stammen? Nein, er gab jedem Teller einen anderen Sortennamen. Noch heute freue ich mich über diesen Streich!
Nicht daß ich diesen Obstbaufachmann herabsetzen möchte. Im Gegenteil, ich denke gerne an ihn zurück. Ich möchte damit nur zeigen, wie schwierig es ist, Obstsorten zu bestimmen. Und ebenso schwierig ist es, so manche Frage, die beim Umgang mit Obstbäumen auftritt, einwandfrei zu beantworten.
Doch dies soll uns nicht entmutigen. Ich würde mich jedenfalls freuen, wenn dieses Buch dazu beitragen könnte, daß wieder mehr Obstbäume gepflanzt werden, besonders auch Obstspaliere, die kahle Hauswände freundlich beleben.
Martin Luther hat gesagt: »Und wenn ich wüßte, daß morgen die Welt unterginge, so würde ich noch heute ein Apfelbäumchen pflanzen.« Ein optimistisches Wort!

Martin Stangl

Inhalt

Obst – Blüte und Ernte

12 Obstanbau im Garten

73 Obstarten

Obst – Blüte und Ernte

Es ist nicht nur gesund, Obst zu essen. Schon der Anblick eines blühenden Obstbaumes hebt unser Wohlbefinden. Nur wenige Blüten und wir kommen in fröhliche Stimmung, beginnen zu schwärmen.

Der Zweig auf diesem Bild ist über und über bedeckt mit zartrosafarbenen Apfelblüten. Ein Bild vollendeter Schönheit. Ausdruck des Lebens in Fülle, nach dem wir uns alle sehnen. Zwar dauert diese Pracht nur wenige Tage, es folgt das Wachsen und Reifen. Im Herbst ernten wir die köstlichen Früchte und schließlich fallen die Blätter. Doch nach jedem Winter, nach jedem scheinbaren Absterben, bricht das Leben neu hervor.

Obst ist gesund

Daß dies nicht nur ein Slogan ist, beweist die tägliche Nachfrage. Obst nimmt einen beachtlichen Anteil auf unserem täglichen Speiseplan ein, vor allem können wir einen Apfel oder eine Birne rasch einstecken und am Arbeitsplatz, in der Schule oder im Auto so ganz nebenbei essen. Im Bundesgebiet betrug der pro Kopf-Verbrauch 1982/83 an Frischobst 94,2 kg. Dabei spielte der Apfel mit 44,3 kg die weitaus wichtigste Rolle.

Obst ist gesund, weil es sättigt, die meisten Obstarten aber arm an Kalorien sind. Neben verschiedenen Zuckerarten enthalten die Früchte organische Säuren, Mineralsalze, in kleinen Mengen pflanzliche Proteine und an Vitaminen vor allem das Provitamin A (Karotin), die wasserlöslichen Vitamine B und C, sowie Pektin.

Die Kohlenhydrate des Obstes, also Frucht- und Traubenzucker, werden direkt in die Blutbahn aufgenommen. Deshalb wirkt Obst rasch energiespendend und belebend.

Ebenso wichtig aber sind die Ballaststoffe, also Bestandteile unserer Kost, die nicht verdaut und nicht vom Körper aufgenommen werden. Es handelt sich dabei in erster Linie um Gerüstsubstanzen der verschiedenen Obst- und Gemüsearten, wobei die Zellulose die Hauptrolle spielt. Dieser unverdauliche Ballast regt die Darmbewegungen und damit den Stuhlgang an. Für unser Wohlbefinden ist es deshalb sehr wichtig, daß wir nicht nur Obstsäfte trinken, sondern die verschiedenen Obstarten größtenteils roh essen, samt deren Ballaststoffen.

Wer Obst sagt, denkt an Vitamine

Beide Begriffe gehören in unserer Vorstellung untrennbar zusammen, ähnlich wie Salz und Pfeffer, kalt und warm, Feuer und Wasser. Übrigens, erst 1910 wurde dieses Kunstwort »erfunden«; es setzt sich aus dem lateinischen vita = Leben und Amin zusammen, womit organische Stickstoffverbindungen bezeichnet werden.

Vitamine haben wichtigen Einfluß auf die Widerstandsfähigkeit des Körpers, sie werden in geringen Mengen für den Aufbau, das Wachstum und die Funktion der Organe und Körpergewebe benötigt. Da einige nicht so stabile Vitamine durch Erhitzen oder Wässern zerstört werden, sollte Obst möglichst roh gegessen werden. Doch das ist eigentlich selbstverständlich und bietet sich im eigenen Garten geradezu an. Wie köstlich schmecken doch Erdbeeren, Stachelbeeren, Himbeeren und Brombeeren, wenn wir sie im Vorbeigehen direkt vom Strauch zupfen und in den Mund stecken können. Und welcher Genuß ist es, wenn sich im November noch ein paar verhutzelte, bei der Ernte vergessene Hauszwetschen am Baum finden, die um diese späte Zeit zuckersüß schmecken.

Unentbehrliche Mineralstoffe

Mineralstoffe wie Kalzium, Phosphor, Eisen, Kalium, Natrium und Magnesium spielen eine wichtige Rolle beim Stoffwechsel. Im Obst sind sie reichlich enthalten. So findet sich das für den Knochenaufbau unentbehrliche Kalzium vor allem in Himbeeren, gefolgt von Brombeeren, Stachelbeeren und Erdbeeren. Viel Kalzium ist auch in getrockneten Aprikosen enthalten. Phosphor, eine Grundsubstanz vieler Eiweißstoffe wird ebenfalls für den Knochenaufbau benötigt. Besonders Himbeeren, Brombeeren, Erdbeeren und Stachelbeeren enthalten viel davon. Eisen als wichtiger Bestandteil des Blutfarbstoffes findet sich vor allem in Pfirsichen und Himbeeren.

Daneben sind in den verschiedenen Obstarten auch Natrium, Kalium und Magnesium sowie die Spurenelemente Kupfer und Mangan enthalten. Alle diese Stoffe finden sich im Obst nur in sehr geringen Mengen, zusammen aber tragen sie entscheidend dazu bei, daß wir uns wohlfühlen.

Ein oder zwei Obsttage je Woche entschlacken den Körper und tragen zum allgemeinen Wohlbefinden bei. Wer aber gerne mehrere Kilo auf recht angenehme Weise wegbringen möchte, sollte sich zu einer Obstkur entschließen. Beim Obstsaftfasten gibt es täglich frisch gepreßte Obstsäfte, aber keinerlei andere Nahrung, auf die man bei einer solchen Kur verzichten muß.

Einführung

Obstanbau im geschichtlichen Rückblick

Bereits zur Pfahlbauzeit muß es bei uns Kultursorten von wilden Obstbäumen gegeben haben. Funde haben außerdem gezeigt, daß damals bereits Trockenobst für den Winter hergestellt wurde.
Auch aufgrund von ältester Dichtung, kultischer Bräuche und alter Ortsnamen geht hervor, daß der Obstbau im deutschen Sprachraum schon lange vor der Zeit als sich die Römer hier niederließen, bekannt war.
Über den gesetzlichen Schutz von Obstbäumen gibt es Überlieferungen, die bis 700 n. Chr. zurückreichen. Das in diesem Zusammenhang oft zitierte bayerische Gesetz sah sehr strenge Strafen für Baumfrevel und auch für die Beschädigung von Edelreisern vor. Danach wurde in Bayern ein Grundstück erst dann als Garten bezeichnet, wenn mindestens 12 Obstbäume darin standen. Das zeigt, daß der Obstbau bereits im 7. Jahrhundert in manchen Gegenden verbreitet war.
Bekannt ist auch die Forderung Karls des Großen (742–814), daß die Gärten verschiedene Obstbäume enthalten müssen, nämlich Äpfel, Birnen, Pflaumen, Kirschen und Pfirsische in verschiedenen Sorten, sowie Quitten, Mispeln, Nußbäume und Eßkastanien.
Aber erst mit der Ausbreitung der Klöster ging auch die Verbreitung des Obstbaus einher. Von dieser Zeit ab werden Urkunden, Gesetzestexte und Bücher mit Kapiteln über Obstbau häufiger. So zählt die Äbtissin Hildegard von Bingen um 1160 eine ganze Reihe von Obstarten und -sorten auf. Albertus Magnus (1193–1280) schreibt über die Behandlung der Obstbäume und 1564 erschien schließlich als erstes deutsches Obstbaubuch »Das künstliche Obstgartenbüchlein« von Kurfürst August von Sachsen. Dieser war neben anderen Fürsten ein bedeutender Förderer des Obstbaus. Unter seiner Herrschaft wurden Baumschulen angelegt und das Ehestands-Baumgesetz erlassen. In ähnlicher Weise beschäftigte sich der Große Kurfürst, Friedrich von Brandenburg, mit Obstbau; er wies die Pfarrer an, daß sie ein Brautpaar nur trauen dürfen, wenn es die vorgeschriebene Anzahl an Obstbäumen gepflanzt oder veredelt hatte.
Im 18. Jahrhundert erschienen mehrere Werke über Obstbau, so z. B. »Die Baumzucht im Großen«, geschrieben vom Vater des Dichters Friedrich von Schiller. Er war ein großer Förderer des Obstbaus, was schon daraus hervorgeht, daß der Bestand in der von ihm geleiteten Baumschule in der Solitude auf mehrere hunderttausend Obstbäume angewachsen ist.
Im 18. Jahrhundert wird dann der Topfobstbau modern, der auch heute wieder »in« ist. Man nannte ihn damals »Obstbau in Scherben«. Dazu brauchte man Zwergbäume, die seit Mitte des 17. Jahrhunderts bekannt waren und nun um die Mitte des 18. Jahrhunderts in großen Mengen aus Frankreich geholt wurden. 1735 wurde in Paris auf einer Sitzung der Akademie der Wissenschaften eine steinlose Pflaume (prune sans noyau) vorgestellt und 1745 entstand in Weimar die erste Obst-Orangerie; der Obstbau wird immer mehr gesellschaftsfähig.
Seinen großen Höhepunkt erlebt der Obstbau aber erst im 19. Jahrhundert: Wer auf sich hält beschäftigt sich mit dem Anbau und dem Veredeln von Obstbäumen. Es gibt geradezu eine Obst-Welle, vergleichbar mit der durch Boris Becker ausgelösten Tennis-Welle. Pfarrer, Lehrer, Ärzte und Apotheker fördern jetzt den Obstbau. Pfarrer Sickler aus Sachsen gibt den Auftakt: Er bringt 1796–1804 das 22bändige Werk »Teutscher Obstgärtner« heraus, zur gleichen Zeit wie auch Oberpfarrer Johann Ludwig Christ sich mit Veröffentlichungen über den Obstbau verdient macht. An den 21 Bänden »Versuche einer systematischen Beschreibung in Deutschland vorhandener Kernobstsorten« des Arztes Dr. August Franz Adrian Diel (1799–1819) kann man ersehen, mit welcher Sortenvielfalt man es damals zu tun hatte. Pomologie, Sortenkunde, nimmt einen breiten Raum ein.
Überall entstehen Pomologische Gärten, Baumschulen, Straßenobstpflanzungen und Pomologische Gesellschaften. Sortenvielfalt ist Trumpf, jeder will in seinem Garten möglichst viele gute Sorten besitzen. Drei Männer des 19. Jahrhunderts haben besonderen Anteil

an der heutigen Ausbreitung des Obstbaus: Oberdieck, Jahn und Dr. Eduard Lucas. Die heutigen Forschungsinstitute gehen auf die Anregungen dieser Förderer zurück. Schließlich wird 1860 der »Deutsche Pomologen-Verein« gegründet, der sich um eine Sortenbeschränkung bemüht und sich um die wissenschaftliche Forschung auf dem Gebiete des Obstbaus verdient macht.
Damals entstehen überall im Lande zahlreiche Obst- und Gartenbauvereine, die größtenteils heute noch existieren. Sie fördern nach wie vor den Obstbau, stellen sich aber vermehrt auch den heutigen Problemen und leisten in der Landschaftserhaltung, Ortsverschönerung und im Umweltschutz hervorragende Arbeit für die Allgemeinheit.
Im 20. Jahrhundert schließlich ist der Obstbau von den beiden Weltkriegen, von den Hungerzeiten geprägt, in denen es darauf ankommt, auf kleiner Fläche viel zu erzeugen. Das Dritte Reich will eine autarke Wirtschaft, möglichst unabhängig von Einfuhren aus dem Ausland, aufbauen. Diese »Erzeugungsschlacht« macht auch vor dem Obstbau nicht Halt. Im 2. Weltkrieg und die mageren Jahre danach wird Obst zum begehrten Tauschobjekt gegen andere Lebensmittel und Materialien, nachdem für Geld nur noch auf Marken etwas zu bekommen ist. Obstbäume und Beerensträucher stehen hoch im Kurs und werden gut gepflegt, bis dann nach der Währungsreform 1948 der rapide Wirtschaftsaufschwung erfolgt.
Während sich bis dahin erwerbsmäßiger und Liebhaberobstbau nicht gar so sehr voneinander unterscheiden, kommt jetzt die große Wende. Der Streuobstbau auf den Feldern mit hochstämmigen Bäumen wird unrationell und verschwindet mehr und mehr. Straßenobstbäume werden abgeholzt und müssen Verbreiterungen weichen, nachdem das Auto zum Goldenen Kalb wird. Der Erwerbsobstbau wird rationalisiert und plantagenmäßig betrieben. Intensiver chemischer Pflanzenschutz steht obenan. Niederstammobstbau, Spindelbuschplantagen wachsen heran, denn jede Leitersprosse, die man bei der Obsternte hochsteigen muß, kostet Geld, verringert den Reingewinn. Technik ist Trumpf, Pomologie ist ein alter Hut, ›Golden Delicious‹ hält Einzug und man beschränkt sich auf nur wenige marktgängige Sorten. Es wird amerikanisch-hektisch, der Traum vom Liegen unterm Apfelbaum ist vorbei.
Das ist das eine Gleis, das andere, der Liebhaberobstbau biegt weit ab. Obstbäume sind nicht mehr geschätzt. Es wird gearbeitet, ein Auto gekauft, ein Haus gebaut. Obstbäume sind altmodisch. Die Rasenwelle rollt und es müssen teure Ziergehölze sein, die den Garten schmücken. Obstbau ist etwas für Leute, die das Aufspringen auf den Wirtschaftswunderzug verpaßt haben, die geistig und wirtschaftlich zurückgeblieben sind und in ihrem Haus- oder Schrebergarten noch »krautern« wie zu Großvaters Zeiten.
Wer macht noch Marmelade, Obstsäfte, Dörrobst? Es gibt ja alles im Supermarkt, preiswert und in Fülle. Obst wird massenweise in Plantagen angebaut, was sollen wir uns damit herumplagen?
Inzwischen ist der ungehemmte Fortschrittsglaube, das Wirtschaftswachstum ohne Grenzen, schwer angeschlagen. Die Ölkrise 1973, Tschernobyl 1986 sind Wendepunkte. Viele Menschen besinnen sich auf eine natürlichere Lebensweise, die Blumenwiese verdrängt den sterilen Rasen und es macht auf einmal wieder Spaß, reife Kirschen vom Baum in den Mund zu essen und Monatserdbeeren im Vorbeigehen zu naschen.
Endlich erkennt man, daß es ein blühender Apfelbaum in Punkto Schönheit sehr wohl mit dem teuersten exotischen Ziergehölz aufnehmen kann und der Mittagsschlaf unter dem lichtgrünen Blätterdach eines Walnußbaumes viel erholsamer ist, als das Nickerchen in einer pompösen Hollywoodschaukel. Das Haus, von Spalierbäumen eingegrünt, ist Ausdruck einer neuen Lebensqualität und die Spindelbüsche entlang der Nachbargrenze schirmen zwar etwas ab, aber sie sind nicht wie eine undurchschaubare Thujenmauer, sondern ermöglichen einen Gruß und ein Gespräch über den Zaun.
Der in den beiden letzten Jahrhunderten »hoffähig« gewordene Obstbau bereichert unser Leben auch im 20. Jahrhundert.

Obstanbau im Garten

Als Freizeitgärtner brauchen wir uns nicht mit hochwissenschaftlicher Botanik zu befassen. Dieser Abschnitt soll lediglich zu noch mehr Freude und Erfolg mit Obstbäumen und Beerensträuchern beitragen. Bestimmt entsteht eine viel engere Beziehung zu ihnen, wenn wir etwas von ihrem Bau und Innenleben verstehen. Manche Arbeit, die bisher rein mechanisch durchgeführt wurde, bekommt dadurch erst Sinn. Aber auch so manche »Entdeckung« vor der wir bisher gestanden haben, werden wir uns erklären können, wenn wir mehr wissen als nur den Unterschied zwischen Apfel und Birne.

Die Zelle als kleinster Baustein

Alle Lebewesen und damit auch alle Pflanzen bestehen aus kleinsten Bausteinen: den Zellen, die man nur bei starker mikroskopischer Vergrößerung sehen kann. Ein großkroniger Apfelbaum ist aus ihnen aufgebaut, ebenso aber auch Erdbeeren, Kohlrabi oder Stiefmütterchen; Wurzeln, Triebe, Blätter, Blüten, Samen und Früchte setzen sich aus einer Vielzahl solcher Zellen zusammen. Mehr zum Bau und den interessanten Vorgängen in der Pflanzenzelle finden Sie in meinem Buch »Mein Hobby, der Garten«.

Wie Obstbäume wachsen

Jedes Lebewesen, also auch der Obstbaum, entsteht ursprünglich aus nur einer Zelle, der befruchteten Eizelle. Daraus entwickelt sich der Embryo und im weiteren Wachstumsverlauf der gesamte Strauch oder Baum. Aus einer Zelle werden zwei, aus zwei vier usw. Ganz gleich ob es sich um eine bescheidene Erdbeerpflanze oder um einen mächtigen Walnußbaum handelt.

Die Zellteilung beginnt mit der Teilung des Zellkerns. In ihm sondert sich eine für jede Pflanzenart charakteristische Anzahl fadenförmiger Gebilde ab, die Kernschleifen (Chromosomen). Ihre Zahl schwankt bei den einzelnen Arten zwischen einigen wenigen und weit über hundert. Für eine bestimmte Art ist sie jedoch immer konstant, und zwar in allen Zellen dieser Art, z. B. beim Apfel 34, bei der Sauerkirsche 32. Auf den genauen Ablauf der Teilung soll hier nicht näher eingegangen werden. Das kann man in einem Botanikbuch nachlesen. Jedenfalls, nach der Teilung sind aus einer Mutterzelle zwei Tochterzellen mit genau den gleichen Erbeigenschaften geworden. Dadurch ist es möglich, manche Obstarten durch Steckholz, Rißlinge oder Absenker zu vermehren, denn aus diesen Pflanzenteilen entstehen wieder vollständige Pflanzen, mit den ganz gleichen Eigenschaften wie sie die Mutterpflanze besitzt.

Die Zellteilung geht bei den Pflanzen vor allem am Vegetationspunkt, also am Ende jeder Wurzel oder jedes Sprosses vor sich. Und wenn Wurzel, Stamm und Äste in die Dicke wachsen, so geht diese Entwicklung von dem dicht unter der Rinde befindlich Kambium aus, dessen Zellen sich während der Frühjahrs- und Sommermonate fortlaufend teilen. Beim Veredeln ist deshalb darauf zu achten, daß Kambium auf Kambium kommt, und die Überwallung der Wundränder (Obstbaumschnitt, Wundenpflege) hängt ebenfalls mit der Teilungsfähigkeit des Kambiums zusammen.

Bestandteile eines Obstbaumes

Unentbehrlich: Das Blatt

Ohne Blattgrün kein Leben, kein Wachsen und Fruchten. Wir sorgen deshalb im Obstgarten durch Bodenpflege, Schnitt, Düngung und Pflanzenschutzmaßnahmen dafür, das die Blätter der Sträucher und Bäume gesund bleiben und möglichst gut belichtet sind.

Auch das Blatt ist wie alles in der Natur raffiniert »einfach« und dabei sinnvoll gebaut. Wer sich näher dafür interessiert, kann dies in dem bereits unter »Zelle« erwähnten Buch nachlesen. Hier soll nur das angesprochen werden, was für die obstbauliche Praxis besonders wichtig ist. Jedenfalls: Ohne grünes Blatt kein Pflanzenleben, aber auch kein Leben von Tier und Mensch! Nur im grünen Blatt kann sich jener für das Leben grundlegende chemische Prozeß abspielen, bei dem aus anorganischen Stoffen organische Substanz entsteht, aus Leblosem also Lebendiges wird.

Und so spielt sich dieser chemische Vorgang ab: Mit den Blättern nimmt die Pflanze gasförmiges Kohlendioxyd (CO_2) aus der Luft auf, und wandelt es zusammen mit Wasser und unter Einwirkung von Sonnenlicht in organische Substanz um. Diese Umwandlung, Assimilation oder Photosynthese genannt, vollzieht sich nach der chemischen Gleichung: $6\,CO_2 + 6\,H_2O + 674$ Kalorien $= C_6H_{12}O_6 + 6\,O_2$. Das heißt: Aus 6 Teilen Kohlendioxyd + 6 Teilen Wasser + Sonnenenergie entstehen 1 Teil Zucker + 6 Teile Sauerstoff.

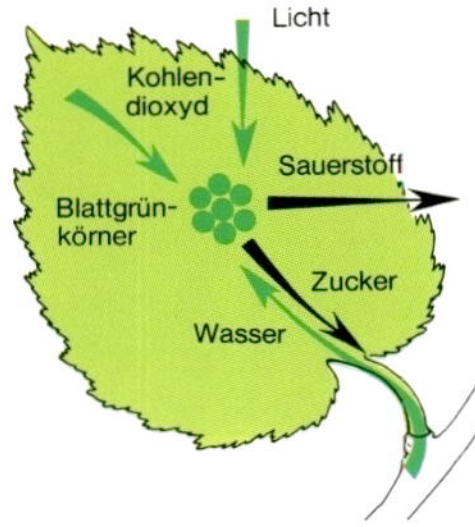

Oben: Photosynthese, auch Assimilation genannt.
Darunter: Verdunstung durch die Blätter.

Bei der Assimilation wird also Kohlendioxyd verbraucht und Sauerstoff frei. Aus diesem Grunde sind Wälder, Grünflächen und Gärten so wichtig für unsere Gesundheit, denn hier wird durch den unentwegten Ablauf dieses Vorgangs ständig Sauerstoff frei, den wir zur Atmung brauchen. Umgekehrt atmen wir und die Tiere Kohlendioxyd aus, das die Pflanzen zur Assimilation benötigen. Das gasförmige Kohlendioxyd dringt durch die Spaltöffnungen an der Unterseite der Blätter in das Blattinnere ein und gelangt an das Blattgrün (Chlorophyll). Gleichzeitig wird der bei der Assimilation freiwerdende Sauerstoff durch die Spaltöffnungen nach außen geleitet.

Der bei der Assimilation erzeugte Zucker, also eine organische Substanz, wird sofort zu Stärke weiterverarbeitet. Ist an anderen Stellen der Pflanze Bedarf, so wird die Stärke rasch wieder in Zucker zurückverwandelt und in dieser leicht transportablen Form an die Stellen des Verbrauchs, also zu den Wurzeln, Blättern, Blüten, Früchten geleitet. Dies geschieht vor allem während der Nacht. Zucker wird von der Pflanze zunächst zum Aufbau anderer Kohlenhydrate gebraucht: Rohrzucker, Stärke, Zellulose, Holzstoff (Lignin) usw. Zum Teil werden diese Stoffe in Wurzeln und Knollen gespeichert, zum Teil sind sie als Baustoffe für die Zellwände nötig. Außerdem bilden die bei der Assimilation erzeugten Kohlenhydrate die Grundlage für Eiweißstoffe, Fette und andere organischen Substanzen.

Im Blatt geht aber nicht nur ein Aufbauprozeß vor sich, die Assimilation, sondern ebenso ein Abbauprozeß: die Atmung – wie bei Mensch und Tier. Die chemische Gleichung hierfür ist das Gegenstück zur Assimilation. Um 1 Teil Zucker (organische Substanz) zu veratmen, nimmt die Pflanze 6 Teile Sauerstoff auf, während sie 6 Teile Kohlendioxyd, 6 Teile Wasser und Energie (674 Kal.) abgibt. Diese Energie braucht jedes Lebewesen, um aktiv und funktionsfähig zu bleiben.

Die Atmung findet allerdings nicht nur im Blatt statt, es atmet vielmehr jede einzelne Pflanzenzelle, der Stamm ebenso wie die Wurzel. Darum Bodenlockerung, bzw. mulchen, damit Luft in den Boden gelangt. Selbstverständlich ist die Assimilation stärker als die Atmung, sonst wäre kein Wachstum möglich. Lediglich bei eingelagerten Pflanzenteilen wie Obst, verringert sich das Gewicht durch Atmung und Verdunstung.

Neben Assimilation und Atmung hat das Blatt noch eine weitere wichtige Aufgabe: die Verdunstung (Transpiration). Über 98% des von der Pflanze aufgenommenen Wassers wird wieder an die Luft abgegeben, vor allem über das Blatt. Indem eine Zelle Wasser verdunstet, nimmt die Konzentration des Zellsaftes und damit die Saugkraft der Zelle zu. Die Zelle ist nun bestrebt, den eingetretenen Wasserverlust durch Ansaugen von Wasser aus einer Nachbarzelle auszugleichen. Dies ist deshalb möglich, weil nun zwischen beiden Zellen ein Unterschied bezüglich der Konzentration besteht, d. h. die stärkere Lösung saugt die schwächere an. Diese in den Blättern entstehende Saugkraft bewirkt einen Verdunstungsstrom, der von der Wurzel zur Sproßspitze hin verläuft. Wieder sind es die Spaltöffnungen, aus denen das Wasser in Form von Wasserdampf entweicht, nachdem es über ein kompliziertes Leitungssystem von den Wurzeln bis zu den letzten Blattspitzen transportiert wurde. Je trockener die umgebende Luft, desto größer die Verdunstung. Ein Baum kann bis zu mehreren hundert Litern Wasser am Tag abgeben. Oberflächlich gesehen möchte man meinen, die Verdunstung sei überflüssig, ein Luxus. Doch das ist keineswegs der Fall.

Durch die Sogwirkung werden fortwährend von der Wurzel her Wasser und die darin gelösten Nährstoffe aus dem Boden aufgenommen und an die Stellen des Verbrauchs transportiert. Die Pflanze braucht diese Nährstoffe, damit sie aus den bei der Assimilation erzeugten Kohlenhydraten wichtige Baustoffe, wie z. B. Eiweiß herstellen kann. Ohne Verdunstung also auch keine Nährstoffaufnahme!

Wurzeln verankern den Baum

Was das heißt, wird uns klar, wenn wir vor einem riesigen Mostbirnbaum stehen, wie er gelegentlich noch auf der freien Flur anzutreffen ist. Wie vielen Stürmen mag er im Laufe der Jahrzehnte schon getrotzt haben, doch er steht unverrückbar da, die Wurzeln haben ihn festgehalten.

Während der Sproß einer Pflanze dem Licht zuwächst, geht das Wachstum der Wurzel nach unten. Ebenso aber wie der Sproß an seinem Vegetationspunkt durch fortlaufende Zellteilung weiterwächst, so entwickelt sich auch die Wurzel von der Spitze her weiter. Gleich hinter der Wurzelspitze bilden sich dabei sehr feine Wurzelhaare. Sie sind nur kurze Zeit lebensfähig und sterben in einiger Entfernung hinter der Wurzelspitze wieder ab, so daß nur eine verhältnismäßig kurze Zone mit dem dichten Pelz der Wurzelhaare besetzt ist. In ihrer Gesamtheit bilden diese Wurzelhaare eine riesige Oberfläche und entziehen durch ihre Saugkraft dem Boden Wasser mit den darin gelösten Nährstoffen. Die Wasser- und Nährstoffaufnahme ist also im wesentlichen auf diesen Bereich beschränkt.

Für die Praxis heißt das: Es hat wenig Sinn, Obstbäume mit weitreichendem Wurzelwerk nur unmittelbar am Stamm zu gießen oder zu düngen. Dort sind überwiegend starke Wurzeln, die keine Saugfähigkeit mehr besitzen. Wir müssen vielmehr Wasser und Nährstoffe in den Bereich der Wurzelspitzen bringen, also unter die Kronentraufe und darüber hinaus. Dort werden sie von den Wurzelhaaren aufgenommen und über die starken Wurzeln, Stamm und Äste bis hin zu den am weitesten entfernten Blättern geleitet.

Stamm und Äste

Sie stellen die Verbindung von Wurzeln und Blättern her. Vor allem aber verlaufen in diesen Teilen die Leitungsbahnen, die sich ebenso in schwächsten Trieb wie in einem mächtigen Baumstamm befinden.

Es gibt zweierlei Leitungsbahnen: einmal die sogenannten Gefäße, die im Holzteil verlaufen

Links: Wurzelhaare und Wurzelspitze. Mitte: Wurzelhaare, stark vergrößert; sie schmiegen sich an die feinsten Bodenteilchen an. Rechts: Mikroskopischer Querschnitt eines Stengels mit den Leitungsbahnen.

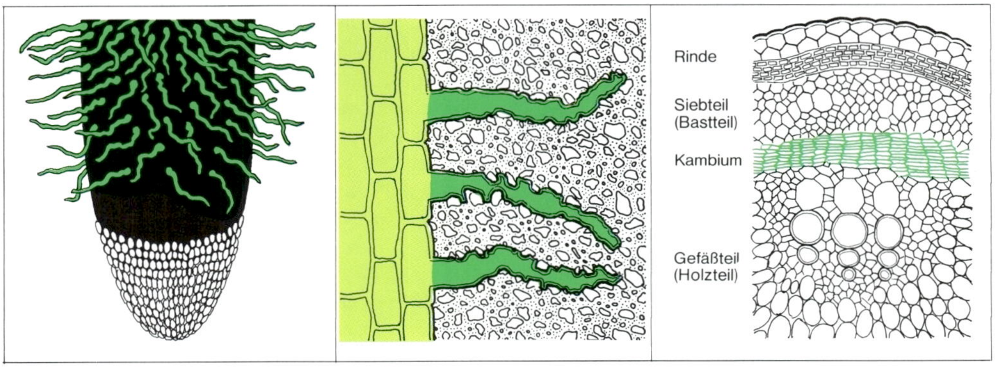

und in denen Wasser und Nährstoffe von der Wurzel bis in die letzten Blattspitzen transportiert werden. Zum andern sind es die Siebröhren; sie befinden sich im Bastteil des Stammes und der Äste, folgen also unmittelbar nach der Rinde. In diesen Siebröhren fließen die bei der Assimilation gebildeten organischen Stoffe von oben nach unten.
Bei den Obstbäumen – auch bei anderen Gehölzen – befindet sich außerdem zwischen Gefäß- und Siebteil ein wachstumsfähiges Zellgewebe; das Kambium. Während die Zellen im Holzteil einer Pflanze absterben, bleiben die Zellen des Kambiums teilungsfähig; von hier aus findet das Dickenwachstum statt.
Das Kambium bildet in jeder Vegetationsperiode nach innen Holz mit Gefäßen zur Wasserleitung und gleichzeitig nach außen Bast oder Rinde mit den Siebröhren für die Leitung des Assimilationsstromes. Durch diesen jährlichen Rhythmus bilden sich Jahresringe, die deutlich zu erkennen sind, wenn ein Stamm oder Ast durchgesägt wird.
Dies ist für unsere Praxis insofern wichtig, weil beim »Ringeln« der Siebteil und damit der Assimilationsstrom von oben nach unten unterbrochen wird, während durch diesen Eingriff die im Holzteil stattfindende Wasser- und Nährstoffversorgung unverändert weiter erfolgt.

Apfelblüten

Beim Ringeln entfernen wir mit dem Messer rund um einen Trieb oder um den Stamm einen 1–3 cm breiten Rindenstreifen, wobei das Kambium erhalten bleiben soll. Also den Rindenstreifen nicht bis ins Holz hinein entfernen, weil sonst ein ähnlicher Schaden wie bei Mäusefraß vorliegen und die Wunde nur noch schwerlich verheilen würde! Oberhalb der geringelten Stelle – die Leitungsbahnen sind unterbrochen – kommt es zu einem Stau der Assimilate, d. h. der Blüten- und Fruchtansatz wird gefördert. Das Ringeln können wir anwenden, wenn Obstbäume nach mehreren Jahren noch immer nicht tragen wollen.
Doch zurück zu den Leitungsbahnen: Sie durchziehen die ganze Pflanze, von der Wurzel bis zu den feinstverzweigten Blattadern. Die Zellen entnehmen mit Hilfe ihrer Saugkraft den Leitungsbahnen das Wasser mit den darin gelösten Nährstoffen und leiten es in seitlicher Richtung weiter, so daß alle Teile einer Pflanze damit versorgt werden.

Die Blüte, ein Höhepunkt

Jedes Jahr freuen wir uns erneut auf die Tage im Mai, wenn der Flieder verschwenderisch in den Gärten duftet und sich die Obstbäume in weißrosa Blütenpracht zeigen. Obstbäume können es um diese Zeit mit jedem Ziergehölz aufnehmen. Und wozu all diese verschwenderische Pracht? Einzig und allein, um die Art zu erhalten: Das Leben muß weitergehen! Von den weithin leuchtenden Blütenblättern und vom Duft werden die Insekten angelockt, die den Pollen von Blüte zu Blüte tragen und diese dabei bestäuben. Nur die Haselnuß und der Walnußbaum haben diesen Aufwand an »Schminke« nicht nötig; bei ihnen vollzieht der Wind die Bestäubung.
Sobald das männliche Pollenkorn auf die reife Narbe (Stempel) gelangt, keimt es aus und gelangt zur weiblichen Eizelle im Fruchtknoten, wo der männliche Zellkern mit dem weiblichen Kern verschmilzt; es entsteht eine neue Zelle, ein Embryo, ein neues Lebewesen mit der Erbeigenschaften von Vater und Mutter. Da dieser Befruchtungsvorgang höchst kompliziert, aber ebenso interessant ist – hier wurde er sehr vereinfacht dargestellt – darf ich

Interessenten auf die bereits genannte Literatur verweisen.
Bis Obstbäume blühen, dauert es je nach Obstart, Sorte, Boden, Pflege usw. verschieden lange. Nachstehend eine kleine Übersicht mit Erfahrungswerten aus der Praxis, wie sie auch bei Wertermittlungen von Obstgehölzen zugrundegelegt werden.

Beginn des Vollertrags

Obstart/Baumform	Jahre
Apfel-Spindelbusch	3
Apfel-Busch	4–6
Apfel-Halb- und Hochstamm	7–10
Birn-Spindelbusch/Busch	4–6
Birn-Halb- und Hochstamm	8–12
Kirschen-Busch	4–6
Kirschen-Halb- und Hochstamm	8–12
Pflaumen-Busch	6–8
Pflaumen-Halb- und Hochstamm	6–8
Pfirsich	3–4
Aprikose	5–7
Quitte	4–6
Walnuß auf Sämling	12–15
Walnuß veredelt	7–10
Haselnuß	5

Der Ertragsbeginn liegt oft bereits vor diesem Zeitpunkt und kann – vor allem durch Schnittmaßnahmen – günstig beeinflußt werden.

Besonders lange muß man sich mit dem Blühbeginn bei Obstgehölzen gedulden, die durch Aussaat vermehrt wurden, wie dies z. B. bei der Züchtung neuer Obstsorten der Fall ist. Hier müssen Mutter- und Vatersorte miteinander gekreuzt, der daraus hervorgehende Samen ausgesät und es muß viele Jahre gewartet werden, bis der Ertrag einsetzt. Erst dann und nach weiteren Beobachtungsjahren läßt sich der Wert einer neuen Sorte beurteilen. Man braucht deshalb nicht erstaunt zu sein, wenn Obstneuheiten wegen dieses erheblichen Aufwandes ihren Preis haben.
Die mittels Veredeln (Reiser, Augen) oder durch Ausläufer vermehrten Obstarten sind dagegen bereits von ihrer Vermehrung an blühreif. Zwar bilden auch sie erst Triebe und brauchen je nach Art ein oder mehrere Jahre bis sie zu blühen und fruchten beginnen, doch erfolgt dies wesentlich rascher als bei Sämlingspflanzen. Wenn wir das Beerenobst miteinbeziehen, fruchten am schnellsten Erdbeere und Himbeere, gefolgt von Johannisbeere, Stachelbeere, Brombeere, Pfirsich, Sauerkirsche, Quitte, Aprikose, Haselnuß und Pflaume. Am längsten von der Pflanzung bis zum Ertrag dauert es bei Süßkirsche, Apfel, Birne und schließlich Walnuß. Durch die Wahl geeigneter Unterlagen oder durch Ringeln läßt sich jedoch der Ertragsbeginn vorverlegen.
Welche Faktoren die Blüte und damit das Einsetzen der Fruchtbarkeit beeinflussen, nun, darüber gibt es in der Obstbauwissenschaft verschiedene Theorien. Am einleuchtendsten ist die von Klebsch, wonach ein Überschuß von Kohlenhydraten (Assimilaten) und ein relativer Stickstoffmangel das Einsetzen der Fruchtbarkeit fördert und umgekehrt. Praktische obstbauliche Erfahrungen, wie die günstigen Einflüsse des sommerlichen Waagrechtbindens von Trieben, des Baumschnitts und des Ringels scheinen diese Theorie zu bestätigen.
Andere Forschungsarbeiten halten dagegen ein Blühhormon für den auslösenden Blühfaktor. Vielleicht aber ist die Kombination beider Theorien die Ursache für das große Wunder, das wir alljährlich bestaunen. Wir wissen es – noch – nicht.
Interessant ist für uns auch der Zeitpunkt, zu dem die Blütenknospen für das nächste Jahr angelegt werden. Dieser liegt bei fast allen Obstarten zwischen Anfang Juni und Mitte August. Damit hierzu genügend Assimilate vorhanden sind, sollten wir auch in ertragslosen Jahren (Blütenfrost u. ä.) dafür sorgen, daß die Blätter gesund und die Kronen licht bleiben.
Unter dem Einfluß steigender Temperaturen öffnen sich im Frühjahr die bereits im letzten Sommer angelegten Blüten. Uns kann es nur recht sein, wenn dies nicht zu früh der Fall ist, sondern sich die Blüte infolge kühler Frühjahrswitterung möglichst weit in den Mai hineinschiebt. Dadurch ist die Gefahr von Spätfrösten verringert. Ein Obstbaum blüht meist

10–14 Tage lang, während die Einzelblüte nur 1–7 Tage – je nach Sorte und Witterung – geöffnet ist. Der Blühzeitpunkt hängt von der Obstart und Sorte ab. Im Februar/März und damit am frühesten blüht die Haselnuß, dann folgen Aprikose, Pfirsich, Stachelbeere, Pflaume, Kirsche, Johannisbeere, Birne, Apfel, Walnuß, Erdbeere, Quitte und Himbeere, Kiwi und Wein.
Verschiedene Obstbäume neigen dazu, in einem Jahr reich zu tragen, wogegen im folgenden Jahr der Ertrag gleich Null ist. Sie scheinen sich bei reichem Fruchtbehang so sehr zu erschöpfen, daß der Blütenansatz (Juni bis August) unterbleibt. Besonders Apfelsorten wie 'Boskoop', 'Berlepsch', 'Cox Orange', 'Glockenapfel', 'Goldparmäne' und 'Gravensteiner' schwanken im Ertrag, während 'Klarapfel', 'Stark Earliest', 'Mantet', 'James Grieve', 'Golden Delicious', 'Prinz Albrecht von Preußen' und 'Jonathan' wesentlich regelmäßiger tragen.
Man kann auch feststellen, daß Bäume, die in diesem Jahr mittelstark tragen, auch im folgenden wieder einen mittleren Ertrag bringen, immer vorausgesetzt, daß kein stärkerer Blütenfrost auftritt. Diese Beobachtung können wir uns im Garten zunutze machen, indem wir die Kronen gut auslichten, so daß es zu keinem Massenbehang kommen kann. Auch das Ausdünnen der Früchte bei niedrigen Baumformen (Spindelbusch, Spalier) bei zur Alternanz neigenden Sorten dient einem möglichst regelmäßigem Ertrag.

Die Frucht, Lohn für unsere Arbeit

Gewiß, wir freuen uns an der Obstblüte, wären aber dann doch enttäuscht, wenn die Sträucher und Bäume nicht auch anschließend tragen würden. Dies ist dann der zweite Höhepunkt im Obstjahr, wenn aus dem Blätterdach die Früchte farbenfroh herausleuchten.
Sobald die Blütenblätter fallen, hat die Natur ihr Ziel erreicht: die Erhaltung der Art, der Fortbestand des Lebens ist gesichert. Nachdem die Eizelle durch den männlichen Zellkern befruchtet ist, beginnt diese sich zu teilen. Es bildet sich der Embryo mit Keimwurzel und Keimblättern, noch nicht zu erkennen, aber im Innern des Samenkorns programmiert. Er wird von einem Nährgewebe und einer Samenschale umgeben. Erst wenn wir das Samenkorn, bei einigen Obstarten den Stein oder die Nuß, in die Erde legen, wenn Wasser, Luft und Wärme hinzukommen, beginnt sich das junge Leben zu regen, beginnt eine neue Pflanze zu wachsen.
Als Frucht wird dagegen das Gebilde bezeichnet, das nach der Befruchtung aus dem Fruchtknoten hervorgeht und meist aus einem Gehäuse besteht, das den oder die Samen umschließt, z. B. bei Johannisbeere, Stachelbeere, Kiwi, Heidelbeere. Die köstliche Frucht der Erdbeere tut der Botaniker geringschätzig als »Scheinfrucht« ab, weil sich hier »nur« der Blütenboden fleischig entwickelt hat; die echten Früchte sind die einzelnen kleinen Nüßchen, die sich mehr oder weniger eingesenkt auf der Oberfläche befinden. Erdbeere, Himbeere und Brombeere sind Sammelfrüchte, weil sie aus vielen einzelnen Steinfrüchten bestehen, die von Fruchtfleisch umgeben sind. Sie gehen aus vielen Fruchtknoten einer Blüte hervor. Bei Äpfeln, Birnen und Quitten ist nur das Kerngehäuse, entstanden aus den 5 Fruchtblättern, die eigentliche Frucht. Was wir bei diesen Obstarten essen, bzw. verwerten, hat sich aus dem Blütenboden entwickelt. Die Früchte von Kirsche, Zwetsche, Pfirsich und Aprikose entstehen aus dem Fruchtknoten. Es sind dies Steinfrüchte mit einer harten inneren Fruchtwand (Stein), die den Samen umgibt, und der fleischig ausgebildete äußeren Fruchtwand, auf die wir Wert legen. Bei Walnuß und Haselnuß ist ebenfalls die den Samen umgebende Fruchtwand hart; hier essen wir aber ausnahmsweise die Samenkerne.
Damit sich eine Frucht bilden kann, ist eine Bestäubung mit nachfolgender Befruchtung der Eizelle Voraussetzung. Es können sich aber auch ohne Befruchtung und Samenbildung Früchte entwickeln. Man spricht in diesem Fall von Jungfernfrüchtigkeit oder Parthenokarpie. Dies kommt vor allem bei Birnen vor.
Pfirsiche, Aprikosen und Quitten sind selbstfruchtbar, (selbstfertil) d. h. hier ist kein Blütenstaub einer anderen Sorte nötig. Dies gilt

Kronen kann das Vieh weiden und man kann mit der Sense oder Maschine mähen. Obstgärten mit Hoch- und Halbstämmen gehören zum ländlichen Ortsbild wie Kirche und Wirtshaus. Sie umgeben die Dörfer wie ein grüner Gürtel; Wo der Bestand lückig wird, sollte nachgepflanzt werden, denn ohne Obstbäume wäre unsere Landschaft um vieles ärmer. Leider mußten in den letzten Jahrzehnten viele Obstalleen entlang der Straßen gefällt werden. Die Straßen wurden verbreitert und begradigt, sie wurden schneller aber auch langweiliger. Vielleicht läßt sich auch hier in Zukunft das althergebrachte Bild erneueren. Obsthochstämme entlang der Straßen geben einer ganzen Gegend ein unverwechselbares Gepräge.

Der Niederstamm (Meterstamm)

Apfel und Birne, vor allem aber die verschiedenen Steinobstarten sind in der Baumschule meist auch mit Stämmen von nur 0,80–1 m Höhe erhältlich. Vor allem bei Pflaume, Zwetsche, Mirabelle, Reneklode und Süßkirsche ist diese geringe Stammhöhe vorteilhaft, weil wir die Pflege- und Erntearbeiten leichter durchführen können, als bei einem Hoch- oder Halbstamm.

Wir müssen allerdings in Kauf nehmen, daß man unter den Kronen nicht hindurchgehen kann und auch das Mähen und die übrige Bodenpflege mühsamer werden. Vor allem aber dürfen wir uns durch die geringe Stammhöhe nicht über die künftige Kronenentwicklung täuschen lassen. Die Kronen werden hier genauso groß, wie auf Halb- oder Hochstämmen. Dies ist bei den Pflanz- und Grenzabständen zu berücksichtigen!

Der Buschbaum

Mit einer Stammhöhe von nur 40–60 cm ist der Buschbaum im Haus- und Kleingarten vor allem für Sauerkirsche und Pfirsich empfehlenswert. Beide Obstarten bleiben verhältnismäßig kleinkronig, nehmen also als Buschbaum nicht viel Platz in Anspruch. Außerdem erfordern sie einen jährlich scharfen Schnitt, der am Buschbaum mit geringer Stammhöhe bequem durchzuführen ist, das gleiche gilt für die Ernte. Bei der Sauerkirsche kommt noch hinzu, daß wir kleinere Bäume zur Erntezeit mit Netzen verhältnismäßig leicht gegen Amseln, Stare und Wacholderdrosseln schützen können.

Von Buschbäumen der übrigen Obstarten im Liebhabergarten möchte ich dagegen abraten, weil sie verhältnismäßig viel Platz benötigten, vor allem aber, weil wir uns wegen der geringen Stammhöhe unter solchen Bäumen nicht bewegen können.

Der Spindelbusch

Mit einer Stammhöhe von nur 40–60 cm ist der Spindelbusch die moderne Baumform schlechthin, zumindest bei Apfel und Birne.

Er ist für den kleinen Garten geradezu ideal, eignet sich aber ebensogut für mittlere und große Gärten. Wir verwenden diese Baumform, wenn wir im Nutzgartenteil entlang des Zaunes eine Reihe reichtragender Obstbäumchen pflanzen wollen, oder auch als einzelstehendes Bäumchen in einem kleinen Reihenhausgarten. Ja, Spindelbüsche blühen und fruchten sogar, wenn sie in einen großen Topf gepflanzt auf der Terrasse oder auf dem Balkon aufgestellt werden (siehe S. 29). Im Kleingarten wird diese Baumform gerne benutzt, um entlang der Parzellengrenze einen fruchttragenden Sicht- und Windschutz zu erzielen.

Der zeitlebens kleinbleibende Spindelbusch trägt im Gegensatz zum Hoch- und Halbstamm zwar oft »nur« 10 kg, vielfach jedoch 20–30 kg und mehr. Doch dies genügt für den eigenen Haushalt. Im Gegenteil, bei Hoch- und Halbstämmen wissen wir oft nicht wohin mit dem Erntesegen. Da wir wegen des geringen Platzbedarfs an die Stelle eines einzigen großkronigen Hoch- und Halbstammes 8 bis 10 Spindelbüsche, also verschiedene Sorten pflanzen können, reifen die Früchte bei richtiger Wahl nacheinander und können problemlos im eigenen Haushalt verbraucht werden.

Ein weiterer Vorteil: alle anfallenden Pflegearbeiten können an den kleinbleibenden Spindelbüschen bequem durchgeführt werden: der Schnitt, die Schädlingsbekämpfung, die Ernte. Dies alles macht so richtig Spaß, denn wir brauchen dazu keine Leiter.

Außerdem können wir die kleinen Bäumchen sozusagen im Vorbeigehen im Auge behalten, so daß es kaum zu einem unbemerkten Auftreten von Schädlingen und Krankheiten kommen kann, bzw. wir können durch genaues Beobachten mit einer Spritzung solange warten, bis diese wirklich nicht mehr zu umgehen ist.

Entscheidend für den Erfolg mit Spindelbüschen ist eine schwachwachsende Unterlage. Während Hochstamm, Halbstamm, Meterstamm und Buschbaum auf einen Sämling der betreffenden Obstart, bzw. auf eine andere stärkerwachsende Unterlage veredelt sind, eignet sich für den Apfel-Spindelbusch nur eine schwachwachsende Typenunterlage (siehe S. 75), für die Birne nur die Quitte.

Statt die Spindelbüsche einzeln oder in einer Reihe zu pflanzen, können wir mit dem gleichen Pflanzmaterial auch eine schmale Obsthecke ziehen oder sie als Spalier an die Hauswand pflanzen.

Die Obsthecke

Statt einer Reihe Spindelbüsche können wir entlang der Nachbargrenze auch eine Obsthecke ziehen. Ernte und Sichtschutz lassen sich auf diese Weise gut kombinieren. Außerdem benötigen wir noch weniger Platz, weil sich die stärkeren Äste nur nach 2 Seiten hin entwickeln. Diese Erziehungsform ist also gerade für schmale Reihenhaus- aber auch für Kleingärten ideal. Ein weiterer Vorteil: Die Früchte bekommen besonders viel Sonne und färben sich vorzüglich aus.

Spindelbüsche gefallen mir aber ehrlich gestanden besser, aus rein optischen Gründen. Dies sind richtige nette kleine Bäumchen, eine Obsthecke aber ist eine grüne Wand. Zur Blütezeit färbt sie sich zwar weißlich-rosa und der herbstliche Fruchtbehang ist eine Schau, aber – es bleibt eben eine Wand. Wer also genügend Platz hat, sollte sich überlegen, welche Möglichkeit er bevorzugt. Leicht ironisch könnte man auch sagen: wer seinen Nachbarn gerne sieht, pflanzt Spindelbüsche, wem dieser weniger sympathisch ist, schirmt sich mit einer Obsthecke ab!

Doch zur Sache: Für eine Obsthecke verwenden wir das gleiche Pflanzmaterial wie beim Spindelbusch, also ein- bis zweijährige Veredlungen auf schwachwachsender Unterlage. Für das Gerüst schlägt man mindestens alle 5 m Holzpfähle ca. 60 cm tief in den Boden. Sie sollten etwa 2,80 m lang sein und einen oberen Durchmesser von 10–12 cm haben. Die End-

Obsthecke im 2. Standjahr mit ersten Früchten. Deutlich sind die Rohrsäulen und Spanndrähte zu sehen.

Ein prächtiges Bild, wenn eine gut gepflegte Obsthecke in voller Blüte steht.

pfähle werden schräg nach außen gestellt und mit einem Schraubenanker fest verspannt. Die Drähte zieht man in Höhen von 0,60 m, 1,10 m, 1,60 m und 2,10 m über dem Boden mit Hilfe von Drahtspannern fest. Anstelle von Holzpfählen können auch Eisenrohre in den Boden einbetoniert werden.

In kleineren Gärten empfiehlt sich aus gestalterischen Gründen eine geringere Höhe, etwa 1,60 m. Die Pfähle brauchen dann nur ca. 2,30 m lang zu sein. Der erste verzinkte Draht wird 50 cm über dem Boden gespannt; in Abständen von 50 cm folgen zwei weitere. Wenn möglich, sollte ein solches Spaliergerüst wegen der besseren Besonnung in Nord-Süd-Richtung erstellt werden. Doch auch Gartenfreunde mit einer Obsthecke in Ost-West-Richtung sind damit sehr zufrieden. Der Abstand von Baum zu Baum sollte 2,50 m betragen.

Das Obstspalier

Ein Spalier bezieht das Haus erst richtig in den Garten mit ein. Ein von Spalierbäumen umgebenes Haus verbreitet eine gemütliche Note, es ist einladend. Dörfer werden durch Obstspaliere liebenswert, mehr noch als durch Blumenschmuck. Hinzu kommt, daß sich gerade in rauheren Gebieten manche Obstart oder -sorte überhaupt nur als Wandspalier erfolgreich ziehen läßt. Die Früchte reifen an der warmen Hauswand aus, werden süß und aromatisch. Vor allem für anspruchsvolle Birnensorten, für Pfirsich, Aprikose, Sauerkirsche und Wein ist eine sonnige Hauswand der ideale Platz.

Neben dem Wohnhaus bieten sich die Wände einer Garage, Werkstatt, Stallung oder eines Geräteschuppens hierfür an. Birne, Pfirsich, Aprikose, Sauerkirsche und Wein pflanzen wir an die Süd-, Südwest- oder Südostwand, während eine Westwand mit einer frühen Birnensorte bekleidet werden kann.

Damit die Äste den nötigen Halt bekommen, ist ein Spaliergerüst nötig. Es wird meist aus gehobelten und vorher mit Holzschutzmittel behandelten Latten erstellt. Dabei genügt es, wenn die Latten etwa 4 cm breit und 1,5 cm stark sind. Ihre Länge – meist 3–4 m richtet sich nach der Hauswand.

Die Längslatten werden im Abstand von 50 cm angebracht. Dabei unterlegt man sie je laufenden Meter mit einem Holzklötzchen – einem Lattenstück von 10 cm Länge – und befestigt die Längslatte an diesen Stellen mit genügend langen, in das Mauerwerk hineinreichenden Nägeln. Auf diesen Längslatten werden, ver-

Wie vom Grafiker entworfen sieht dieses kunstvoll gezogene Birnspalier aus. Stellen Sie sich die Giebelseite »ohne« vor, sie wäre denkbar langweilig.

teilt auf die Mauerfläche, einige Querlatten mit schwächeren, kürzeren Nägeln angebracht.

Es gibt auch andere Möglichkeiten, um ein Spaliergerüst anzubringen, z. B. mit nur zwei gut im Mauerwerk befestigten kräftigen Querlatten, auf denen im Abstand von 50–60 cm schwächere Längslatten befestigt werden. Das Spaliergerüst sollte aber von der Wand 5–10 cm Abstand haben, damit die Luft gut zirkulieren kann.

Wer es noch einfacher machen will und auf die hübsche grafische Wirkung – vor allem auch im Winter – eines gut gestalteten Spaliergerüsts keinen Wert legt, bringt im Bereich der stärkeren seitlichen Äste einige Dübel an. Auch dies genügt, damit das Obstspalier an der Wand festgehalten wird.

Bei Pfirsich, Aprikose und Wein eignen sich alle Sorten auch für Wandspaliere. Bei Birnen bevorzugen wir dagegen Sorten, die willig kurzes Fruchtholz bilden wie 'Frühe von Trévoux', 'Williams Christ', 'Gute Luise', 'Vereins Dechantbirne', 'Alexander Lucas', 'Gräfin von Paris', 'Madame Verté', 'Josefine von Mecheln'.

Äpfel sind bei weitem nicht so gut geeignet für eine Wandbepflanzung als Birnen; sie lieben mehr Luftfeuchtigkeit und Luftbewegung. Von der Fruchtholzbildung her gesehen eignen sich 'Klarapfel', 'Stark Earliest', 'Mantet', 'Gravensteiner', 'Landsberger Renette', 'Ontario', 'Ananas Renette', 'Zuccalmaglio Renette', vor allem aber 'Weißer Winterkalvill' (siehe S. 82/83). Letztgenannte Sorte sollte überhaupt nur als Wandspalier gezogen werden.

Erziehung von Obstspalieren

Obstbäume an Hauswänden können als locker aufgebautes Spalier, als naturgemäßes Fächerspalier oder als strenges Formspalier gezogen werden. Die beiden erstgenannten Methoden erfordern weniger Kenntnisse und machen vor allem auch weniger Arbeit. Das Fruchtholz ist allerdings etwas ungleichmäßiger verteilt und steht meist etwas weiter von der Hauswand ab, als dies bei einem strengen Formspalier der Fall ist.

Ein locker aufgebautes oder ein Fächerspalier braucht eine größere Wandfläche zur freien Entfaltung, vor allem, wenn eine starkwüchsige Sämlingsunterlage verwendet wurde. Besonders unter ungünstigeren klimatischen Verhältnissen – richtige Sortenwahl und richtiger Schnitt vorausgesetzt – bringen aber naturgemäße gezogene Spaliere regelmäßigere Erträge und ebenso schönes Obst wie ein einwandfrei behandeltes Formspalier.

Das locker aufgebaute Spalier

Wir verwenden dazu das gleiche Pflanzmaterial wie beim Spindelbusch, also 1–2jährige Veredlungen auf schwachwachsenden Unterlagen bzw. auf starkwachsenden, wenn eine größere Wandfläche bedeckt werden soll. Bei einer 2jährigen Veredlung werden die untersten beiden Seitentriebe in flachem Winkel an das Spaliergerüst geheftet und der Mitteltrieb etwa 50 cm darüber abgeschnitten.

Auf diese Weise treibt die Mitte kräftig durch, und es entstehen unmittelbar unterhalb der Schnittstelle am Stamm mehrere Triebe, von denen die 2 geeignetsten wiederum zu beiden Seiten an die nächstfolgende waagrechte Spalierlatte angeheftet werden. Im Frühjahr darauf schneiden wir erneut nur die Stammverlängerung auf 50 cm über der 2. Astserie zurück, damit die nächstfolgenden Seitenäste entstehen können. So entwickelt sich ein locker aufgebautes Obstspalier, bei dem nur auf den Seitenästen sehr steil bzw. zu dicht stehenden Triebe an der Ansatzstelle entfernt werden. Diese Spalierform ähnelt zwar im Aussehen dem strengen Formspalier, entspricht aber vom geringen Arbeitsaufwand her dem Fächerspalier.

Das Fächerspalier

Es bedeckt die Wandfläche recht unregelmäßig. Die Pflanzware ist die gleiche wie bereits beschrieben, nur wird hier der Mitteltrieb nicht gerade belassen und eingekürzt, sondern in eine schräge oder beinahe waagrechte Lage gebunden. Durch das Umbiegen des Mitteltriebes wird dessen Triebkraft gebremst und die Entwicklung von Fruchtholz gefördert.

Es bilden sich aber an der Biegungsstelle auch kräftige, senkrecht stehende Holztriebe. Diese dürfen nicht eingekürzt werden. Wir binden sie vielmehr links oder rechts am Spaliergerüst oder an waagrecht gespannten Drähten an, ganz so, wie es der vorhandene Platz erlaubt. Dabei werden diese kräftigen Triebe in eine schräge oder waagrechte Lage gebracht bzw. bogenförmig umgelegt. Sollten zu viele derartig stark wachsende Triebe vorhanden sein, oder sind sie zu sehr nach vorne gerichtet, so schneiden wir sie dicht an der Entstehungsstelle weg. Wie bereits erwähnt, dürfen diese Triebe nicht eingekürzt werden, weil sich sonst aus den verbleibenden Augen zahlreiche kräftige Holztriebe entwickeln würden. Die Folge wäre Besenbildung, Holzproduktion aber wenig Fruchtbarkeit.

Eingekürzt braucht bei einem Fächerspalier überhaupt nichts zu werden, es sei denn, wir stellen fest, daß die unteren Augen der waagrecht bzw. bogenförmig gebundenen Triebe nicht austreiben und sich an diesen Stellen kein Fruchtholz entwickelt. In solchen Fällen schneiden wir die Triebe um etwa $\frac{1}{4}$–$\frac{1}{3}$ ihrer Länge zurück und erreichen dadurch den Durchtrieb aller Augen.

Die weitere Behandlung eines Kernobst-Fächerspaliers ist recht einfach: Zu dicht stehende oder weit nach vorne wachsende Zweige werden ausgelichtet, keinesfalls aber eingekürzt. Beim Aufbau eines solchen Spaliers sorgen wir vor allem dafür, daß die Wandfläche möglichst gleichmäßig bekleidet wird. Je stärker ein Trieb wächst, desto mehr müssen wir ihn waagrecht binden. Dadurch wird der Trieb gebremst und die Bildung von kurzem Fruchtholz gefördert. Diese Arbeit erfolgt am besten im Juli/August, weil zu diesem Zeitpunkt die Triebe noch weich sind und sich in jede Lage fügen. Geradezu ideal eignen sich Pfirsich, Aprikose und Sauerkirsche für ein frei gezogenes Fächerspalier.

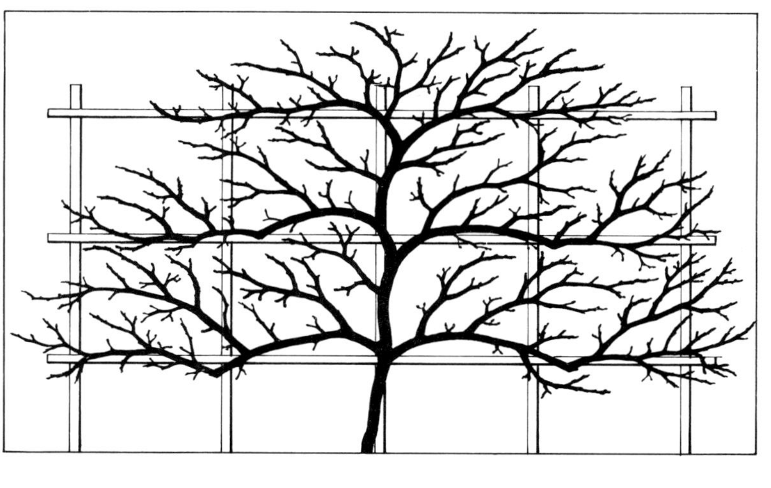

Ein Fächerspalier sieht hübsch aus und bedarf nur geringer Pflege. Stark wachsende Triebe binden wir im Sommer waagrecht und erreichen dadurch die Bildung von kurzem Fruchtholz.

Der Pfirsich wird für diesen Zweck als einjährige Veredlung gepflanzt. Nachdem sich im ersten Jahr bereits genügend Seitentriebe bilden, wird der Mitteltrieb herausgeschnitten und die übrigen Triebe fächerförmig am Spaliergerüst angeheftet.
Während es bei Kernobstspalieren auf eine möglichst gleichmäßige Bekleidung aller stärkeren Triebe mit kurzem Fruchtholz ankommt, ist beim Pfirsich darauf zu achten, daß entlang der Hauptäste möglichst gleichmäßig verteilt kräftige Jungtriebe gebildet werden. Dies sind wahre Fruchttriebe, an denen Blüten und Früchte entstehen, gleichzeitig aber auch genügend Blätter. Nachdem der Pfirsich nur an einjährigen Trieben trägt, ist durch entsprechenden Schnitt dafür zu sorgen, daß entlang der fächerartig verteilten Äste alljährlich neue wahre Fruchttriebe entstehen (siehe S. 57).
Der Aprikosenbaum ist für das locker an der Hauswand verteilte Fächerspalier wie geschaffen. Sein Wuchs ist eigenwillig, deshalb ist er als Formspalier ohnehin nicht geeignet. Die Fächerform ermöglicht dem Baum dagegen eine freie und gesunde Entwicklung und benötigt wenig Schnitt. Holztriebe, die auf der Oberseite eines Bogens entstehen, werden nach der anderen Seite hin umgebogen bzw. dorthin, wo sie gerade Platz haben. Zu starke und steil nach oben schießende Holztriebe werden ganz weggeschnitten, ebenso, wenn es zu viele sind. Mit der Fächerform kann eine Wandfläche von 5 m Breite und 3 m Höhe mit einem einzigen Baum bekleidet werden. In dieser Form gezogen leiden außerdem Aprikosen am wenigstens unter Harzfluß und können am zusagenden Standort 30–40 Jahre alt werden, ja sogar ein hohes Menschenalter erreichen. Von einem voll entwickelten Baum kann man in einem guten Jahr bis zu 1 Zentner köstlicher Aprikosen ernten.

Ein freundlicher Eingang mit Birnspalier und Wein.

Die Sauerkirsche kann an der Hauswand sowohl als locker gestaltetes Fächerspalier gezogen werden als auch in der bereits bei Kernobst beschriebenen Form: Mittelstamm und nach beiden Seiten verteilte waagrechte Äste, an denen sich die Fruchttriebe befinden. Der Abstand der Äste soll bei der Sauerkirsche allerdings etwas reichlicher bemessen werden, etwa 60–80 cm, damit die längeren Fruchttriebe gut dazwischen Platz haben. Vor allem die Sorte ‘Schattenmorelle’ eignet sich für ein Wandspalier ausgezeichnet, da bei ihr ohnehin jedes Jahr nach der Ernte ein Rückschnitt auf Jungtriebe vorgenommen wird. Wie der Pfirsich trägt auch sie vorwiegend an den einjährigen Trieben (siehe S. 56).

Das strenge Formspalier
Heute wird vieles, was längst vergessen schien, wieder modern. So auch streng gezogene Formobstbäume, die zwar viel Arbeit verursachen, andererseits aber dem Haus und Garten eine persönliche Note geben. Hauswände lassen sich auf diese Weise mit geometrischen Astformen bekleiden und was die viele Schnittarbeit betrifft, nun, mancher Hobbygärtner, zumal wenn er nur einen kleinen Garten besitzt, möchte in der zunehmenden Freizeit beschäftigt sein.
Beim Kernobst-Formspalier wird ein Sommer- und ein Winterschnitt durchgeführt, wobei der Sommerschnitt besonders wichtig für den gewünschten Aufbau des Spaliers ist. Durch den Schnitt werden die Äste des Formbaumes

ziemlich gleichmäßig mit kurzem, reichbeblättertem Fruchtholz bekleidet und die Assimilationstätigkeit der Blätter gefördert. Obwohl die Zahl der Blätter beim strengen Formspalier fast die Hälfte geringer ist als bei einem normalen Baum, ist die Blatt- und damit die Assimilationsfläche nur um etwa $\frac{1}{5}$ geringer. Grund: Die Einzelblätter sind beim Formbaum mit klassischem Fruchtholzschnitt beinahe 1,5mal so groß wie bei der frei entwickelten Naturkrone. Dadurch entsteht ein Übergewicht an Assimilaten gegenüber den das Triebwachstums fördernden Stoffen, so daß es im Laufe des Sommers zur Umbildung von Holzknospen in Blütenknospen kommt.
Dies funktioniert allerdings nur, wenn für streng gezogene Formobstbäume schwachwüchsige Sorten verwendet werden, die auf schwachwachsender Unterlage veredelt sind. Ist dies nicht der Fall, dann können wir durch klassischen Fruchtholzschnitt wohl die strenge Baumform heranziehen, aber die erwünschte Fruchtbarkeit wird nicht erreicht. Grund: Die Zufuhr von in Wasser gelösten Nährstoffen überwiegt bei weitem die in den Blättern erzeugten Assimilate, die außerdem durch starkes Triebwachstum verbraucht werden und deshalb nicht mehr für die Ausbildung von Blütenknospen zur Verfügung stehen.

Winterschnitt
Er wird erst nach dem Ende der größten Kälte ausgeführt, weil sonst die Endknospen beschädigt werden könnten. Dabei werden die Fortsetzung des Stammes und der Spalieräste soweit zurückgeschnitten, daß alle Augen austreiben und die Äste möglichst gleichmäßig mit Fruchtholz garniert werden.
Über die richtige Stärke des Rückschnitts kann keine genaue Angabe gemacht werden, sie schwankt je nach Sorte, Boden, Düngung usw. Wir brauchen aber nur zu beobachten: Haben nach dem letztjährigen Schnitt nicht alle Augen ausgetrieben, ist also der untere Teil der Verlängerungstriebe kahl geblieben, so muß diesmal stärker zurückgeschnitten werden. Ist dagegen aus allen Knospen ein Austrieb erfolgt und war dieser teilweise sogar zu stark, so genügt ein mäßiger Rückschnitt.

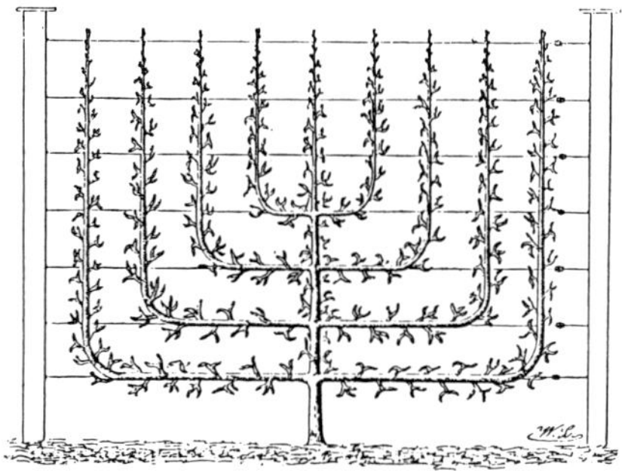

Mehrarmige Palmette.

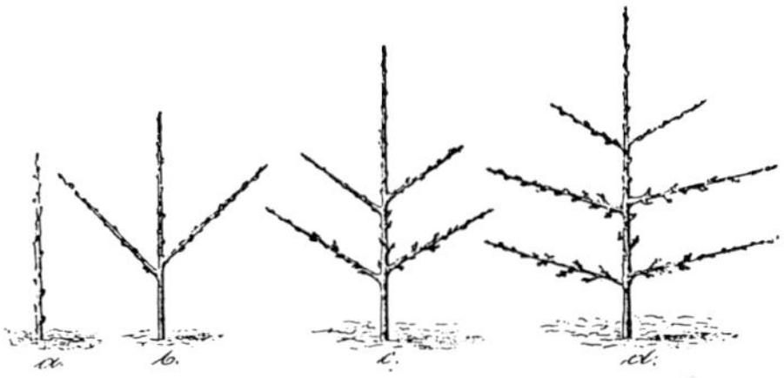

Erziehung eines strenggeschnittenen Spaliers.

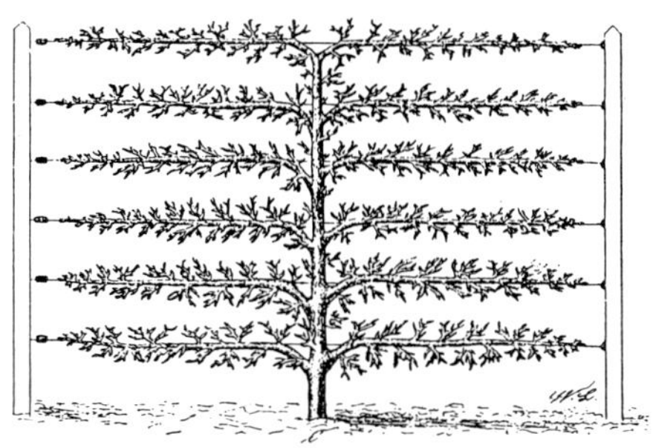

Formspalier mit waagrechten Ästen.

Formspaliere »klassisch« gezogen.

Der Rückschnitt erfolgt möglichst über einem nach vorne stehendem Auge. Bei mehrarmigen Formbäumen schneiden wir außerdem so, daß anschließend die einzelnen Äste gleich lang sind. Damit auch die im unteren Bereich vorhandenen Augen von aufrecht oder schräg gezogenen Spalierästen gut austreiben, bringen wir über diesen mit der Hippe oder einem anderen Messer halbmondförmige Einschnitte bis in das Splintholz (S. 15/16) an.

Baumformen

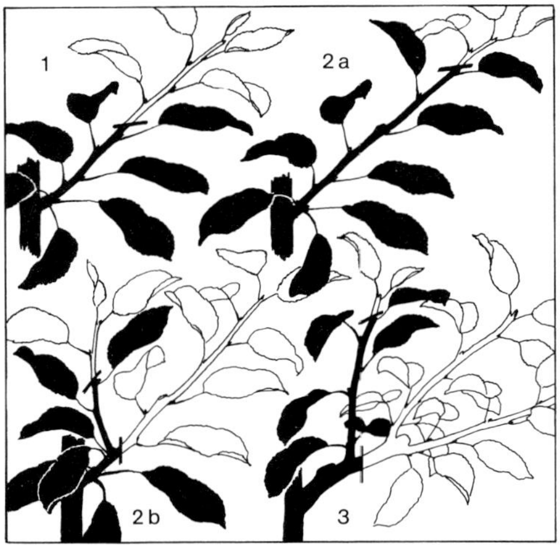

1 Erstes Entspitzen, 2a und 2b Zweites Entspitzen, 3 Sommerschnitt an einem »Hirschgeweih«.

Im Frühjahr wird der aus dem obersten Auge jedes eingekürzten Verlängerungstriebes entstandene Neutrieb an die Spalierlatte angebunden, sobald er etwa 20 cm lang geworden ist. Wachsen gleichwertige Äste ungleich, so werden die stärkerwachsenden Astverlängerung zugunsten der schwächerwachsenden entspitzt. Im übrigen ist bei Spalieren darauf zu achten, daß die weiter unten am Stamm befindlichen Äste immer länger sind als die weiter oben angesetzten. Je höher sich nämlich Triebe an einem Baum befinden, desto mehr werden sie im Wachstum gefördert, weil der Saft-Nährstoffstrom nach oben steigt.

Sommerschnitt

Neben Fruchtholz entwickeln sich entlang der einjährigen Astverlängerungen (also des Astteiles, der im vorigen Jahr entstanden ist) zahlreiche Holztriebe. Sie müssen in kurzes Fruchtholz umgewandelt werden, damit die gewünschte strenge Baumform entsteht. Dazu entspitzen (pinzieren) wir die jungen grünen Holztriebe, sobald sie etwa 20 cm lang geworden sind, durch Auskneifen der Triebspitze auf etwa 3–4 gut entwickelte Blätter. Dieses Entspitzen erfolgt nicht unmittelbar am Blatt, sondern etwas darüber.
Auf dieses erste Entspitzen hin reagiert der Baum mit erneuter starker Holztriebbildung: Aus den oberen 1–3 Augen entwickeln sich neue Triebe. Ist nur aus dem obersten Auge ein Trieb entstanden, so wird dieser jetzt auf 2 Blätter über der Entstehungsstelle entspitzt, sobald er an die 20 cm lang geworden ist. Treiben dagegen nach dem ersten Entspitzen aus mehreren oberen Augen Holztriebe aus, darf stets nur einer belassen werden und zwar der unterste. Andernfalls würde das Fruchtholz zu dicht. Die überzähligen Triebe werden also über dem unteren weggeschnitten, der verbleibende auf 2 Blätter eingekürzt.
Holztriebe, die während des Frühsommers auf mehrjährigem Fruchtholz entstehen, kürzen wir stärker ein, weil sonst das Fruchtholz zu weit von den Hauptästen abstehen und die klassisch strenge Form stören würde. Es genügt, wenn hier beim 2. Entspitzen nur ein gutentwickeltes Blatt verbleibt. Sollte ein entspitzter schwacher Holztrieb keinen neuen Austrieb zeigen, so bleibt er während des 2. Entspitzens unberührt. Hier bildet sich vielfach aus dem obersten Auge eine Blütenknospe, zumindest aber bleibt der Trieb kurz.
Wichtig ist, daß die Triebe beim Entspitzen nicht länger als 20–25 cm sind, also nicht zu sehr verholzt sind. Beim Entspitzen müssen sie noch krautartig sein, weil sonst ihre Umwandlung in kurzes Fruchtholz nicht gelingt.
Wasserschoßartige Holztriebe, die auf der Oberseite von waagrecht oder schrägstehenden Spalierästen entstehen, schneiden wir bald nach ihrem Erscheinen unmittelbar am Ast ab. Es gelingt kaum, sie durch Sommerschnitt in Fruchtholz umzubilden. Nach dem Entfernen entstehen meist aus den an der Basis vorhandenen schlafenden Augen neue schwächere Triebe, die mehr seitlich gerichtet sind. Aus Ihnen läßt sich auf die beschriebene Weise Fruchtholz erzielen.
Wenn dieser Sommerschnitt richtig durchgeführt wurde, gibt es im kommenden Winter nicht mehr viel zu tun. Das kurze Fruchtholz bleibt unberührt. Sollten sich aus dem Fruchtholz Holztriebe entwickelt haben, so werden diese im Winter jeweils bis auf den untersten entfernt und dieser auf 2 Augen eingekürzt.
Wenn an älteren Formobstbäumen das Frucht-

holz zu dicht stehen, wird es mit der Schere gelichtet. Auch wenn es durch falsche Behandlung zu lang geworden ist und zu weit von der Mauer wegsteht, verjüngen wir die »Hirschgeweihe«; wir schneiden so, daß das verbleibende Fruchtholz genügend Licht bekommt und möglichst nicht weiter als 15–20 cm von den Ästen hinausreicht.

Obstbäumchen in Töpfen

Eine Terrasse, die bisher ein langweiliger »Plattensee« war, läßt sich ohne allzugroßen Aufwand mit Kübelpflanzen und Obstspalieren an der Hauswand beleben. Erst dadurch wird sie zu einem erweiterten Wohnraum, in dem man sich wohl fühlt. Doch nicht nur Hochstämmchen von Fuchsien oder Wandelröschen, Oleander oder Engelstrompete eignen sich für große Holz- oder Tontöpfe, ebenso kommen hierfür Obstbäumchen infrage. Diese Art von Obstbau war bereits den Griechen und Römern bekannt, erlebte in der ersten Hälfte des vorigen Jahrhunderts einen Höhepunkt um dann schließlich weitgehend in Vergessenheit zu geraten. Jetzt, da die Gärten klein geworden sind, erinnern wir uns an die Obstbaumzucht in Töpfen. Dabei geht es uns weniger um den Ertrag, der verständlicherweise nicht allzu groß sein kann, sondern vielmehr um die Schönheit solcher Bäumchen während der Blüte und im Fruchtschmuck.

Topfobstbäumchen

Topfobstbäumchen eignen sich gleich gut für einen Dach- oder Atriumgarten, für den Balkon oder ganz allgemein für die Terrasse, ganz gleich wie groß unser Garten auch immer ist.

Obstarten und Sorten für den Kübelobstbau
Am besten eignen sich hierfür Äpfel auf einer sehr schwachwachsenden Unterlage, also auf M 9. Sorten auf der Apfelunterlagen-Neuheit M 27 wachsen sogar noch wesentlich schwächer als die gleiche Kombination auf M 9. Auch diese Typenunterlage kommt aus East Malling/England und dürfte sich für Topfobstbäumchen besonders gut eignen. Birnen müssen auf Quitte veredelt sein, Pfirsiche und Aprikosen auf Pflaumensämling. Wer will, kann es auch mit Renekloden und Mirabellen versuchen, die auf Schlehensämlingen veredelt werden. Wer Spaß daran hat, kann solche Veredelungen sogar selbst vornehmen. Bei der Sortenwahl ist zu beachten, daß sich spät tragende und allzu stark wachsende Sorten nicht eignen, denn die Bäumchen sollen ja klein bleiben und müssen mit einem bescheidenen Wurzelraum auskommen. Um die Wahl zu erleichtern, werden hier einige Sorten empfohlen. Einzelheiten siehe Sortenlisten.

Apfel: 'Weißer Klarapfel', 'Stark Earliest', 'Mantet', 'James Grieve', 'Gravensteiner', 'Rote Sternrenette', 'Goldparmäne', 'Zuccalmaglio Renette', 'Prinz Albrecht von Preußen', 'Orleans', 'Ontario' u. a.
Birne: 'Bunte Julibirne', 'Clapps Liebling', 'Williams Christ', 'Gute Luise', 'Vereins-Dechantsbirne', 'Alexander Lucas', 'Madame Verté'.
Reneklode: 'Große Grüne Reneklode'.
Mirabelle: 'Mirabelle von Nancy'.

Vorkultur der Bäumchen

Bevor wir die Bäumchen in Töpfe oder Kübel pflanzen, bedarf es einer Vorkultur. Wir kaufen dazu in einer Baumschule einjährige Veredlungen von Apfel, Birne usw. auf schwachwachsender Unterlage und pflanzen diese auf ein gut vorbereites Beet, am besten einreihig mit etwa 50 cm Abstand auf. Vorher werden die Wurzeln kurz zurückgeschnitten, damit sich ein kleiner aber dichter Wurzelballen bildet.

Der einjährige Trieb kann unbeschnitten bleiben, wir können ihn aber auch auf 40–50 cm Länge einkürzen, wenn bereits aus den unteren Augen (Knospen) ein seitlicher Austrieb gewünscht wird. Das Jahr über sind die üblichen Pflegearbeiten durchzuführen, also bei Trockenheit gießen, Boden lockern bzw. mulchen und evtl. auftretende Schädlinge (Blattläuse) bekämpfen.

Im kommenden Frühjahr schneiden wir die gewünschte Form an, also Pyramide oder Spindelbusch. Während des Sommers wird formiert, d. h., die seitlichen Triebe werden an Stäbe gebunden, so daß ein möglichst gleichmäßig mit seitlichen Trieben besetztes Bäumchen entsteht, wobei die Triebe im Winkel von etwa 45° am Stamm entstehen sollen. Konkurrenztriebe, Triebe, die in das Kroneninnere hineinwachsen oder zu dicht aufeinanderfolgende Triebe werden dabei – Sommerschnitt – entfernt.

Im Herbst oder im kommenden Frühjahr wird eingetopft. Als Erde verwenden wir am besten die im Handel erhältliche Einheitserde. Als Topfgröße für die 2–3jährigen Bäumchen genügt ein oberer Durchmesser von 20–25 cm, bzw. von 25–30 cm, wenn die Bäumchen stärker sind. Alle 2–3 Jahre wird dann in geringfügig größere Töpfe bzw. Holzkübel umgepflanzt. Selbstständlich eignen sich hierfür auch Container, doch sind diese im Wohnbereich nicht gerade eine Zierde.

Beim Eintopfen werden die Wurzeln soweit zurückgeschnitten, daß sie im Pflanzgefäß gut Platz haben. Der Wurzelballen sollte möglichst rund und dicht sein. An den Zweigen braucht nichts geschnitten zu werden, es sei denn, die bereits bei der Sommerbehandlung erwähnten Arbeiten müßten nachgeholt werden. Lediglich bei Steinobst wird die Stammitte und die seitlichen Triebe um gut die Hälfte zurückgeschnitten, um einen guten Austrieb zu erreichen.

Die Veredlungsstelle muß nach dem Eintopfen gut sichtbar sein, die Wurzeln dürfen also nur etwa daumenstark mit Erde bedeckt sein. Ist nach einigen Jahren ein Umpflanzen in einen größeren Topf oder Holzkübel nötig, so sollte dies im Herbst nach dem Laubfall erfolgen. Dabei wird die alte Erde vom Ballen etwas abgeschüttelt und das Wurzelwerk beschnitten. Beim Eintopfen bekommen die Bäumchen eine neue Erde und werden im Freien überwintert. Wir stellen die Töpfe dicht nebeneinander und überschütten sie mit Laub, das um diese Jahreszeit wohl in jedem Garten reichlich vorhanden ist.

Um den Nährstoffbedarf zu decken, werden die Obsttöpfe während der Hauptwachstumszeit bis Ende Juni mit den Balkon- und Topfpflanzen etwa alle 2–3 Wochen mitgedüngt; also 20–30 g eines wasserlöslichen Volldüngers auf eine 10-Liter-Kanne geben und damit die Töpfe durchgießen. Zusätzlich sollte bereits im März/April, also zur Zeit des Austriebs, einmal gedüngt werden.

Wer sich die Arbeit mit der Vorkultur im eigenen Garten nicht machen will bzw. keine Gelegenheit hierzu hat, kann versuchen, solche Topfobstbäumchen in einer Baumschule oder in einem Garten-Center zu bekommen, sie sind allerdings nicht gerade billig. Freude aber werden solche Zwergbäumchen in Töpfen auf jeden Fall machen, denn sie tragen nicht nur früh, sondern meist auch erstaunlich reich. Außerdem werden die Früchte wegen des geschützten Platzes besonders schön ausgebildet und gefärbt. Auch ein Spritzen gegen Pilzkrankheiten (Schorf) ist kaum nötig, denn wir können die Bäumchen vielfach so stellen, daß sie gegen Regen weitgehend geschützt sind.

Übrigens, solch ein Topfobstbäumchen ist ein attraktives Mitbringsel zu einem besonderen Anlaß, mit dem wir den Beschenkten überraschen können, vor allem, wenn bereits rotbakkige Äpfel oder Birnen daran hängen.

Die Baumschule, Kinderstube der Obstgehölze

Obstbäume kaufen wir in der Baumschule oder im Garten-Center. Nur in Ausnahmefällen werden wir die benötigten Bäume selbst heranziehen und wenn schon, dann mehr oder weniger aus Spaß am Veredeln. So wie Kinder in der Schule erzogen werden, so die Obstgehölze in der »Baum-Schule« vom Samenkorn oder Abriß bis zum fertigen Baum.

Es beginnt mit der Aussaat oder mit Abrissen
Es wäre einfach, wenn wir Obstbäume genau so leicht aus Samen vermehren könnten wie etwa Blumen oder Gemüse. Doch die Erbanlagen der Obstsorten sind wegen der bei den meisten Arten vorherrschenden Fremdbefruchtung so uneinheitlich, daß sie aufspalten und dadurch neue Formen entstehen. Wenn wir also Apfelkerne der Sorte 'Goldparmäne' aussäen, so tragen die daraus heranwachsenden Bäume keine Goldparmäne-Äpfel, sondern die Früchte haben eine andere Form, eine andere Farbe und schmecken auch anders.
Es stimmt allerdings nicht, daß aus Samen nur minderwertige Apfelwildlinge entstehen, denn schließlich kennen wir eine ganze Reihe von wertvollen Sorten, die aus Zufallssämlingen entstanden sind. Unter einer großen Zahl von Nieten ist auch einmal ein Treffer, auf den aber weder der Baumschuler noch wir warten können. Das ist der Grund, warum die Sämlinge veredelt werden müssen. Lediglich einige Pfirsichsorten, wie der 'Kernechte vom Vorgebirge', können durch Samen vermehrt werden. Aber auch dies ergibt keine vollkommen einheitliche Nachkommenschaft.
Grundlage des künftigen Obstbaums ist der Sämling. Dies ist die Unterlage, auf die später die gewünschte Sorge veredelt wird. Heute werden die Sämlinge aus Samen von solchen Sorten herangezogen, die trotz einer unvermeidlichen Mischerbigkeit relativ einheitlichen Wuchs zeigen. Nur Sorten mit zwei- oder vierfachem Chromosomensatz (diploide, bzw. tetraploide Sorten) eignen sich für Sämlinge. Bei Apfel sind dies z. B. 'Grahams Jubiläumsapfel' und 'Bittenfelder Mostapfel', bei Birne 'Kirchensaller Mostbirne', bei Pflaume 'Myrobalane' usw.
Nach einer Spezialbehandlung des Saatgutes wird dieses ausgesät und weiterkultiviert, bis die Sämlinge nach einer Vegetationsperiode am Wurzelhals – Übergang von der Wurzel zum Trieb – 7–12 mm stark sind. Anschließend werden die Sämlinge aufgeschult, also in Reihen aufgepflanzt, und im kommenden August durch Okulation veredelt, d. h., es wird in die Unterlage ein Auge der Edelsorte eingesetzt.

Okulation: Einsetzen des Auges in den Wildling

Neben den Sämlingsunterlagen gibt es bei einigen Obstarten eine ganze Reihe von vegetativ, also ungeschlechtlich vermehrbaren Unterlagen. Diese sind zwar ursprünglich auch aus Sämlingen entstanden, unterscheiden sich aber von diesen erheblich, weil ihre Auslese im Hinblick auf Wuchsstärke und leichter Vermehrungsmöglichkeit durch Abrisse, Ableger oder Absenker erfolgte. Die Nachkommen dieser äußerlich einheitlichen Unterlagen bezeichnet man als Typenunterlagen, wie sie besonders bei kleinkronigen Apfelspindelbüschen (siehe S. 29 u. 75) eine große Rolle spielen. Sie wurden an der englischen Forschungsanstalt East Malling ausgelesen, auf ihre Eigenschaften hin geprüft und werden mit arabischen Zahlen (M 27, M 9, M 7 usw.) bezeichnet.

Läßt sich eine Unterlage auf eine einzige Mutterpflanze zurückführen, so spricht man von einem Klon, d. h., die Pflanzen eines Klons sind in den Erbanlagen völlig gleich. Bei Typenunterlagen können dagegen geringfügige Vermischungen vorkommen; Typenunterlagen müssen deshalb in den Baumschulen ständig auf Echtheit überprüft werden.
Auch die ungeschlechtlich (vegetativ) vermehrten Typenunterlagen werden aufgeschult, sobald sie die erforderliche Mindeststärke erreicht haben; sie werden ebenfalls im August durch Okulation veredelt.
Die Anzucht der Obstbäume beginnt also mit der Aussaat (geschlechtliche = generative Vermehrung) oder der Vermehrung durch Abrisse, Ableger oder Absenker (ungeschlechtliche = vegetative Vermehrung), wobei Ableger und Absenker vor allem bei Steinobst üblich sind. Auf diese Unterlagen werden dann die einzelnen Sorten veredelt, meist durch Okulation im August.

Nach dem Veredeln
In dem auf die Veredlung (August) folgenden Frühjahr treibt das Auge der Edelsorte aus und entwickelt sich zu einem kräftigen Trieb, während der oberhalb des Auges befindliche Triebteil der Unterlage entfernt wurde. Im darauffolgenden Spätherbst sind auf diese Weise einjährige Veredlungen vorhanden. Wir können in der Baumschule solche Bäume, die nur aus einem Mitteltrieb mit mehr oder weniger seitlichen »vorzeitigen Trieben« bestehen, kaufen und die gewünschte künftige Kronenform selbst heranziehen. Dies ist im Hobbygarten aber nur bei Apfel- und Birnspindelbüschen bzw. bei Sauerkirsche und Pfirsich sinnvoll, vor allem bei einem Spalier oder einer Obsthecke.
Ansonsten aber wird der Jungbaum in der Baumschule weiter kultiviert. Dabei wird der Mitteltrieb zurückgeschnitten und das Seitenholz entfernt. Im Herbst darauf ist eine zweijährige Veredlung vorhanden (Spindelbusch, Buschbaum). Bis Halb- bzw. Hochstämme herangewachsen sind, müssen die Bäume in der Baumschule noch 1 oder 2 Jahre weiterbehandelt werden.

Daneben gibt es noch einige Besonderheiten, wie z. B. bei kleinkronigen Birnbäumen, die auf Quitte veredelt werden. Bei manchen mit der Unterlage Quitte A unverträglichen Sorte muß erst auf die Quitte eine mit dieser verträgliche Birnensorte (›Gellerts‹) veredelt werden, auf die dann die gewünschte Sorte kommt. Kirschenunterlagen werden meist nicht in Bodennähe durch Okulation, sondern im zeitigen Frühjahr in Kronenhöhe veredelt. Man spricht dann von Kopfveredelung.

Wie entstehen neue Obstsorten?

Obstsorten sind früher meist aus Zufallssämlingen entstanden. Es wurden Apfelkerne ausgesät, daraus Bäume gezogen und darunter war dann einmal einer mit außergewöhnlichen Eigenschaften. Er bekam einen Namen und diese Sorte wurde durch Veredlung auf andere Apfelsämlinge übertragen, vielfach bis zum heutigen Tag. Das gleiche gilt für Birnen, Zwetschen usw.
So stammt z. B. die wertvolle alte Sorte ›Blenheim‹ von einem Zufallssämling ab, der um 1800 in der Grafschaft Oxford in England gefunden wurde. Der bekannte 'Weiße Klarapfel', auch als Korn- oder Jakobiapfel bezeichnet, weil er bereits ab Ende Juli (Jakob = 25. Juli) reift, stammt aus einer Baumschule in Riga, wurde von André Leroy in Angers 1852 nach Frankreich eingeführt und von dort aus verbreitet. 'James Grieve', der wohl wertvollste Herbstapfel für den Haus- und Kleingarten, wurde von dem Engländer James Grieve aus Samen der Sorte 'Potts Seedling' gewonnen und von der Firma Dickson in Edinburg/Schottland 1880 in den Handel gebracht. Und 'Boskoop', die bei uns wohl bekannteste Sorte, hat ein Herr Ottolander 1856 in dem Ort Boskoop/Holland gefunden und seit 1863 stark verbreitet. Vermutlich ging sie aus einer Sproßmutation hervor. Der 'Rote Boskoop' dagegen, eine gut gefärbte Form der ursprünglichen Sorte, wurde erst 1923 auf einem etwa 30jährigen Hochstamm der Sorte 'Boskoop' als Knospenmutation gefunden. Unter Mutation versteht man eine sprunghafte Verände-

rung der Erbanlagen. Im erwähnten Beispiel sind also aus einem Sproß bzw. einer Knospe plötzlich Früchte mit ganz neuen Eigenschaften entstanden, während alle anderen Äste und Zweige weiterhin die ursprünglichen Früchte brachten. Werden Reiser bzw. Augen von dieser neuen Form auf andere Sämlinge veredelt, so kann die Neuheit unverändert fortgepflanzt werden. Alle unsere 'Roten Boskoop'-Bäume gehen also auf diese kleine erbliche Veränderung im Jahre 1923 zurück.
Auch heute können solche Mutationen zu interessanten Neuheiten führen, die erhaltenswert sind. Im allgemeinen wartet man aber nicht mehr auf Zufallssämlinge, sondern die neueren Obstsorten verdanken ihre Existenz einer planvollen und außerordentlich langwierigen Züchtungsarbeit. So wird seit 1976 die Züchtung neuer Sorten bei uns an der Bundesforschungsanstalt für gartenbauliche Pflanzenzüchtung in Ahrensburg betrieben.
Bis eine neue Apfelsorte entsteht, dauert es etwa 20 Jahre. Verständlich, daß dabei die Geduld der Züchter und auch der Obstbauern, die auf eine bestimmte neue Sorte warten, auf eine lange Probe gestellt wird. Es gibt kein rasches Erfolgserlebnis. Dabei nimmt die eigentliche Züchtung, also Planung, Kreuzung und anschließende Beurteilung der neuen Sämlinge verhältnismäßig wenig Zeit in Anspruch. Lange dauert dagegen die darauf folgende obstbauliche Prüfung der wenigen als geeignet erscheinenden Pflanzen.
Vorrangiges Ziel der heutigen Züchtung ist die Widerstandsfähigkeit gegen immer wieder auftretende Krankheiten wie Schorf an Apfel und Birne, Mehltau, und Obstbaumkrebs, um auf diese Weise mit nur noch wenigen Spritzungen auszukommen bzw. ganz ohne diese. Daneben dürfen die »klassischen« Zuchtziele wie guter Geschmack, Aussehen, Fruchtgröße, Lagerfähigkeit u. a. nicht zu kurz kommen. Wenn aus 10 000 Sämlingen, die aus dieser Züchtungsarbeit hervorgehen, 1–2 neue, wertvolle Sorten entstehen, so gilt dies als großer Erfolg. Ein mühseliger, langer Weg!
Meine Meinung: Auch solche neuen resistenten Sorten, die wir frühestens kurz vor dem Jahr 2000 in unseren Garten pflanzen können, werden ihre »Macken« haben, frei nach dem Wort von Dr. Owlglaß, einem Fürstenfeldbrucker Arzt und Dichter: »Es gibt auf Erden nichts Absolutes, und dieser Umstand hat auch sein Gutes.«

Die Vermehrung des Beerenobstes

Während wir Obstbäume kaufen und nur in Ausnahmefällen selbst veredeln und heranziehen, können verschiedene Beerenobstarten auch im eigenen Garten ohne zu große Schwierigkeiten vermehrt werden. Vor allem bei Erdbeeren, aber auch bei Himbeeren ist dies üblich. Eine Vermehrung in eigener Regie ist aber nur sinnvoll, wenn die Mutterpflanzen sehr ertragreich sind, eine geschmacklich wertvolle Sorte darstellen und frei von Krankheiten sind. Auf den letzten Punkt muß dabei ganz besonders geachtet werden.
Nachfolgend einzelne wichtige Beerenobstarten mit Hinweisen über ihre Vermehrung in der Baumschule, bzw. wie wir sie selbst vermehren können.

Erdbeeren

Während wir alle übrigen Beerenobstarten bei einer Neupflanzung nur einmal in der Baumschule kaufen, und diese dann meist über Jahrzehnte hinweg an der gleichen Stelle verbleiben, werden Erdbeerbeete in der Regel alle 2–3 Jahre erneuert. Das bei den übrigen Beerenobstarten gesagte ist daher lediglich interessant, es zeigt, welche Möglichkeiten es gibt, um Arten ohne Samen, also vegetativ, fortzupflanzen, damit wertvolle Erbanlagen erhalten bleiben.
Bei Erdbeeren ist die vegetative Vermehrung dagegen von großem praktischen Wert. Es werden jährlich große Stückzahlen gebraucht, und es gibt wohl kaum einen Gartenfreund, der Erdbeeren nicht selbst vermehrt, zumal dies denkbar einfach ist: Wir brauchen nur zu warten, bis die Pflanzen während der Erntezeit und danach Ausläufer bilden; sie bewurzeln sich rasch. Wenn sie kräftig genug sind, nehmen wir sie aus dem Boden und pflanzen damit

ein neues Beet auf. Dies läßt sich fördern, indem wir nach der Ernte den festgetretenen Boden zwischen den Reihen oberflächlich lokkern. Wenn wir dann noch Kompost oder feuchten Torf bzw. Torfkultursubstrat (TKS 2, Plantahum) aufbringen, bewurzeln sich die Pflänzchen ausgezeichnet und können bereits Anfang August mit kräftigem Ballen auf die neuen Beete gepflanzt werden.
Wir können die Ausläufer aber auch in kleine Töpfchen stecken, die mit Torf-Kompost-Gemisch gefüllt sind und die Töpfchen zwischen den Erdbeerreihen einsenken. So bekommen wir Jungpflanzen mit Wurzelballen.
Eine andere Möglichkeit: Die Ausläufer reichtragender, gesunder Pflanzen bereits zur Erntezeit abnehmen, auf ein reichlich mit Torf verbessertes kleines Beet oder in ein Kistchen mit 5 cm Abstand pikieren und mit Schlitzfolie überdecken. Wenn die ersten 2–3 Tage schattiert und gut feucht gehalten wird, bewurzeln sich die Ausläufer rasch, auch wenn sie beim Pikieren kaum Wurzeln hatten.
Wie wir auch immer die Vermehrung vornehmen wollen, sie darf nur von reichtragenden und vor allem von gesunden Pflanzen erfolgen. Andernfalls würden wir schlechte Eigenschaften fortpflanzen bzw. das neue Beet würde bald Krankheitserscheinungen zeigen. Aus diesem Grunde kennzeichnen wir bereits vor Erntebeginn die besten Träger und gesündesten Pflanzen mit Stäben u. ä. Nur von diesen werden Ausläufer gewonnen.
Noch einfacher gelingt die Auslese, wenn wir auf einem zweijährigen Beet, das ohnehin geräumt werden soll, sofort nach der Ernte alle nicht gekennzeichneten Pflanzen entfernen; dadurch entsteht genügend Platz für die Ausläufer der gesunden Bestträger.
Trotz dieser ständigen Auslese bauen die Erdbeeren im Laufe der Jahre ab, d. h. Ertrag und

Erdbeeren kann jeder Hobbygärtner leicht vermehren. Eine Möglichkeit: Die bereits mit kleinen Wurzelspitzen versehenen Ausläufer putzen und in ein Kistchen mit Torfkultursubstrat, Einheitserde o. ä. pikieren. Bereits in wenigen Wochen sind sie kräftig bewurzelt und können ausgepflanzt werden.

Gesundheitszustand lassen nach. Der »Abbau« einer Sorte ist fast immer auf Befall mit Krankheiten und Schädlingen wie Älchen, Milben, Welkepilze, Viren usw. zurückzuführen.
Aus diesem Grunde sollte alle 3–4 Jahre hochwertiges Erdbeerpflanzgut von einem Spezialbetrieb zugekauft werden. Solche Betriebe führen eine systematische Erhaltungszucht unter amtlicher Kontrolle durch. Die von ihnen herangezogenen Jungpflanzen werden in Kunststoffbeuteln mit dem Aufdruck »Gütezeichen für deutsche Markenware« abgegeben. Die darin enthaltenen Pflanzen sind sortenecht und gesund. Sofern es sich um »geschützte« Sorten handelt, führen die Jungpflanzen die Bezeichnung »Hochzuchtpflanzgut«.
Wenn wir solches hochwertiges Pflanzgut bezogen haben, können wir für einige Jahre für den Eigenbedarf wieder selbst weitervermehren. Wenn man gerne mehrere Sorten beziehen möchte, die in den Beuteln enthaltenen Stückzahlen aber zu groß sind, kann man sich ja mit anderen Gartenfreunden zusammentun und aufteilen.
Wie bei Himbeeren so gibt es auch bei Erdbeeren die Gewebe- oder Meristemvermehrung. Dabei werden Meristeme, also winzige Gewebepartien aus Sproßspitzen, steril gewonnen und auf speziellen Nährböden »in vitro« (= im Glase) zu kleinen Pflänzchen herangezogen. Diese Pflanzen aus der Retorte sind absolut frei von pilzlichen und tierischen Schädlingen und – man nimmt dies an – auch von Viruskrankheiten.
Während die großfrüchtigen Erdbeeren durch Ausläufer bzw. durch das Meristem-Verfahren vermehrt werden, geschieht dies bei den Monatserdbeeren durch Samen. Man kauft sich ein Tütchen davon oder kann den Samen auch selbst gewinnen, indem man von bereits vorhandenen Monatserdbeeren einige vollreife Früchte auf einem Blatt Papier zum Trocknen auslegt. Die Samen – Nüßchen auf der Fruchthaut – fallen dann von selbst heraus, bzw. wir lösen sie von der Fruchtoberseite ab. Die Aussaat kann dann sofort erfolgen oder aber erst im nächsten Frühjahr. Wir säen in

»Wachsende Folie« fördert die Bewurzelung.

einen Blumentopf oder in eine Saatschale, die mit gekaufter Aussaaterde oder mit einem Torf-Sand-Gemisch gefüllt ist. Sobald die Sämlinge 3–5 Blättchen entwickelt haben, werden sie auf etwa 5 cm Abstand pikiert und später ausgepflanzt.

Johannisbeeren

Wir kaufen die jungen Sträucher meist in der Baumschule, doch können wir sie auch leicht selbst heranziehen. Das hat jedoch nur Sinn, wenn im eigenen Garten oder im Garten eines Bekannten ein besonders wertvoller, reichtragender Strauch steht, dessen Sorte wir nicht kennen. Diese Eigenschaften werden bei vegetativer, also ungeschlechtlicher Vermehrung getreu fortgepflanzt.
Anfang Oktober schneiden wir aus einem solchen Bestträger-Strauch kräftige einjährige Triebe und teilen sie mit der Schere in Stücke von 20 cm Länge auf. Die untere Schnittfläche soll bei jedem Teilstück dicht unterhalb einer Knospe verlaufen, da hier viel Reservestoffe gespeichert sind, die obere etwa 1 cm über einem Auge. Die Triebstücke werden sofort leicht schräg auf ein lockeres Beet gesteckt, und zwar so tief, daß nur noch 1–2 Augen sichtbar bleiben.
Im nächsten Herbst nehmen wir die inzwischen bewurzelten Triebstücke aus dem Boden und kürzen den Neutrieb auf etwa ein

Drittel seiner Länge ein. Dann wird das bewurzelte Steckholz im Abstand von 40 cm erneut gepflanzt und entwickelt sich bis zum kommenden Herbst zu pflanzfertigen Sträuchern.
In den Baumschulen wird heute zur Vermehrung vielfach die in den letzten Jahren entwikkelte Meristemkultur (siehe S. 35) angewandt, da man mit dieser Methode absolut gesundes Pflanzmaterial erzielen kann.
Beerenobsthochstämmchen – Johannis- und Stachelbeere – werden in den Baumschulen auf die Goldjohannisbeere *(Ribes aureum)* veredelt, weil diese lange, gerade Triebe – die Stämmchen – bildet. Das Veredeln erfolgt meist durch seitliches Einspitzen und zwar bei Hochstämmchen in 1,20 m Stammhöhe, bei Niederstämmchen in 0,30 m Höhe.

Stachelbeeren
Wie Johannisbeeren so wird auch diese Obstart nicht durch Aussaat, sondern vegetativ vermehrt. In der Baumschule geschieht dies durch Steckholz und krautige Stecklinge, im Garten dagegen durch Absenker und Abrisse. Das sind sehr einfache Methoden, mit denen wir in jedem Fall Erfolg haben.
Wollen wir durch Absenker vermehren, so legen wir im Frühjahr kräftige vorjährige Triebe flach auf den lockeren, mit Kompost verbesserten Boden, haken sie fest und decken sie mit Erde ab. Im Laufe des Sommers werden die aus den Augen des heruntergelegten Triebes entstehenden Schosse mehrmals etwas angehäufelt. Nachdem sich bis zum Herbst jeder dieser Schosse bewurzelt hat, schneiden wir den heruntergelegten Trieb in einzelne Stükke, natürlich so, daß wir mehrere bewurzelte Schosse mit je einem kurzen Triebstück erhalten. Dies sind die neuen Pflanzen.
Wollen wir durch Abrisse vermehren, so muß die Mutterpflanze im Frühjahr bis dicht über den Boden zurückgeschnitten werden. Daraufhin entstehen aus dem Wurzelstock zahlreiche Jungtriebe, die wir im Sommer ebenfalls mehrmals anhäufeln. Im Herbst werden die inzwischen bewurzelten Triebe samt Wurzeln abgeschnitten und bis zur Pflanzung an den endgültigen Platz ein weiteres Jahr auf einem Beet mit gutem Boden, z. B. im Gemüsegarten, kultiviert.

Himbeeren
Hier ist die Vermehrung noch einfacher, als bei den bisher genannten Arten. Wir brauchen im Herbst oder Frühjahr nur die kräftigsten Wurzelschößlinge – von denen oft mehr entstehen als uns lieb ist – ausgraben und können mit diesen gleich ein neues Beet bepflanzen. Dazu ist allerdings nur zu raten, wenn es sich bei den Mutterpflanzen um eine geschmacklich wertvolle, reichtragende Sorte handelt und die Pflanzen einwandfrei gesund, d. h. virusfrei sind.
Nachdem aber die Himbeerbestände in den Gärten weitgehend virusverseucht sind (siehe S. 179), ist es meist besser, wenn wir neue Himbeerpflanzen von einer zuverlässigen Baumschule beziehen. Dort wird von viruskontrollierten Mutterpflanzen vermehrt und zwar meist durch Wurzelschnittlinge.
Inzwischen gibt es neue Verfahren, um gesunde Himbeerpflanzen zu erzielen. Da ist einmal die Meristem- oder Gewebekultur, die nur in Betrieben oder an Instituten mit speziellen Laboreinrichtungen durchgeführt werden kann. Die Erfolge sind erstaunlich. So brachten in Versuchen bereits 1980 Himbeeren aus Gewebekultur den doppelten Ertrag, bei der Sorte 'Schönemann' sogar mehr als den vierfachen Ertrag gegenüber auf herkömmliche Weise vermehrten Pflanzen. Die »Meristempflanzen« waren außerdem den »normalen« Pflanzen in Höhe und Wuchsstärke überlegen.
Daneben werden Himbeeren neuerdings auch durch Thermotherapie vermehrt. Dabei werden Austriebe von Wurzelschnittlingen mehrere Monate hindurch bei 37–39 °C kultiviert. Anschließend entfernt man nur wenige Zentimeter lange Sproßspitzen, die zur Bewurzlung gebracht und dadurch vermehrt werden. Während dieser Zeit müssen sie gegen Insekten als Virusüberträger abgeschirmt sein. Nach dem neuesten wissenschaftlichen Stand dürfte die Kombination von Thermotherapie mit Meristemkultur die sicherste Methode sein, um virusfreies Pflanzmaterial zu gewinnen.

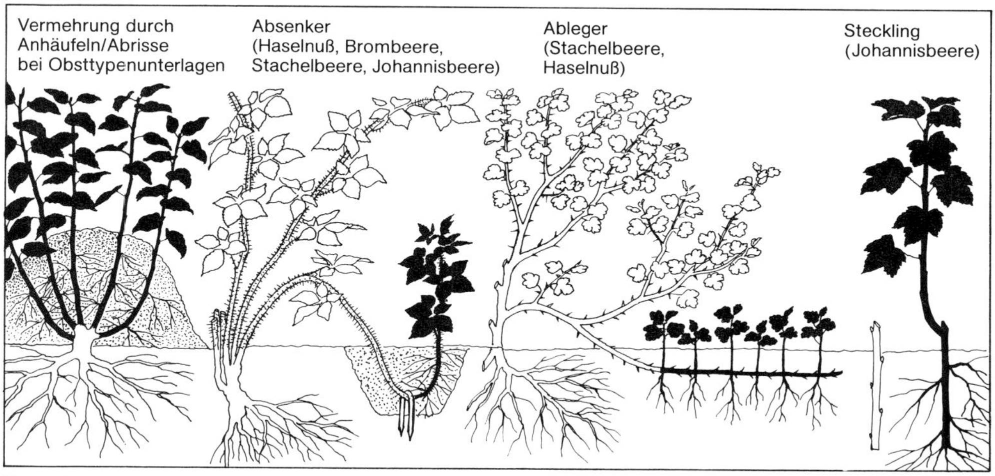

Vermehrungsarten bei Obstunterlagen und Beerenobst.

Brombeeren

Hier ist die Vermehrung recht einfach. Bei den rankenden Sorten brauchen wir gegen Anfang September die Triebspitzen nur in kleine Vertiefungen am Boden einzulegen und mit Erde zu bedecken. An der heruntergelegten und mit einem Haken festgehaltenen Triebspitze bilden sich bald Wurzeln und ein neuer Austrieb. Diese neue Pflanze schneidet man im Frühjahr von der Ranke ab und kann sie an die vorgesehene Stelle pflanzen.

Die aufrechtwachsenden Sorten wie z. B. 'Wilsons Frühe' werden wie Himbeeren durch Wurzelaustriebe vermehrt, d. h., diese brauchen nur ausgegraben und aufgepflanzt zu werden.

Gartenheidelbeeren

Ähnlich wie Stachelbeeren können die Gartenheidelbeeren durch Absenker oder Wurzelschosse, also durch Anhäufeln vermehrt werden. Wir können aber auch von halbreifen Trieben – sie sollen nicht mehr zu weich aber auch noch nicht verholzt sein – Stecklinge schneiden und diese unter Glas oder Folie in einem Gemisch aus 1 Teil Torf/1 Teil Sand zur Bewurzelung bringen. Die beste Zeit zum Stecklingschneiden ist im Juli/August. Im kommenden Frühjahr sind die Stecklinge bereits so weit bewurzelt, daß wir sie in kleine Töpfchen geben und nach einem weiteren Kulturjahr auspflanzen können. Auch Preiselbeeren werden am besten durch Stecklinge vermehrt.

Kiwi

Männliche und weibliche Pflanzen kaufen wir bei dieser exotischen Obstart in der Baumschule. Wer will, kann sie aber ebenso wie Stachelbeeren oder Brombeeren durch Ableger vermehren.

Weinstock

Nachdem wir meist nur wenige Weinreben benötigen, kaufen wir die Pflanzen. Wer will, kann den Weinstock aber auf einfache Weise durch Ablegen vorjähriger Triebe vermehren. Dabei sollte das in den Boden gelegte Teilstück nicht zu schwach sein. Nach erfolgter Bewurzlung kann der Trieb von der Mutterpflanze abgetrennt werden.

Ebenso leicht gelingt uns die Vermehrung aus Steckholz. Dazu schneiden wir etwa 30 cm lange Stücke mit 3–4 Knospen mitten aus einem Zweig, wie er beim Winterschnitt anfällt. Dann schneiden wir das Triebstück am unteren Ende unterhalb eines Auges leicht schräg und oben einige Zentimeter über einer Knospe ab. Es wird bis zur obersten Knospe schräg in den Boden gesteckt und schlägt Wurzeln.

Blühender Sauerkirschen-Busch, 3 Jahre nach der Pflanzung.

Vor der Pflanzung

Bevor wir an die eigentliche Pflanzarbeit gehen, sollten wir uns darüber klar werden, welche Obstarten und Sorten wir pflanzen und von welcher Baumschule wir diese beziehen wollen. Eine kleine Skizze unseres Grundstücks, auf der die Pflanzstellen unter Berücksichtigung der nötigen Pflanz- und Grenzabstände eingezeichnet werden, ist dabei eine wertvolle Hilfe. Dadurch kommen wir nicht so leicht in Versuchung, in der ersten Begeisterung zuviele Sträucher und Bäume zu pflanzen, so daß diese später zu eng stehen. Ein Fehler, der immer wieder gemacht wird.

Einkauf in der Baumschule

Obstbäume haben eine lange Lebensdauer, ebenso auch die meisten Beerensträucher. Deshalb sollte nur bestes Pflanzmaterial verwendet werden. Einwandfreie äußere Qualität, wie kräftiges Wurzelwerk, gesunder, gerader Stamm und eine wüchsige Krone, ist für den Erfolg entscheidend.
Hinzu kommen die »inneren« Eigenschaften, die uns beim Kauf verborgen bleiben, wie Sorte und Unterlage. Es hat keinen Sinn, kräftig und gesund aussehende »Spindelbüsche« zu kaufen, die auf einer zu stark wachsenden Unterlage veredelt sind. Dieser Fehler wird leider häufig gemacht, weil Spindelbüsche auf den besonders schwachwachsenden Typenunterlagen M 9 und M 26 für das Auge etwas »mager« aussehen.
Meist werden wir uns die Obstbäumchen und Beerensträucher in einer ortsansässigen Baumschule oder einem Garten-Center kaufen. Ebenso können wir uns die Pflanzware aber auch von einer auswärtigen Markenbaumschule schicken lassen. Wichtig ist nur,

daß Sorte, Unterlage und Baumform für unsere Verhältnisse passen und die Ware gesund und wüchsig ist. Besondere Wünsche können meist nur von Spezialbaumschulen erfüllt werden, die sich nicht am Ort befinden. Ich denke hier an nicht überall erhältliche alte Obstsorten, veredelte Walnußbäume, einige Beerenobstarten u. a. (Bezugsquellen finden sich auf S. 204).

Da die Wurzeln auf dem Transport von außerhalb leicht trocken werden, sollten die Bäume und Sträucher sofort nach der Ankunft ausgepackt, für einige Stunden in Wasser gestellt und dann gepflanzt bzw. eingeschlagen werden. Letzteres macht nicht viel Mühe: Wir heben mit der Schaufel oder dem Spaten im Gemüsegarten einen etwa 30 cm tiefen Graben aus, damit die Wurzeln der Gehölze gut Platz haben, stellen Bäume und Sträucher leicht schräg und dicht an dicht in den Graben und füllen mit der ausgehobenen Erde auf. Wenn wir die Obstgehölze erst spät im nächsten Frühjahr pflanzen können, geben wir vor dem Einfüllen um die Wurzeln ein paar Schaufel voll feuchten Torf; dadurch entstehen bereits im Einschlag neue Wurzelspitzen, wodurch das An- und Weiterwachsen im Frühjahr gefördert wird.

Baumkauf ist Vertrauenssache. Wir kaufen deshalb nur in Qualitäts- bzw. Garten-Baumschulen, deren Ware das Markenetikett trägt. Dadurch ist weitgehend Gewähr gegeben, daß Bäume und Sträucher den vorgeschriebenen Qualitätsmerkmalen entsprechen und die auf dem Markenetikett angegebenen Sorten- und Unterlagenbezeichnungen stimmen.

Pflanz- und Grenzabstände

Bevor wir pflanzen, sollten wir uns darüber klarwerden, wie viele Bäume und Sträucher überhaupt Platz haben und welcher Abstand von der Nachbargrenze eingehalten werden muß. Wer mit Obstbäumen noch wenig Erfahrung hat, pflanzt meist viel zu dicht. Die jungen Bäumchen verführen gerade dazu. Nachstehend werden deshalb Pflanzabstände für die wichtigsten Obstarten und Baumformen genannt, die sich im Haus- und Kleingarten bewährt haben. Sie sollten auf keinen Fall unterschritten werden, denn nur dann haben die Kronen auch im vollentwickelten Zustand genügend Platz. Gut belichtete Kronen aber sind die Voraussetzung für Qualitätsobst, denn Krankheiten treten bei weitem nicht in dem Maße auf wie in zu dichten Pflanzungen, und die Früchte bekommen ihre sortentypische Färbung. Am besten zeichnen wir also in den Plan unseres Grundstücks (Maßstab 1:100) die Obstbäume und Beerensträucher mit richtigem Abstand ein. Erst dann gehen wir mit der Sortenliste in die Baumschule zum Einkaufen.

Die genannten Abstände geben die später zu erwartende Kronenausdehnung des betreffenden Obstgehölzes wieder. Es sind Durchschnittswerte, die sich im Haus- und Kleingarten bewährt haben.

Beinahe noch wichtiger als die Pflanzabstände sind die Grenzabstände. Immer wieder wird ein gut nachbarliches Verhältnis durch einen über die Grenze wachsenden Baum oder Strauch getrübt, und es kommt gar nicht so selten vor, daß bei solchen Streitigkeiten sogar Gerichte und Sachverständige herangezogen werden.

Aus Platzgründen ist es nicht möglich, die Grenzabstände für die einzelnen Obstarten und Baumformen hier aufzuführen, denn die Bestimmungen sind in den einzelnen Bundesländern unterschiedlich. Es gibt aber einen einfachen praxisnahen Richtwert, der immer paßt, ganz gleich, ob unser Garten in Hamburg oder München, in Berlin, Köln, Stuttgart oder aber in einem kleinen Dorf in Niedersachsen liegt, ob wir Obstbäume in der Schweiz oder in Österreich pflanzen wollen. Die simple Formel heißt:

Grenzabstand = halber Pflanzabstand bzw. halber zu erwartender Kronendurchmesser.

Nach unserer Tabelle liegt der Kronendurchmesser eines Zwetschenbaumes bei 5–6 m; es sollte bei Pflaumen und Zwetschen also ein Grenzabstand von etwa 3 m eingehalten werden. Auf diese Weise wird späterer Ärger mit den Nachbarn vermieden.

Vielfach liegen die gesetzlich vorgeschriebenen Mindestgrenzabstände unter diesen Zahlen. So ist beispielsweise in den Ausführungs-

bestimmungen zum Bürgerlichen Gesetzbuch (BGB) für Bayern vorgeschrieben, daß Gehölze, die mehr als 2 m Höhe erreichen, mindestens 2 m von der Nachbargrenze entfernt sein müssen. Für Gehölze, deren Höhe im ausgewachsenen Zustand unter 2 m bleibt, ist ein Mindestabstand von nur 0,5 m vorgeschrieben. Dies entspricht allerdings keineswegs den praktischen Erfordernissen, denn ein Süßkirschenbaum kann bei zusagenden Bodenverhältnissen einen Kronendurchmesser von 8–10 m und sogar darüber erreichen. Ein solcher Baum darf also in Bayern mit nur 2 m Grenzabstand gepflanzt werden, ohne daß der Nachbar dagegen Einspruch erheben kann und obwohl die Äste später auf dessen Grundstück hinüberwachsen werden. Der Praxis besser angepaßt sind dagegen Grenzabstände wie sie beispielsweise in Baden-Württemberg vorgeschrieben sind.
Nähere Auskünfte über die im jeweiligen Bundesland gesetzlich vorgeschriebenen Grenzabstände erhält man beim Gartenbauamt, Landratsamt oder bei der Gemeindeverwaltung des jeweiligen Wohnorts.

Die eigentliche Pflanzung

Für einen einzelstehenden Baum, ganz gleich ob ein Hoch-, Halbstamm oder ein Buschbaum, wird eine Pflanzgrube ausgehoben: 1,50 × 1,50 m im Quadrat und einen Spatenstich tief. Sofern nicht eine Bodenuntersuchung ergibt, daß der Boden ohnehin ausreichend mit Phosphorsäure und Kali versorgt ist, bringen wir diese Nährstoffe als Vorratsdünger in die untere Bodenschicht mit ein: Man streut auf die Sohle je 1–2 kg Thomasmehl und Kalimagnesia oder 1–2 kg Phosphatkali und vermischt diese Vorratsdünger beim folgenden Umgraben mit der Grabgabel mit der unteren Bodenschicht. Der Boden ist also anschließend etwa 40–50 cm tief gelockert. Diese Vorbereitung reicht in den meisten Gärten aus, denn auch großkronige Obstbäume wurzeln nicht so sehr in die Tiefe als vielmehr in die Breite.
Wenn allerdings der Untergrund sehr verfestigt ist, hebt man zuerst die obere Bodenschicht in Spatentiefe aus und lagert sie an einer Seite der Pflanzgrube. Danach wird die darunter befindliche Schicht bis auf etwa 40 cm Tiefe ebenfalls ausgehoben, an der anderen Seite der Grube gelagert und mit 1–2 kg der vorhin genannten Vorratsdüngung vermischt. Dann streuen wir 1–2 kg je Vorratsdünger auf die Sohle aus und lockern diese mit der Grabgabel oder dem Spaten, bzw. bei sehr schwerem Boden mit dem Pickel.
Beim darauffolgenden Einfüllen kommen die Bodenschichten genau so in die Grube, wie sie vorher gelegen haben, also der Unterboden nach unten, der lebendigere Oberboden (Mutterboden) obenauf. Die Grube wird bis auf eine kleine Vertiefung an der eigentlichen Pflanzstelle restlos eingefüllt.
Diese Art von Bodenvorbereitung erscheint zwar aufwendig, lohnt sich aber. Schließlich bleiben Obstbäume ein Menschenalter, ja oft über Generationen hinweg im Garten. Auf keinen Fall sollte der Fehler begangen werden, auf schwerem Boden nur ein kleines Loch auszubuddeln und den Baum zu pflanzen. Die Wurzeln befinden sich dann wie in einem Blumentopf und stoßen bald an die verdichtete »Topfwand« an; das Wachstum stockt.
Ein Pfahl muß bei Halb- und Hochstämmen nicht sein, ist aber keineswegs von Nachteil

Spindelbüsche brauchen zeitlebens einen Pfahl.

Pflanzen ...

... anbinden in Form einer 8 ...

... kräftig angießen und mulchen.

und sieht obendrein hübsch aus. Wer sparen will, verwendet einen längeren Tomatenpfahl, um dem Jungbaum erst einmal Halt zu geben. Es geht aber auch ganz »ohne«, denn die Krone ist nach dem Pflanzschnitt nicht mehr allzu groß, so daß sie dem Wind keine nennenswerte Angriffsfläche bietet. Sobald aber die Krone umfangreicher wird, hat sich bereits ein umfangreiches Wurzelwerk entwickelt, das den Baum auch bei Sturm im Boden gut verankert. Dies gilt allerdings nur für Halb- und Hochstamm bzw. Buschbaum, also für Bäume, die auf Sämling oder eine andere stark wachsende Unterlage veredelt sind, nicht aber für den Spindelbusch.

Nun zur Pflanzung selbst. Zuerst schneiden wir die Wurzeln, soweit sie beschädigt sind, bis auf gesunde Teile zurück. Alle übrigen Wurzeln bleiben wie sie sind, denn je mehr Wurzeln, desto rascher kann der Baum an- und weiterwachsen.

Das Pflanzen geht am besten von der Hand, wenn man zu zweit ist. Dabei hält eine Person das Bäumchen in das Pflanzloch, während die andere die mit feuchtem Torf und Kompost verbesserte Erde einfüllt und gelegentlich mit den Händen nachhilft. Durch Rütteln des Bäumchens, bzw. durch gelegentliches Heben und Senken fällt die Erde in alle Hohlräume und legt sich dicht an die Wurzeln an.

Anschließend treten wir den Boden um den Baum herum leicht an und binden den Stamm mit einem Kokosfaserstrick oder anderem kräftigem Material in Form einer 8 am Pfahl an. Das Anbinden sollte aber nur ganz locker geschehen, damit sich das frisch gepflanzte Bäumchen noch setzen kann. Wichtig ist, daß der Baum nicht tiefer gepflanzt wird, als er vorher in der Baumschule gestanden hat, d. h., die wulstartige Veredelungsstelle muß über dem Boden zu sehen sein.

Wird im Herbst gepflanzt, dann führen wir den Pflanzschnitt erst im darauffolgenden Frühjahr durch, bei Frühjahrspflanzung sofort (siehe S. 45).

Rund um den Baum werfen wir einen Gießrand, also einen kleinen Erdwall auf und schwemmen den Baum mit mehreren Gießkannen Wasser oder mit dem Schlauch ein. Abschließend wird die ganze Baumscheibe, mit kurzem Stroh, verrottetem Stallmist, Grasschnitt oder Rindenmulch abgedeckt, damit sich die Feuchtigkeit lange hält und der Boden locker bleibt.

Das Pflanzen eines Spindelbusches

Beim Spindelbusch – auch bei einer Obsthecke oder einem Obstspalier auf schwachwachsender Unterlage – geht das Pflanzen genau so vor sich; es sind allerdings ein paar Besonderhei-

Zu erwartende Kronenausdehnung

Apfel	
Hoch-/Halbstamm	8–10 m
Buschbaum	4–5 m
Spindelbusch	2,5 m
Schlanke Spindel	1,5 m
Birne	
Hoch-/Halbstamm	6–8 m
Buschbaum	4–5 m
Spindelbusch	2,5–3 m
Pflaume, Zwetsche, Reneklode, Mirabelle	
Halb-/Hoch-/Meterstamm	5–6 m
Süßkirsche	
Hoch-/Halbstamm	8–10 m
Sauerkirsche	
Buschbaum	4–5 m
Pfirsich	
Buschbaum	4–5 m
Aprikose	
Buschbaum/Halbstamm	5–6 m
Quitte	
Busch	3–4 m
Walnuß	
Hochstamm	10–12 m
Haselnuß	
Strauch	3–5 m

ten zu beachten: Spindelbüsche haben nur ein schwach ausgebildetes, flach dahinstreichendes Wurzelwerk, d. h., der Boden muß hier besonders gründlich vorbereitet und verbessert werden. Wir heben nicht einzelne Pflanzgruben aus wie bei Halb- und Hochstämmen, sondern bearbeiten den Boden in der gesamten Länge der Spindelbuschreihe – meist werden mehrere Bäumchen in einer Reihe gepflanzt – in einer Breite von etwa 2 m und 40 cm tief. Stets muß dabei die unterste Bodenschicht unten, die oberste Bodenschicht, also der Mutterboden, oben bleiben. Bei dieser Bodenvorbereitung werden selbstverständlich auch größere Steine und Dauerunkräuter entfernt.

Während wir bei Halb- und Hochstämmen auf einen Pfahl notfalls verzichten können, ist ein solcher bei Spindelbüschen unbedingt nötig. Er sollte 2,20–2,50 m lang und 7–8 cm stark sein. Der Pfahl wird vor der Pflanzung in den Boden geschlagen und muß während eines Spindelbuschlebens immer einmal wieder erneuert werden, sobald er eben abgefault ist. Andernfalls würde der Spindelbusch mit schwachem Wurzelwerk beim nächsten Sturm umfallen, besonders bei starkem Fruchtbehang oder im Winter bei Schneedruck.

Dann werden im flächig vorbereiteten Boden je Pflanzstelle ein paar Schaufel Erde ausgehoben und – wie bereits beschrieben – gepflanzt.

Besonders bei Spindelbüschen ist es wichtig, daß der Baum nicht zu tief in den Boden kommt. Hat sich der Baum nach dem Pflanzen gesetzt, so muß die wulstartige Veredlungsstelle noch zu sehen sein.

Steht ein Spindelbusch zu tief, so entwickeln sich oberhalb der Veredlungsstelle ebenfalls Wurzeln, und der Baum beginnt unerwünscht stark zu wachsen; der Fachmann sagt: der Baum hat sich »freigemacht«. Um dies zu vermeiden, pflanzen wir absichtlich etwas höher, damit sich der Baum nach dem Setzen des Bodens in der richtigen Höhe befindet.

Abschließend wird auch nach der Pflanzung von Spindelbüschen kräftig angegossen und der Boden mit organischen Materialien abgedeckt. Dies fördert das An- und Weiterwachsen der jungen Bäumchen ganz erstaunlich.

Warum überhaupt schneiden?

Kann man nicht die Obstbäume frei wachsen lassen, so wie sie dies von Natur aus wollen? Sicher, man kann. Bäumchen, die nicht geschnitten werden, tragen sogar früher, manchmal schon im Jahr nach der Pflanzung, doch die Kehrseite der Medaille macht sich rasch bemerkbar: Solche Bäumchen erschöpfen sich bald unter der Last der Früchte, die Triebe hängen nach unten, der Neutrieb bleibt nur schwach . . .
Durch richtigen Schnitt erreichen wir, daß die Krone zeitlebens licht bleibt. In einer solchen Baumkrone entwickelt sich das Fruchtholz entlang des Stammes und der Äste bis unten hin und nicht nur weit oben, wie bei einem ungeschnittenen Baum. Nichtgeschnittene Bäume tragen zudem meist recht unregelmäßig. In dem einen Jahr gibt es eine Massenernte, in dem darauffolgenden dagegen vielfach überhaupt nichts. Hinzu kommt, daß in nicht geschnittenen Bäumen die Früchte klein bleiben; sie bekommen wegen des Schattens wenig Farbe und schmecken zudem säuerlich.
Nachdem wir möglichst nicht oder nur wenig spritzen wollen, kommt dem Obstbaumschnitt eine weitere wichtige Bedeutung zu: geschnit-

Der Obstbaumschnitt will gekonnt sein. An einem sonnigen Spätwintertag macht die Arbeit Spaß.

tene Bäume bleiben sichtbar gesünder als unbehandelte oder umgekehrt: zu dichte Baumkronen werden stärker von Pilzkrankheiten befallen als licht gehaltene. Grund: Die Blätter bleiben nach Regenfällen länger feucht; nachdem aber auch die mikroskopisch kleinen Pilze zu ihrer Entwicklung Wärme und Feuchtigkeit benötigen, ebenso wie die Waldpilze, kommt es in dichten Kronen zu starkem Befall durch Pilzkrankheiten. Obstbaumschnitt fördert also die Fruchtqualität und gesundes Blattwerk, er ist vorbeugender Pflanzenschutz.

Gekonnter Obstbaumschnitt ist allerdings, ebenso wie das Veredeln, eine Arbeit, die man aus einem Buch kaum richtig erlernen kann. Hier gehört die Praxis unbedingt dazu. Dies ist mit der Grund, warum ich dieses Kapitel zugunsten anderer Schwerpunkte auf das notwendigste beschränken möchte, zumal es unter den BLV-Gartenbüchern zu diesem Thema spezielle Titel gibt, bearbeitet von hervorragenden Fachleuten mit langer Praxis.

Ein Tip: Besuchen Sie im Winter Kurse über Obstbaumschnitt. Sie werden viel lernen und die Arbeit wird Ihnen Spaß machen, vorausgesetzt, der Kurs wird von einem erfahrenen Fachmann geleitet, der nicht nur schneiden sondern auch das »Wie« und »Warum« gut verständlich erklären kann. Solche Kurse werden von Obst- und Gartenbauvereinen, von Siedler- und Kleingärtnervereinen und von Volkshochschulen veranstaltet. Hinweise können der lokalen Presse entnommen oder bei den örtlichen Geschäftsstellen genannter Verbände erfragt werden. Auch städtische Gartenämter und Fachberater für Gartenbau an den Landratsämtern geben gerne Auskunft.

Der Schnitt des Halb- und Hochstammes

Hoch- und Halbstämme, also Bäume mit hohem Stamm und großer Krone, pflanzen wir meist nur punktuell, vielfach anstelle von Ziergehölzen. Mit einem richtigen Pflanz- und Erziehungsschnitt wachsen Bäume heran, die nicht nur gestalterische Schwerpunkte in unserem Garten bilden, sondern zusätzlich reichlich Obst bringen.

Durch Schnitt erzielen wir eine ideale Baumkrone, bestehend aus Stamm, Leitästen und Seitenästen, also ein kräftiges Kronengerüst, an dem sich locker gestreut gut belichtete Fruchtäste und Fruchtholz befinden. Was hierzu nachfolgend gesagt wird, gilt für alle Obstarten, die als Halb- oder Hochstamm gepflanzt werden, ebenso aber auch für sogenannte Meter-Stämme und Buschbäume.

1 2

Pflanzschnitt

1 Konkurrenztrieb entfernen. Von den verbleibenden kräftigen Trieben nur 3 gut verteilte belassen.

2 Abspreizen, wenn einer dieser 3 Triebe zu steil steht …

3 … bzw. einen zu waagrechten etwas hochbinden.

4 Die 3 Triebe – die späteren Leitäste – kräftig auf ein nach außen zeigendes Auge zurückschneiden.

5 Schwächere Triebe waagrecht binden. Sie bilden zusätzlich Blätter und tragen bald.

Pflanzschnitt
Wir suchen uns in der jungen Krone 3 kräftige, günstig am Stamm verteilte Triebe aus. Diese 3 Triebe – die späteren Leitäste – sollten sich nicht an einem Punkt des Stammes befinden, sondern möglichst auf einer Stammlänge von etwa 60 cm verteilt sein. Dadurch sind sie gut »verankert«. Entspringen sie an einem Punkt, so kann es leicht zur Abdrosselung der Stammverlängerung kommen.
Sollten diese 3 »idealen« Leitäste noch fehlen, so belassen wir provisorisch die 3 geeignetsten, ersetzen aber im nächsten oder übernächsten Jahr 1 oder 2 davon durch günstiger gestellte Triebe, die sich inzwischen an der Stammverlängerung entwickelt haben.
Ideal ist es, wenn die späteren Leitäste in einem möglichst stumpfen Winkel zum Stamm entspringen. Erst etwas vom Stamm entfernt, sollen sie in einem Winkel von etwa 45° ansteigen. Spitzwinklig angesetzte Triebe sind als Leitäste nicht geeignet, weil bei ihnen die Gefahr besteht, daß sie später einmal bei stärkerem Fruchtbehang oder Schneedruck abschlitzen. Alle kräftigen, steil stehenden Triebe werden deshalb aus der jungen Baumkrone entfernt, vor allem der Konkurrenztrieb. Darunter versteht man den Trieb, der sich zuoberst am Mitteltrieb befindet, zumeist in einem sehr spitzen Winkel.

Steht einer der künftigen Leitäste steiler als die beiden anderen, so wird er abgespreizt; bei zu flacher Stellung binden wir ihn hoch.
Außer diesen 3 künftigen Leitästen können durchaus noch 1–2 schwache Triebe in der jungen Krone verbleiben. Soweit sie nicht bereits weitgehend waagrecht stehen, binden wir sie mit Bast waagrecht. Solche Triebe bleiben unbeschnitten und können deshalb den 3 Leitästen keine Konkurrenz machen. Sie setzen frühzeitig Blütenknospen und Früchte an und versorgen mit ihren Blättern den jungen Baum zusätzlich mit Baustoffen (Assimilaten).
Anschließend kürzen wir die 3 Leitäste um mindestens ein Drittel bis die Hälfte ein und zwar immer auf eine nach außen gerichtete Knospe und auf etwa gleiche Länge. Beim Steinobst schneiden wir am besten noch schärfer zurück. Nur so treiben sämtliche Knospen aus, und die Leitäste bekleiden sich bereits von unten her mit Fruchtholz. Außerdem wird durch den Rückschnitt das Dickenwachstum der künftigen Leitäste gefördert. Je kräftiger der Rückschnitt, desto stärker der Austrieb und umgekehrt.
Durch diesen scharfen Rückschnitt stellen wir das Gleichgewicht zwischen Wurzel und Krone wieder her, hat doch der Baum beim Ausgraben in der Baumschule viel Wurzelmasse verloren. Ohne Rückschnitt können die ver-

3

4

5

bliebenen Wurzeln die Triebe nicht genügend mit Wasser und Nährstoffen versorgen, es gibt nur einen schwachen Neutrieb.
Die Stammverlängerung (Mitteltrieb) schneiden wir so weit zurück, daß sie die 3 künftigen Leitäste um Handbreite überragt. Wir kürzen sie über einer Knospe ein, die eine möglichst gerade Triebfortsetzung verspricht. Im Normalfall befindet sich diese Knospe über der letztjährigen Schnittfläche. Weht häufig starker Wind aus vorwiegend einer Richtung, so wird der Mitteltrieb über einer in Windrichtung stehenden Knospe geschnitten.

Erziehungsschnitt
Auch im kommenden Spätwinter bzw. zeitigen Frühjahr wird die junge Baumkrone geschnitten. Wir sprechen jetzt von Erziehungsschnitt. Man wiederholt ihn so oft, bis die Krone fertig aufgebaut ist, also etwa 5–8 Jahre lang.
Spreizhölzer, Stäbe und Bastfäden, die vom Pflanzschnitt her noch in der Krone sind, werden entfernt, soweit dies nicht bereits im Sommer geschehen ist. Dann wenden wir uns den Leitästen zu. Waren beim Pflanzschnitt noch

Falsch! Besenbildung aber keine Früchte!

keine 3 günstig gestellten Leitäste vorhanden, so können jetzt entsprechende Korrekturen durchgeführt werden. Ein nur provisorisch angeschnittener Leitast wird durch einen günstig gestellten Jungtrieb ersetzt.
Vor allem aber werden beim Erziehungsschnitt alle Konkurrenztriebe, sowie zu dicht stehende oder auf den Astoberseiten entstandene Triebe an den Ansatzstellen entfernt. Die übrigen neugebildeten Triebe binden wir mit Bast in eine beinahe waagrechte Lage, sofern sie nicht schon waagrecht stehen.
Anschließend werden die Stamm- und Leitastverlängerungen zurückgeschnitten, wobei sich die Stärke des Rückschnittes nach der Wuchsstärke des Baumes richten sollte. Bei kräftigem Trieb werden die Verlängerungstriebe nicht mehr so stark eingekürzt wie bei der Pflanzung. Hat der Baum jedoch auf den Pflanzschnitt nur mit einem sehr schwachen Austrieb reagiert, so unterlassen wir diesmal ausnahmsweise den Rückschnitt. Die Triebfortsetzungen entwickeln sich dann aus den kräftigen Endknospen.
Für den Anfänger ist es schwierig, die Stärke des Rückschnittes richtig zu bemessen. Überlegen wir uns deshalb, was wir damit erreichen wollen: Durch das Einkürzen der Stamm- und Leitastverlängerungen sollen sämtliche Knospen entlang der verbleibenden Triebteile austreiben. Angenommen, wir schneiden einen Leitast zu wenig zurück, so werden zwar die oberen Knospen durchtreiben, nicht aber die im unteren Drittel befindlichen. Folge: Der Leitast garniert sich zu wenig mit Fruchtholz, er bleibt kahl und schwach. Schneiden wir dagegen zu stark zurück, so treiben sämtliche Knospen aus, jedoch wesentlich stärker als wünschenswert. Es bildet sich kaum Fruchtholz, vielmehr entstehen zahlreiche Holztriebe, die wegen ihrer zu dichten Stellung zum Teil wieder entfernt werden müssen.
Wir müssen also beim Rückschnitt die Wuchsstärke des jeweiligen Baumes richtig beurteilen. Der Rückschnitt der Stamm- und Leitastverlängerungen muß so stark sein, daß zwar sämtliche Knospen austreiben, sich jedoch nur wenige kräftige, aber zahlreiche schwache Triebe – Fruchtholz – entwickeln.

Vorbildlich aufgebaute Baumkrone (Apfel-Halbstamm). Deutlich sind die 3 kräftigen Leitäste zu erkennen, an denen sich, locker gestreut, Seiten- und Fruchtäste befinden. Alle kräftigen Teile sind mit reichlich Fruchtholz garniert. Das Licht kann bis in das Kroneninnere eindringen.

Im 3. Jahr nach der Pflanzung und die Jahre danach bleiben die Schnittarbeiten die gleichen. Neu kommt nur die Erziehung von Seitenästen hinzu, etwa 3 je Leitast. Der erste dieser Seitenäste darf erst mindestens 60–80 cm vom Stamm entfernt entstehen; andernfalls würde die Krone später zu dicht. Untereinander sollen diese 3 Seitenäste etwa 100 cm Abstand haben, damit auch in der fertig aufgebauten Krone alle Teile genügend Licht bekommen. Die Seitenäste sollten leicht schräg aufwärts gerichtet und in ihrer Länge den Leitästen untergeordnet sein.

Die übrigen entlang der Leitäste entstehenden Triebe behandeln wir als Fruchtäste, d. h. wir schneiden sie nicht zurück, sondern lenken sie durch Ableiten auf jüngere Triebe so, daß ihre Spitze waagrecht gerichtet ist oder leicht abwärts zeigt. Dadurch wird verhindert, daß sie zu einer Konkurrenz für die Seitenäste werden. Jungtriebe allerdings, die sich entlang der Leit- und Seitenäste entwickeln und zu dicht stehen, werden beim jährlichen Schnitt ganz entfernt.

Auch entlang der Stammverlängerung sollten sich in lockerer Streuung einige Fruchtäste bilden. Wir erziehen sie so, daß sie auf Lücke stehen und die darunter befindlichen Äste möglichst nicht beschatten.

Ebenso werden alle Konkurrenztriebe an der Stammverlängerung, sowie an den Leit- und Seitenästen entfernt. Auch andere steilstehende Jungtriebe, die auf den Oberseiten der kräftigen Astteile entstanden sind, schneiden wir an den Ansatzstellen bis auf Astring weg. Stehen sie dagegen etwas schräg, so können wir sie im Sommer waagrecht binden und dadurch zu Fruchtästen umbilden. Dies ist freilich nur sinnvoll, wenn genügend Platz für zusätzliche Fruchtäste vorhanden ist, bzw. wenn sie als Ersatz für abgetragene Fruchtäste verwendet werden sollen.

Zweigquirle immer auf den nach außen wachsenden Trieb absetzen! Dadurch kann reichlich Licht in das Kroneninnere. Vor und nach dem Schnitt.

Auf dem beim Erziehungsschnitt entstehenden kräftigen Kronengerüst, bestehend aus Stamm bzw. Stammverlängerung (Mitteltrieb), aus Leit- und Seitenästen, entwickelt sich das Fruchtholz. Es besteht aus schwachwachsenden Kurztrieben, die Blütenknospen ansetzen. Zuviel Fruchtholz, wie es häufig bei älteren Bäumen vorkommt, ist ein Zeichen von Vergreisung. In solchen Fällen sollte man das Fruchtholz verjüngen, indem man von jedem Fruchtholzansatz etwa die Hälfte wegschneidet. So entsteht ein Triebanreiz. Ist zuviel Fruchtholz vorhanden, so bleiben die Früchte klein. Solche Bäume neigen außerdem zur Alternanz, d. h., sie tragen sehr unregelmäßig: In einem Jahr biegen sich die Äste unter der Fruchtlast, im nächsten Jahr gibt es nichts.

Abschließend schneiden wir die im letzten Jahr entstandenen Verlängerungstriebe von Stamm, Leitästen und Seitenästen zurück. Nach dem Einkürzen soll der Baum die Form eines Hausdaches haben.

Eine Faustregel: Schwache Verlängerungstriebe sollte man um etwa die Hälfte einkürzen, bei kräftigem Jahrestrieb genügt es dagegen meist, wenn nur ein Drittel weggeschnitten wird. Wichtig: Immer auf nach außen gerichtete Augen (= Knospen) schneiden, damit eine breitausladende, gut belichtete Krone entsteht.

Das Kronengerüst des fertig aufgebauten Halb- oder Hochstammes und ähnlicher Baumformen besteht bei richtigem Pflanz- und Erziehungsschnitt aus:

- Stamm bzw. Stammverlängerung (Mitteltrieb).
- 3 gut verteilten, kräftigen Leitästen; bei schwachwüchsigen Steinobstarten wie Zwetsche, Pflaume, Sauerkirsche dürfen es auch 4 sein.
- 3 Seitenästen an jedem Leitast.
- mehreren locker gestreuten Fruchtästen entlang der Stammverlängerung und entlang der Leit- und Seitenäste.
- Fruchtholz, das über alle diese kräftigen Kronenteile gleichmäßig verteilt ist; es sollte möglichst waagrecht stehen, gut belichtet sein und ständig etwas Neutrieb zeigen.

Auslichten einer älteren Krone. Vorrangig wird der bereits stark entwickelte Konkurrenztrieb entfernt. An Stamm und Ästen verbleibt jeweils nur ein Verlängerungstrieb. Rechts derselbe Baum nach dem Schnitt.

Instandhaltungsschnitt

Sobald die Krone fertig aufgebaut ist, brauchen wir sie nur noch in Ordnung zu halten. Wichtig ist dabei die ständige Fruchtholzerneuerung, so wie dies beim Spindelbusch beschrieben wird. In all den folgenden Jahren muß die Krone vor allem licht bleiben; nur dann kann gesundes Qualitätsobst geerntet werden. Um dies zu erreichen, entfernen wir mehr als 3 Jahre alte Fruchtäste, die abgetragen haben und meist stark nach unten hängen.

Sind Jungtriebe vorhanden, die nach oben oder schräg nach außen wachsen, so setzen wir die Fruchtäste auf diese ab. Dadurch haben wir eine ständige Fruchtholzerneuerung. Jungtriebe, die sich entlang der stärkeren Äste entwickelt haben und zu dicht stehen, entfernen wir ganz, die übrigen bleiben unbehandelt; sie entwickeln sich zu Fruchtholz.

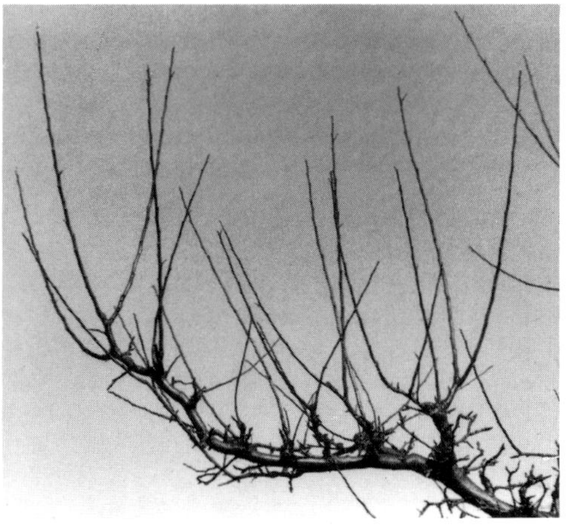

Überwachungsschnitt an einem etwa 40 Jahre alten Apfelbaum. Auf den Astoberseiten haben sich nach einem kräftigen Auslichten der Krone zahlreiche Holztriebe (»Wasserschosse«) entwickelt. Sie werden bei zu dichtem Stand entfernt, bzw. auf mehr seitlich gerichtete Jungtriebe abgesetzt.

Der Schnitt des Spindelbusches

Spindelbüsche behalten zeitlebens eine kleine Krone. Sie stehen im Gegensatz zum Halb- und Hochstamm, der auf Sämling veredelt ist, auf einer schwachwüchsigen Unterlage und benötigen deshalb einen speziellen Schnitt.

Pflanzschnitt

Er wird ebenso wie beim Halb- und Hochstamm im zeitigen Frühjahr durchgeführt, ganz gleich, ob der Baum bereits im vorhergehenden Herbst oder soeben erst im Frühjahr gepflanzt wurde. Haben wir den Spindelbusch in der Baumschule als einjährige Veredlung mit einigen vorzeitigen Trieben gekauft, so entfernen wir zuerst alle zu tief angesetzten Triebe bis auf etwa 50 cm Stammhöhe. Anschließend wird der meist sehr steil stehende Konkurrenztrieb weggeschnitten, also der zuoberst an der Stammverlängerung (Mitteltrieb) befindliche Trieb. Nachdem weitere zu dicht oder sehr steil stehende Triebe entfernt wurden, sollen noch 3 seitliche Triebe verbleiben, die wir auf 3–5 Augen einkürzen. Dabei werden die oberen Triebe mehr zurückgeschnitten (3 Augen), die unteren länger (5 Augen) belassen. Der Mitteltrieb wird schließlich auf 5–7 Augen über dem letzten seitlichen Trieb zurückgeschnitten, so daß von Anfang an eine pyramidale Krone vorhanden ist, ähnlich einem Weihnachtsbaum.

Spindelbusch mit Fruchtästen und Fruchtholz.

Beziehen wir den Spindelbusch von der Baumschule mit zweijähriger Krone, so werden ebenfalls zuerst der Konkurrenztrieb sowie die tiefer als 50 cm über dem Boden entstandenen Triebe weggeschnitten. Dann binden wir 4 gut verteilte Triebe fast waagrecht, sofern sie nicht von selbst in ziemlich flachem Winkel aus dem Stamm entspringen. Diese Triebe, die in etwa den späteren Fruchtästen beim Halb- und Hochstamm entsprechen, bleiben so wie sie sind, d. h., sie werden nicht eingekürzt. Dadurch setzt der Ertrag früher ein. Sollten noch weitere starke Triebe entlang des Stammes vorhanden sein, so entfernen wir diese, denn andernfalls würde die Krone später zu dicht. Vorhandene Kurztriebe bleiben dagegen am Stamm; sie werden nicht zurückgeschnitten.
Der Mitteltrieb wird auf 5–7 Augen (= Knospen) über dem obersten seitlichen Trieb zurückgeschnitten. Dadurch treiben die verbleibenden Augen zuverlässig aus, d. h., entlang des Mitteltriebes entstehen viele Seitentriebe bzw. Fruchtholz. Da sich an den waagrecht gestellten Fruchtästen rasch Fruchtholz entwickelt, setzt der Ertrag bei Spindelbüschen bereits im 2. Jahr nach der Pflanzung ein.
In den folgenden Jahren sollen entlang des Stammes weitere Fruchtäste entstehen, locker gestreut und so am Stamm angeordnet, daß sie auf Lücke stehen, also zwischen den darunter befindlichen Fruchtästen. Beim Rückschnitt streben wir eine pyramidale Krone an.

Neben diesem weiteren Aufbau der kleinen Spindelbuschkrone beschränkt sich die Schnittarbeit in den Jahren nach der Pflanzung überwiegend auf eine leichte Verjüngung, d. h., wir leiten abgetragene Triebteile, die meist stark nach unten hängen, auf Jungtriebe ab. Fruchtholz, das älter als 3 Jahre ist, wird entfernt, da sich sonst der reichtragende Spindelbusch zu rasch erschöpfen würde. Bei Apfelsorten, die bereits am einjährigen Holz blühen wie 'James Grieve', 'Golden Delicious' u. a. läßt man die Fruchttriebe nur 2 Jahre alt werden.

Ab 5.–6. Standjahr kürzen wir die Enden der Fruchtäste etwas ein, bzw. setzen sie auf Jungtriebe zurück. Dadurch wird der Neutrieb angeregt und einer raschen Erschöpfung vorgebeugt.

Nach dem Schnitt soll der Spindelbusch seine pyramidale Form beibehalten. Es muß immer darauf geachtet werden, daß die unteren Fruchtäste länger als die oberen sind. So sieht das Bäumchen nicht nur hübsch aus, dies hat vor allem praktische Gründe: Bei der angestrebten Pyramidenform sind alle Teile optimal belichtet. Beläßt man dagegen die zur Spitze hin entstandenen Fruchtäste länger als die darunter befindlichen, so würden letztere ein »Schattendasein« führen. Sie würden bald von den oberen, triebmäßig überaus begünstigten Trieben überbaut und mehr und mehr verkümmern.

Verjüngen

Nach weiteren Ertragsjahren wird schließlich eine Verjüngung notwendig. Den Zeitpunkt hierfür erkennt man am nachlassenden Trieb. Sobald der Neutrieb jährlich nur noch wenige Zentimeter beträgt, setzt man die Stammverlängerung (Mitteltrieb) einen halben Meter und mehr herunter. Gleichzeitig schneidet man alle Fruchtäste kräftig bis ins alte Holz hinein zurück, d. h., man setzt sie auf Triebe ab, die sich näher am Stamm befinden. Zusätzlich wird der größte Teil des schwachen Fruchtholzes ganz entfernt und das normal entwickelte um etwa ein Drittel eingekürzt. Auch nach dieser Radikalkur sollte der Spindelbusch wie eine Pyramide aussehen. In Verbindung mit Düngung, Bodenpflege und Pflanzenschutz entsteht dann ab Frühjahr ein kräftiger Neutrieb. Das Bäumchen zeigt neues Leben und bringt bessere Fruchtqualität.

Der Sommerschnitt

Es ist ratsam, den Erziehungsschnitt in den ersten Jahren durch eine Sommerbehandlung im Juli/August zu ergänzen. Dies gilt für Halb- und Hochstamm, für Busch und Spindelbusch. Bei Spindelbüschen empfiehlt sich ein Sommerschnitt auch später. Besonders wichtig ist eine sommerliche Behandlung bei Wandspalieren und anderen streng gezogenen Formobstbäumen (siehe S. 28).

Oben: Originell und praktisch: waagerecht »binden« von Trieben mit Betonklötzchen und Wäscheklammer (Bezugsquelle S. 204). Unten: Rascher Fruchtertrag durch Waagrechtbinden bei der Birnensorte 'Andenken an den Kongreß'.

Beim Sommerschnitt werden Konkurrenztriebe sowie nach innen wachsende und zu dicht stehende Triebe entfernt. Diese Arbeit lohnt vor allem an Jungbäumen und den kleinbleibenden Spindelbüschen.

Der Sommerschnitt hat bei Jungbäumen einen Wachstumsvorsprung zur Folge, der Kronenaufbau geht rascher vor sich. Es werden dabei alle für den Kronenaufbau entbehrlichen Triebe, die man im Winter ohnehin entfernen würde, weggeschnitten. Dazu gehören die Konkurrenztriebe an Stammverlängerung und Leitästen sowie steile »Ständer« – also Triebe, die auf den Astoberseiten sitzen und zu sehr ins Kroneninnere wachsen – und zu dicht stehende schwächere Triebe. Letztere braucht man bei Apfel und Birne nur bis auf die Blattrosette zurückschneiden, damit sich an diesen Stellen Blütenknospen entwickeln können. Bei Kirsche, Pfirsich und Aprikose müssen solche Triebe dagegen an der Ansatzstelle entfernt werden, da hier verbleibende Stummel eintrocken würden.

Alle übrigen Triebe, soweit sie nicht für das Kronengerüst benötigt werden, binden wir waagrecht; Langtriebe werden dadurch zu Fruchttrieben umgewandelt, denn: Je waagrechter sich ein Trieb im Baum befindet, desto mehr neigt er zum Blühen und Fruchten, je steiler er dagegen steht, desto mehr wird er begünstigt, desto kräftiger wächst er.

Zu stark wachsende Triebe lassen sich im Wachstum bremsen, indem wir die Spitzen im Sommer mit dem Daumennagel auskneifen. Ist z. B. in einer jungen Krone ein Leitast besonders kräftig entwickelt, während die beiden anderen wesentlich geringeren Trieb zeigen, so können wir die zurückgebliebenen fördern, indem wir den kräftigeren Trieb entspitzen. Das Gleichgewicht in der Krone läßt sich dadurch rasch wieder herstellen. Wer den Sommerschnitt an Jungbäumen durchführt, braucht im Nachwinter nicht mehr viel zu tun. Bei Halb- und Hochstämmen brauchen dann nur noch die Stamm-, Leitast- und Seitenastverlängerungen auf Knospen nach außen eingekürzt zu werden, alles übrige ist bereits erledigt.

Auslichten älterer Kronen

Vielfach stehen in den Gärten ältere Apfel-, Birn- und Pflaumenbäume, an denen seit Jahren nichts mehr getan wurde. Ihre Kronen sind meist viel zu dicht, und Fruchtholz fehlt im Kroneninnern oft völlig. Dafür haben sich um-

so mehr Triebe an den Ende der stärkeren Äste entwickelt, so daß ein dichtes Blätterdach kaum mehr einen Lichtstrahl in das Innere der Krone läßt.
In einem solchen Fall werden zunächst sämtliche zu dicht stehenden Äste an den Ansatzstellen entfernt, bevorzugt natürlich krebsige oder schwächlich gebliebene Äste bzw. solche, die dicht auf anderen aufliegen. Ziel dieser Arbeit: Eine gut belichtete Krone sowie Bildung von Jungtrieben und damit von Fruchtholz an den verbleibenden Ästen. Verständlicherweise lohnt sich dieser Arbeitsaufwand nur bei gesunden und noch im besten Ertragsalter befindlichen Bäumen. Andere werden besser ganz gerodet oder noch einige Jahre »abgemolken« und dann entfernt.
Am leichtesten tun wir uns beim Auslichten, wenn wir wie folgt vorgehen: Vorrangig werden alle Äste entfernt, bei denen eindeutig feststeht, daß sie weg müssen. Wir beginnen im oberen Bereich der Krone, steigen dabei aber immer einmal wieder von der Leiter, um uns den Baum aus einiger Entfernung anzusehen. So tun wir uns leichter bei der Entscheidung, welche Äste als nächste abgesägt werden sollen. Noch besser: wir arbeiten zu zweit; einer steht auf der Leiter oder in der Krone und sägt, während der andere in einiger Entfernung vom Baum beobachtet und Anweisungen gibt, welche Äste nacheinander heraus müssen.
Ältere, stark verwahrloste Kronen sollten nicht auf einmal ausgelichtet werden, weil sonst an den verbleibenden Ästen ein kaum zu bändigender, starker Neutrieb (»Wasserschosse«) entstehen würde. Solche Bäume werden besser in 2–3 Wintern hintereinander ausgeschnitten, wobei natürlich zuerst die besonders störenden Teile entfernt werden.
Für all diese groben Schnittarbeiten ist die verstellbare Baumsäge das richtige Werkzeug. Schnittwunden, die größer als ein Zweimarkstück sind, vor allem aber die Wunden von besonders großen Ästen, werden nach getaner Arbeit mit einem Wundverschlußmittel verstrichen. So sind die Wunden gegen schädliche Einflüsse von außen geschützt und beginnen von den Rändern her zu verheilen.

Steile Äste auf Triebe nach außen absetzen.

Das zu dichte Triebgewirr an den äußeren Partien einer seit Jahren ungepflegten Krone wird mit der Schere gelichtet. Alte, mit viel Quirlholz besetzte Äste werden auf Jungtriebe (Reiter) zurückgesetzt, die sich auf den Astoberseiten gebildet haben. Zu hohe Kronen setzen wir auf tieferstehende Äste ab, so daß die Pflege- und Erntearbeiten erleichtert werden. Alle diese groben Schnittarbeiten können bereits ab November, also gleich nach dem Laubfall, vorgenommen werden. Am Ende dieser Durchforstung sollte die Krone eine stumpfpyramidale Form haben, also einem Hausdach ähnlich sehen.
Durch ein solches Auslichten läßt sich verständlicherweise keine Idealkrone mehr erziehen, so wie sie beim Erziehungsschnitt beschrieben ist. Wir müssen Kompromisse schließen. Doch es ist schon viel erreicht, wenn in das Kroneninnere wieder genügend Luft und Licht gelangen können, wenn die Früchte größer werden und besser gefärbt sind, und wenn der Befall an Schädlingen und Krankheiten zurückgeht.
Mit dem Auslichten allein ist es allerdings

Ein »Gemälde« von unvergleichlicher Schönheit! Wie langweilig wäre die Flur ohne diesen prächtigen Baum.

nicht getan. Entscheidend für den langfristigen Erfolg ist die Nachbehandlung, denn an den verbleibenden Ästen entstehen zahlreiche Jungtriebe. Die zu dicht stehenden werden im kommenden Winter entfernt. Lediglich alle 40–50 cm verbleibt ein Trieb. Diese Jungtriebe, auch wenn sie sich senkrecht auf den Astoberseiten befinden, brauchen nicht eingekürzt zu werden. Bereits im Jahr danach setzen sie Blütenknospen an, und wieder ein Jahr später blühen und fruchten sie. Dann entfernen wir diese Triebe an der Ansatzstelle, damit es Platz für neue gibt. Wir arbeiten also auch hier auf eine Fruchtholzerneuerung hin. Sie länger zu belassen hat wenig Sinn, da sie sich wegen ihrer steilen Stellung sehr kräftig entwickeln und die Krone überbauen würden.

Neben solchen Jungtrieben, die meist im 2. Jahr blühen und fruchten, gibt es in einer gut ausgelichteten Krone auch am verbliebenen alten, aber leicht verjüngten Fruchtholz reichlich Blüten und Früchte von wesentlich besserer Qualität als vorher.

Verjüngen älterer Bäume

Ältere Bäume, die kaum noch Neutrieb zeigen und deren Früchte zu klein bleiben, können wir verjüngen. Damit wird der zunehmenden Vergreisung entgegengewirkt. Mit lediglich einer Fruchtholzverjüngung, wie sie bei wüchsigen Kronen als laufende Pflegearbeit erfolgen sollte, ist es bei überalterten Bäumen allerdings nicht getan. Wir müssen schon schärfer eingreifen und die Krone insgesamt um ein Viertel bis ein Drittel zurücknehmen. Sowohl die Stammverlängerung als auch die Leit- und Seitenäste werden dabei kräftig bis ins alte Holz hinein zurückgeschnitten.

Zuerst wird die gesamte Krone ausgelichtet, so wie vorher beschrieben. Dann werden alle verbliebenen starken Äste um 1–3 m eingekürzt. Ausgehend vom schwächsten Leitast setzen wir sowohl die Leitäste als auch die Stammverlängerung auf tieferstehende Seitenäste ab. Von diesen schneiden wir anschließend auf 50 cm, von der Spitze her gerechnet, alles Seitenholz auf Astring zurück. Dadurch entste-

hen aus schlafenden Augen kräftige neue Triebfortsetzungen. Den nun vorhandenen Leitastenden werden sämtliche Seitenäste untergeordnet, d. h., auch die Seitenäste werden bis ins alte Holz hinein zurückgeschnitten. Dabei sollten die tieferstehenden Seitenäste verhältnismäßig lang bleiben, während die oberen Kronenpartien stärker verjüngt werden.
Sind Leit- und Seitenäste entsprechend zurückgeschnitten, setzen wir die Stammverlängerung auf einen tieferstehenden Seitenast ab. Anschließend sollte die gesamte Krone ein dachförmiges Aussehen haben.
Auch das im Baum befindliche Fruchtholz wird kräftig ausgelichtet, bzw. zurückgesetzt, damit auch an diesen Stellen Neutrieb erfolgt.
Äpfel, Birne, Sauerkirsche und Pfirsich sprechen auf eine solche Verjüngung besonders gut an, sie bilden kräftigen Neutrieb und bringen wieder größere Früchte. Süßkirschen und einige andere Steinobstarten reagieren dagegen manchmal mit Gummifluß.
Das Verjüngen kann ebenso wie das Auslichten älterer Baumkronen bereits ab November, also gleich nach dem Laubfall, vorgenommen werden. Je früher, desto kräftiger ist der nächstjährige Austrieb. In Verbindung mit einer Düngung lassen sich alternde Obstbäume auf diese Weise förmlich zu neuem Leben erwecken.
Was die Behandlung der vielen Jungtriebe betrifft, die nach einem kräftigen Verjüngen entstehen, so gilt das unter »Erziehungsschnitt« bzw. »Auslichten« Gesagte.

Schnittbesonderheiten bei Birnen, Süßkirschen und Pflaumen

Bei Birnen ist die Stammverlängerung vom Pflanzschnitt an bewußt kurz zu halten; sie soll die Leitäste nur wenig überragen. Dies gilt auch für den Erziehungsschnitt, denn Birnbäume wachsen von Natur aus meist steil in die Höhe.
Süßkirschen sind sehr starkwüchsig, deshalb sollten die Leitäste entlang des Stammes besonders weit auseinanderstehen. Ist das Kronengerüst einmal aufgebaut, wird nur noch ausgelichtet. Eine Fruchtholzbehandlung entfällt. Grobe Schnittarbeiten, wie das Entfernen größerer Äste oder ein Verjüngen der gesamten Krone, führen wir am besten gleich nach der Ernte (Juli/August) durch. Bei einer Verjüngung ist darauf zu achten, daß an den Schnittstellen stärkerer Äste möglichst junge Triebe oder Nebenäste sitzen.
Pflaumen und andere Steinobstarten sollte man bei der Pflanzung möglichst stark zurückschneiden; andernfalls verkahlen die Triebe im unteren Bereich.
Steinobst ist gegen direkte Sonnenstrahlung auf starke Astteile sehr empfindlich; die Stammverlängerung, sowie die Leit- und Seitenäste sollten deshalb reichlich mit Fruchtholz garniert sein.
Wir lassen bei diesen Obstarten deshalb mehr Fruchtholz stehen als bei Apfel und Birne. Anstelle von 3 Leitästen können hier durchaus 4 starke Äste belassen werden, die möglichst gleichmäßig verteilt und nicht an einem Punkt des Stammes entstehen sollen.

Der Schnitt der Sauerkirsche

Sauerkirschen werden meist als einjährige Veredlungen gepflanzt, mit einer Stammhöhe von etwa 40 cm. Darüber befinden sich vorzeitige Triebe, d. h. Triebe, die während des Sommers an dem im gleichen Jahr gewachsenen Mitteltrieb entstanden sind. Am besten schneiden wir die unteren dieser vorzeitigen Triebe weg, so daß sich eine Stammhöhe von 60 cm ergibt. Dadurch wird die spätere Bodenbearbeitung unter dem Baum erleichtert.
Über diesem 60 cm hohen Stamm belassen wir nur 3–4 vorzeitige Triebe und kürzen sie auf 2–4 Augen ein, wir führen also einen sehr scharfen Pflanzschnitt durch. Der Mitteltrieb wird eine Handspanne darüber auf eine gut ausgebildete Knospe zurückgeschnitten. Fehlt eine solche Knospe, weil in Rückschnitthöhe am Stamm nur vorzeitige Triebe vorhanden sind, so schneiden wir den Mitteltrieb bis auf einen vorzeitigen Trieb zurück und kürzen diesen bis auf die unterste Knospe ein.

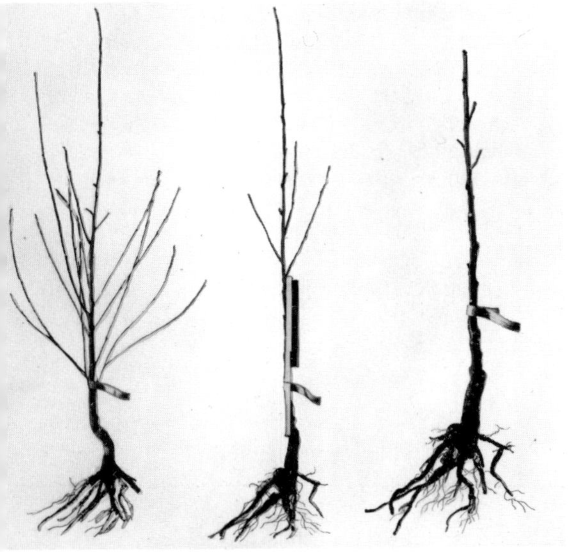

Pflanzschnitt bei Sauerkirsche: Die 3 ausgewählten Leitäste werden bis auf kurze Stummel eingekürzt.

Nach diesem Schnitt treibt der Baum gewöhnlich stark durch. Im nächsten Frühjahr wählen wir aus den zahlreichen Trieben 3–4 günstig gestellte, möglichst gleichmäßig um den Stamm verteilte Triebe aus und schneiden sie scharf, bis auf etwa ein Drittel ihrer Länge zurück. Der weitere Kronenaufbau, einschließlich Sommerschnitt, vollzieht sich wie beim Halb- und Hochstamm.

Nachdem in den meisten Gärten die besonders wertvolle Sorte 'Schattenmorelle' angebaut wird, sei auf die besondere Art der hier erforderlichen Fruchtholzbehandlung hingewiesen: Die Schattenmorelle trägt fast nur an Trieben, die sich im Vorjahr entwickelt haben, d. h., wir müssen durch entsprechenden Schnitt dafür sorgen, daß alljährlich viele kräftige Jungtriebe entstehen.

Unterlassen wir die Fruchtholzbehandlung, so verlängern sich die Triebe jährlich nur um ein kleines Stückchen. An diesem kurzen Neutrieb sitzen im nächsten Jahr Blüten und Früchte, der dahinter liegende Teil verkahlt. Unbehandelte ältere Schattenmorellen gleichen deshalb Trauerweiden. Die Früchte, die sich an den nur kurzen, schwachen Neutrieben bilden, werden merklich kleiner.

Um dies zu verhindern, schneiden wir jeweils nach der Ernte die abgetragenen Triebe bis auf Jungtriebe zurück, die sich in der Nähe stärkerer Kronenteile (Stamm, Äste) entwickelt haben. Diese Jungtriebe kürzen wir nicht ein, weil sie besonders im oberen Drittel die meisten Blüten und Früchte tragen.

Durch diese ständige Fruchtholzverjüngung nach der Ernte bleibt der Schattenmorellenbaum lebendig. Jährlich entstehen zahlreiche kräftige Neutriebe. Die Früchte werden wesentlich größer als an unbehandelten Bäumen.

Alte, trauerweidenähnliche Schattenmorel-

Schattenmorelle ohne Schnitt: kahle Peitschentriebe!

Richtig geschnitten: blütenbesetzte Jungtriebe.

Schnitt nach der Ernte: Absetzen auf Jungtriebe.

lenbüsche werden am besten gleich nach der Ernte oder im Winter verjüngt. Erst werden alle zu dicht stehenden Äste aus der Krone herausgeschnitten, dann das verbleibende Kronengerüst um etwa ein Drittel zurückgenommen. Anschließend entfernen wir den größten Teil der langen, peitschenartigen Triebe. Soweit es sich anbietet, werden diese kahlen Triebe bis auf Jungtriebe zurückgeschnitten, die sich an ihrem unteren Drittel entwikkelt haben. Ein Schattenmorellenbaum sieht nach dieser rigosen Behandlung zwar sehr licht aus, bereits ab nächsten Frühjahr folgt aber ein kräftiger Austrieb an Stamm und Ästen, und bereits im Jahr darauf gibt es eine reiche Ernte großfrüchtiger Schattenmorellen. Übrigens, das hier Gesagte gilt auch für ein Wandspalier, für das sich die Schattenmorelle vorzüglich eignet.

Der Schnitt des Pfirsichs

Der Pfirsich wird ebenfalls meist als einjährige Veredlung gepflanzt. Pflanzschnitt und sonstiger Kronenaufbau erfolgen wie bei der Sauerkirsche. Anstelle einer normalen Krone mit Stammverlängerung, Leit- und Seitenästen können wir hier aber auch eine Hohlkrone aufbauen; sie hat sich beim Pfirsich bewährt. Beim Erziehungsschnitt im Jahr nach der Pflanzung bleiben dann nur 3 möglichst gleichmäßig im Luftraum verteilte Leitäste stehen, während die Stammverlängerung herausgeschnitten wird. Der weitere Aufbau der Leit- und Seitenäste erfolgt wie bei einer normalen Baumkrone (siehe S. 46/47).
Nachdem der Pfirsich von Natur aus besonders stark zur Spitzenförderung neigt, sollten wir den Baum ständig in scharfem Schnitt halten; andernfalls verkahlen die unteren Teile der Baumkrone sehr rasch. Wie die 'Schattenmorelle', so trägt auch der Pfirsich nur an den im Vorjahr gebildeten Trieben. Wir sorgen also auch hier durch Schnitt für jährlichen Neutrieb.
Die schönsten Früchte entwickeln sich beim Pfirsich an den sogenannten »wahren Fruchttrieben«. Diese Triebe sind etwa bleistiftstark und haben eine Länge von 50 cm und mehr. Meist stehen an ihnen 3 Knospen zusammen: zwischen 2 rundlichen Blütenknospen ist 1 spitze Holzknospe eingebettet. Wenn wir diese wahren Fruchttriebe um etwa die Hälfte einkürzen, bilden sich besonders schöne, große Früchte. Außerdem entsteht dadurch ein kräftiger Neutrieb, also wahre Fruchttriebe für das kommende Jahr.
»Falsche Fruchttriebe« sind erheblich schwächer und kürzer; sie sind beinahe ausschließlich mit Blütenknospen besetzt. Nachdem sich mangels Blätter an solchen Trieben kaum Früchte ausbilden, schneiden wir sie bis auf kurze Stummel von 1–2 Knospen zurück. Durch diesen scharfen Rückschnitt erreichen

Lichter Pfirsichbaum mit »wahren« Fruchttrieben.

wir einen kräftigen Neutrieb und damit die Bildung wahrer Fruchttriebe für das kommende Jahr.
Holztriebe, die auf ihrer ganzen Länge nur mit länglich-spitzen Holzknospen besetzt sind, werden nur eingekürzt, wenn wir sie als Verlängerung von Leit- und Seitenästen benötigen; andernfalls entfernen wir sie ganz. Im Pfirsichbaum befinden sich darüber hinaus sehr kurze, mit vielen Blüten besetzte Triebe, die nicht geschnitten werden; wir bezeichnen sie wegen ihres Aussehens als Bukettriebe.
Ebenso wie bei jungen Obstbäumen und Spalieren ist beim Pfirsich zu einem Sommerschnitt zu raten: Bereits Anfang Juni werden sämtliche Konkurrenztriebe, sowie zu dicht stehende und nach innen wachsende Triebe beseitigt.
Der Rückschnitt der Leit- und Seitenäste und der Schnitt der wahren und falschen Fruchttriebe kann vor, während oder bald nach der Blüte erfolgen. Ich ziehe letzteren Zeitpunkt vor, besonders in klimatisch ungünstigen Lagen, in denen die Pfirsichblüte des öfteren erfriert. Sind nämlich die Blüten bzw. die jungen Früchte erfroren, so schneiden wir nicht nur die falschen, sondern auch die wahren Fruchttriebe bis auf kurze Stummel zurück.

Links: Pfirsichtrieb mit Blatt-/Holzknospen. Daneben »wahrer« Fruchttrieb vor und während der Blüte.

Da es in einem solchen Jahr ohnehin keine Früchte gibt, erzielen wir durch scharfen Rückschnitt wenigstens einen kräftigen Neutrieb und damit zahlreiche wahre Fruchttriebe für das kommende Jahr.
In kalten Wintern kommt es beim Pfirsich leicht zu Frostschäden. Ist die Krone teilweise zurückgefroren, so schneiden wir die abgestorbenen Teile bis auf weiter unten befindliche Jungtriebe zurück und bauen mit diesen eine neue Krone auf.
Wenn ein Pfirsichbusch oder ein Spalier in seinen unteren Teilen verkahlt, so empfiehlt sich ein Verjüngungsschnitt, am besten im Sommer, gleich nach der Ernte. Die Leitäste und die an diesen locker verteilten Seitenäste werden dabei weit ins alte Holz hinein zurückgenommen. Dabei sollte darauf geachtet werden, daß sich an den größeren Schnittstellen jüngere Triebe befinden, die als Verlängerung der betreffenden Äste dienen können. Das Verstreichen aller größeren Wunden mit einem Wundverschlußmittel ist beim Pfirsich besonders wichtig.

Der Schnitt der Aprikose

In klimatisch nicht besonders günstigen Gegenden ziehen wir diese Obstart fast ausschließlich als Fächerspalier an der warmen Hauswand. Wo aber das Klima zusagt, kann die Aprikose auch als freistehender Baum mit einem mehr oder weniger hohen Stamm gezogen werden. In diesem Fall führen wir ähnlich wie bei den anderen Obstarten einen Erziehungs- oder Aufbauschnitt durch, der bei der Aprikose etwa 3–5 Jahre lang dauert. Später braucht nur noch wenig geschnitten zu werden und wenn, sollte auf einen guten Wundverschluß geachtet werden.
Der Pflanzschnitt erfolgt wie bereits auf S. 45 beschrieben: Also Stammverlängerung mit 3–4 gut verteilten seitlichen Trieben, den künftigen Leitästen; alle diese Triebe um gut ein Drittel bis zur Hälfte einkürzen; der Mitteltrieb sollte anschließend die seitlichen um Handspanne überragen.
Die Aprikose treibt nach einem solchen

Aprikose: Fruchtspieße am alten Holz.

Pflanzschnitt kräftig durch und nicht selten entwickeln sich 1–1,50 m lange Jahrestriebe. Während des weiteren Kronenaufbaus kürzen wir diese Triebverlängerung um jeweils ein Drittel bis zur Hälfte ein, damit ein kräftiges Kronengerüst mit gut entwickelten Fruchttrieben entsteht. Konkurrenztriebe werden entfernt. Ohne einen solchen Schnitt bei beginnendem Austrieb im Frühjahr würde das Kroneninnere bald verkahlen und die Früchte nur an weit außen bzw. oben befindlichen Triebspitzen hängen.
Sobald die bei Aprikosen immer etwas sparrig aussehende Krone nach 3–5 Jahren mit wenigen Leitästen, einigen locker gestreuten Seitenästen und viel Fruchtholz aufgebaut ist, braucht nur noch ein Überwachungsschnitt durchgeführt zu werden. Dabei werden vor allem nach innen wachsende Triebe und Konkurrenztriebe entfernt. Dieser Schnitt erfolgt im Sommer (bessere Wundverheilung).
Sollte im Laufe der Jahre die Baumkrone zu dicht geworden sein, so wird sie in der Zeit von Mitte August bis Mitte September ausgelichtet. Vorrangig werden dabei dürre, zu dicht stehende, sich kreuzende oder beschädigte Äste entfernt. Wunden, die größer als ein Zwei-Mark-Stück sind, sofort mit Wundverschlußmittel verstreichen, keine »Kleiderhaken« (Aststumpen) stehenlassen!

Sobald bei einem älteren Aprikosenbaum die Triebkraft nachläßt, können wir ihn verjüngen. Auch dieser Radikaleingriff, bei dem die Krone wie bereits auf S. 54 eingehend beschrieben um ein Viertel oder gar um die Hälfte zurückgesägt wird, erfolgt am besten im August/September. Immer auf Stellen zurückschneiden, an denen sich Triebe an den stärkeren Ästen befinden und diese bis auf Astring entfernen. Dadurch entstehen an den Schnittstellen im kommenden Frühjahr mehrere kräftige Neutriebe, von denen wir je Ast nur einen – den am günstigsten gestellten – belassen. Anschließend sollte die Krone dachförmig aussehen mit einem Winkel von 100–120 Grad.

Schnitt der Obsthecke

Anstelle einer Rundkrone mit Ästen nach allen Seiten, erziehen wir hier eine flache Krone, d. h., die stärkeren Triebe sollen sich nur nach 2 Seiten hin entwickeln. Diese Seitenäste werden in einem stumpfen Winkel zum Stamm oder aber weitgehend waagrecht erzogen. Bereits bei der Pflanzung heften wir die untersten beiden Seitentriebe an den Draht und kürzen den Mitteltrieb etwa 50 cm darüber, unmittelbar über einer Knospe ein.
So treibt die Mitte kräftig durch, und es entstehen dicht unterhalb der Schnittstelle Triebe, von denen die 2 geeignetsten wiederum zu beiden Seiten an den nächstfolgenden Spanndraht angeheftet werden.
Im kommenden Frühjahr schneiden wir wieder nur die Mitte auf 50 cm über der 2. Astserie zurück, damit die nächsten Seitenäste entstehen können. So entwickelt sich eine freiwachsende Obsthecke, aus der nur alle sehr steil sowie zu dicht stehenden Triebe an der Ansatzstelle entfernt werden.
Sobald die Obsthecke die gewünschte Höhe von 2,20–2,50 m – in kleinen Gärten niedriger – erreicht hat, biegen wir den Mitteltrieb auf den obersten Spanndraht herunter, damit der Wuchs gebremst wird. Wenn die Bäume dann richtig in Ertrag kommen, läßt der Trieb von selbst nach, vorausgesetzt, daß eine schwachwachsende Unterlage verwendet wurde.

Das Umveredeln

Veredeln ist ähnlich wie der Obstbaumschnitt eine Handfertigkeit, die man nicht allein aus Büchern lernen kann. Man muß sie praktisch üben wozu in Kursen (siehe S. 44) Gelegenheit gegeben ist.

Es ist aber auch eine »gefährliche« Arbeit. Nicht so sehr, weil man sich mit dem scharfen Veredlungsmesser auch einmal in den Finger schneiden könnte; ich meine es anders: Könner sehen das Veredeln geradezu als Sport an. Ich kenne Gartenfreunde, die soviel Spaß daran haben, daß sie jeden nur auffindbaren Wildling pfropfen, und, weil sie sich als richtige Gärtner nicht mehr von ihm trennen können, im Garten aufpflanzen. Es entsteht bald ein Obst-»Urwald« mit all den bekannten Nachteilen, denn die Bäume haben nicht mehr den erforderlichen Standraum.

Wir sollten uns deshalb darauf beschränken, nur bereits vorhandene Bäume umzuveredeln, wenn deren Ertrag oder die Qualität nicht befriedigt. Vor allem können wir durch Veredeln wertvolle alte Obstsorten erhalten, die nur lokale Bedeutung haben und die folglich in den Baumschulen nicht erhältlich sind.

Übrigens, um im Garten noch mehr Sorten unterzubringen, ist es möglich, auf vorhandene Obstbäume zusätzlich 1, 2 oder gar 3 Sorten aufzuveredeln. Dies gelingt auch bei Spindelbüschen recht gut. Grundsätzlich sollten aber nur Bäume umveredelt werden, die noch verhältnismäßig jung und wüchsig sind. Bei zu alten Bäumen lohnt diese Arbeit nicht mehr.

Vorbereitungen

Bevor veredelt werden kann, bedarf es einiger Vorbereitungen. Bereits im Winter vor dem Umveredeln wird die gesamte Baumkrone bis weit ins alte Holz hinein zurückgenommen, »abgeworfen«, wie der Fachausdruck lautet. Je nach Obstart ist der Abwurfwinkel verschieden. Beim Apfel soll er 100–120°, bei der Birne und beim Steinobst 80–90° betragen. Im ersteren Fall soll die abgeworfene Krone also einem flachen, bei Birne und Steinobst einem steilen Hausdach ähneln. Kronen, die keinen richtigen Aufbau mit Leit- und Seitenästen haben, bzw. zu dicht sind, werden vor dem Abwerfen ausgelichtet.

Die stärkeren Äste sollen nach dem Abwerfen noch 1–1,50 m lang sein, bei sehr jungen Bäumen und Spindelbüschen jedoch wesentlich kürzer. Wird zu kurz abgeworfen, so können ältere Bäume »im Saft ersticken«. Nachdem die Umveredlung erst im Frühjahr erfolgt, lassen wir die zu veredelnden Äste zunächst etwa 20 cm länger; sie werden erst unmittelbar vor dem Veredeln bis ins frische Holz nachgeschnitten! Wichtig ist auch, daß die Pfropfköpfe nicht mehr als 10 cm Durchmesser haben; andernfalls würde deren Verheilung zu lange dauern. Einige schwächere und tief hängende Äste bleiben unbehandelt; wir belassen sie als »Zug-Äste«.

Es gibt verschiedene Veredlungsmethoden. Geißfußpfropfen und Pfropfen in den seitlichen Spalt können bereits im zeitigen Frühjahr, also vor dem Austrieb vorgenommen werden. Zu dieser Zeit sind die Edelreiser noch besonders frisch. Allerdings sind diese beiden Verfahren für den Ungeübten doch etwas schwierig.

Deshalb soll hier nur auf das Pfropfen hinter die Rinde eingegangen werden, ein Verfahren, das meist gelingt und auch für den obstbaulichen Anfänger leichter erlernbar ist. Es wird angewandt, sobald sich die Rinde gut vom Holz löst, ab Mitte April und im Mai. Pflaumen und Zwetschen werden bereits ab Anfang April, Kirschen am besten während der Blütezeit umveredelt. Bei Apfel und Birne ist dies von April bis Anfang Juni möglich. Wann der günstigste Zeitpunkt ist, hängt immer auch von der Witterung und dem örtlichen Kleinklima ab. Auf jeden Fall muß sich die Rinde lösen.

Noch etwas wird vorbereitet: Die Edelreiser. Sie werden bereits im Januar, also während der Saftruhe, von einem reichtragenden Baum der gewünschten Sorte geschnitten. Als Edelreiser nehmen wir bleistiftstarke, einjährige Triebe, die an der Sonnenseite des Mutterbaumes, also an gut belichteten Stellen, gewachsen sind; nur solche Jungtriebe sind gut ausgereift und haben kräftige Knospen ausgebildet.

Wer die Edelreiser nicht bei einem Bekannten schneiden kann, bezieht sie von einer Baumschule oder aber von einem Obstbauinstitut. Große Schwierigkeit bereitet in den meisten Fällen die Beschaffung von Edelreisern alter Sorten. Doch hierzu gibt es eine gute Nachricht: Solche Sorten sind neuerdings als Edelreiser bei verschiedenen Obstbauminstituten und Versuchsanstalten erhältlich.
Nachdem die Edelreiser geschnitten, bzw. bei uns eingetroffen sind, schlagen wir sie an der Nordseite des Hauses oder in einem kühlen Kellerraum tief in Erde oder in leicht feuchten Sand ein. Sie dürfen weder eintrocknen, noch vorzeitig austreiben.

Das Pfropfen hinter die Rinde

Kurz vor dem Veredeln wird der Pfropfkopf – wie bereits erwähnt – frisch abgesägt, d. h., jeder Ast wird um 20 cm zurückgenommen. Dann werden die Edelreiser mit der Baumschere in Stücke mit 3–5 Augen (Knospen) geschnitten und gegenüber einem Auge mit einem mindestens 4–5 cm langen, glatten Kopulationsschnitt versehen. Dazu brauchen wir ein scharfes Kopuliermesser.
Die Rinde des Pfropfkopfes erhält ebenfalls einen Längsschnitt. Dann werden die beiden Rindenflügel mit dem Messerrücken leicht angehoben und das Edelreis dazwischengeschoben, aber nur soweit, daß von der Schnittfläche des Edelreises noch etwa 3–5 mm sichtbar bleiben. Gleich anschließend wird mit Bast oder Kunststoffband verbunden und mit Baumwachs verstrichen. Wichtig ist, daß alle Stellen, die mit Luft in Berührung stehen, mit Veredlungswachs abgedichtet werden.

Pfropfen hinter die Rinde. Links: Edelreis mit langem Kopulationsschnitt.

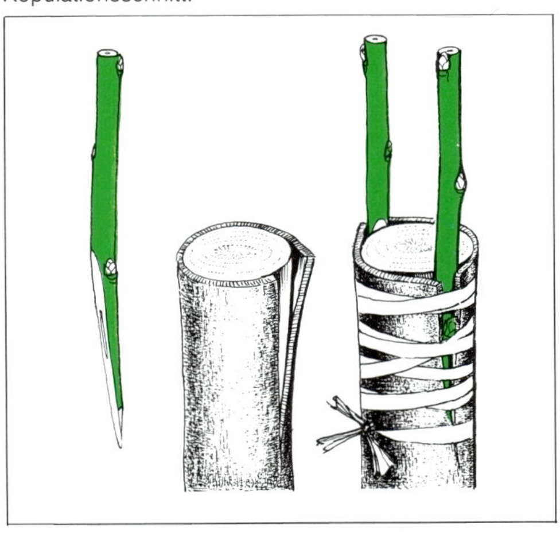

Das verbesserte Rindenpfropfen

Noch empfehlenswerter als diese Methode ist das verbesserte Rindenpfropfen. Dabei löst man nur einen Rindenflügel. Das Pfropfreis erhält zusätzlich zu dem langen Kopulationsschnitt an der Seite, wo der Rindenflügel nicht angehoben wurde, einen leichten Längsschnitt. Nachdem dann das Reis in den angehobenen Rindenflügel geschoben wurde, liegt dieser schmale Längsschnitt dem festliegenden Rindenteil dicht an. Zusätzlich kann man am Edelreis unterhalb des am weitesten unten befindlichen Auges – also gegenüber dem Kopulationsschnitt – noch etwas Rinde wegnehmen. Dadurch liegt das Reis an 3 Seiten dem Kambium (siehe S. 15) an; es sitzt fester und wächst schneller an als beim »gewöhnlichen« Rindenpfropfen.
Auch bei diesem Verfahren wird jeder veredelte Ast sofort verbunden: zuerst wird der Bast am Kopfende mehrfach um den Ast gebunden, dann einige Male nach unten gewikkelt, mit einer Schlaufe zugezogen und der Pfropfkopf einschließlich der Oberseite des Reises mit Baumwachs verstrichen.
Der Veredlungsvorgang hört sich in der Beschreibung viel komplizierter an als er ist. Wichtig ist vor allem der lange, glatte Kopulationsschnitt, der mit einem Spezialmesser mit rasiermesserscharfer Klinge durchgeführt werden muß. Bevor wir erstmals veredeln, üben wir diesen Schnitt mehrmals an Jungtrieben, die bei den winterlichen Schnittarbeiten anfallen. Auch Weidentriebe sind dazu geeignet. Entscheidend ist, daß der Kopulationsschnitt auf einmal gelingt und die Schnittflächen nicht verschmutzt bzw. mit den Fingern berührt werden. Jedes Nachschneiden ist zu vermeiden.
Bereits nach 2–3 Wochen beginnen die Reiser auszutreiben, gelegentlich kann dies aber auch

noch einige Wochen länger dauern. Also nicht gleich die Geduld verlieren sondern beobachten!

Die Nachbehandlung der Pfropfköpfe

Ebenso wichtig wie das Veredeln, ist die Nachbehandlung der Pfropfköpfe. Nach etwa 5–6 Wochen wird der Bast, mit dem die Edelreiser festgebunden sind, durch einen Längsschnitt gelöst. Andernfalls würde er bei dem nun beginnenden Dickenwachstum die Edelreiser einschnüren.

Unterhalb der Pfropfköpfe kommt es infolge Wegnahme und Einkürzens vieler Äste zu starkem Neutrieb. Ab Frühsommer werden deshalb bis auf 30 cm unterhalb der Pfropfköpfe alle Jungtriebe bis auf die Blattrosette entfernt. Die noch weiter unterhalb entstandenen kräftigen Triebe werden entspitzt oder waagrecht gebunden. Dadurch kommt der Saftstrom vor allem den Edelreisern zugute. Es wäre aber falsch, die Äste der alten Sorte von Jungtrieben völlig freizuschneiden.

Der aus den Reisern entstandene Neutrieb bleibt im Sommer unbehandelt; nur wenn auf stärkeren Pfopfköpfen 2, 3 oder 4 Reiser aufgesetzt wurden, belassen wir nur den aus dem

Links: Die Veredlung ist gelungen, das Reis treibt aus.
Rechts: Lösen des Bastes.

Umveredelter Baum nach 2 Jahren.

Reis auf der Astoberseite entstandenen Trieb lang, während wir die übrigen entspitzen. Dadurch wird 1 Trieb – die Ast- bzw. Stammverlängerung – besonders gefördert, während die anderen von vorneherein untergeordnet werden; sie dienen lediglich der raschen Verheilung des Pfropfkopfes.

Im kommenden Winter schneiden wir die Äste bis auf 30 cm unterhalb der Pfropfköpfe vollkommen frei. In der Krone entstandene steilstehende Triebe werden ebenfalls entfernt. Andere, schwächere oder nicht ganz so steil stehende Triebe bringen wir in eine waagrechte Lage bzw. leiten sie möglichst nach außen ab, sofern wir sie nicht bereits im Sommer waagrecht gebunden haben. Auch jetzt wäre es falsch, alle Triebe der Unterlage, also der alten Sorte, zu entfernen. An den verbleibenden Trieben bildet sich vielmehr bald Fruchtholz, und es gibt an diesen Stellen bald besonders schöne große Früchte.

Je Pfropfkopf soll nur 1 Neutrieb die Fortsetzung übernehmen. Die übrigen aus den Edelreisern entstandenen Jungtriebe werden beim winterlichen Schnitt waagrecht gebunden oder auf einen seitlichen Austrieb abgesetzt, damit keine Konkurrenz zu den Leit- und Seitenastverlängerungen entsteht.

Wurden je Pfropfkopf mehrere Reiser aufgesetzt, so schneiden wir in den folgenden Jahren das eine oder andere völlig weg, damit die

ausgewählte Verlängerung genügend Platz hat. Ist der Pfropfkopf im Winter nicht mehr dicht mit Baumwachs bedeckt, so wird die Wunde erneut verstrichen. Dies braucht nicht mehr mit Baumwachs zu geschehen, jedes übliche Wundverschlußmittel genügt.
Der weitere Aufbau der neuen Krone mit den aus den Edelreisern entstandenen Trieben erfolgt genau so wie bereits beim Halb- und Hochstamm bzw. Spindelbusch unter »Erziehungsschnitt« beschrieben.

Mehrere Sorten auf einem Baum

Der Hobbygärtner möchte in seinem Garten – im Gegensatz zum Erwerbsobstbauer – möglichst viele Sorten haben. Meist fehlt es aber an Platz, um all die Bäumchen unterbringen zu können. Was liegt also näher, als auf vorhandene Halb- und Hochstämme, aber auch auf Spindelbüsche zusätzliche Sorten aufzuveredeln. Dies gelingt recht gut.
Jeder Leitast und dessen Seitenäste bringen dann eine andere Sorte, während an den bei der Veredlung ohnehin erforderlichen Zugästen und am unteren Teil der Krone weiterhin die Früchte der bisherigen Sorte hängen. Wir sollten nur darauf achten, daß wir je Baum immer nur starkwüchsige oder schwachwüchsige Sorten zusammenbringen. Andernfalls würde sich ein Ast, der mit einer besonders starkwüchsigen Sorte veredelt wurde, wesentlich stärker entwickeln als die Stammverlängerung und die übrigen Äste. In einem solchen Fall wäre das Gleichgewicht gestört und die Krone würde nicht mehr gut aussehen. Auch früh- und spätaustreibende Sorten sollten nicht miteinander kombiniert werden. Erstere wären sonst im Vorteil.

Werkzeuge für Schnitt und Veredlung

Nur mit einem zweckmäßigen Werkzeug macht die Arbeit Spaß. Sparen wir also nicht, denn eine gute Baumschere oder eine Spritze haben wir ein Leben lang. Andererseits habe ich nichts übrig für Geräte und Zubehör, den man überhaupt nicht oder nur alle heiligen Zeiten einmal benützt. Schade um das Geld und für den Platz, den unnütze Dinge wegnehmen.
Schere – Mit das wichtigste Gerät im Hobby-Obstbau, deshalb beim Kauf auf keinen Fall auf die Mark schauen! Ich arbeite seit einigen Jahrzehnten mit der Felco 2, eine unerreichte Schweizer Gartenschere. Erschrecken Sie nicht, sie kostet an die 50 Mark, doch ich kenne nichts Besseres. Sie liegt wie angegossen in der Hand, nur mit dem Daumen läßt sie sich spielend öffnen und schließen, so daß man sich bei der Arbeit immer mit der anderen Hand an einem Ast oder an der Leiter festhalten kann; die Felco-Schere ist leicht und ermüdet auch bei längerer Arbeit nicht, macht einen scharfen Schnitt, schneidet erstaunlich starke Zweige ohne besonderen Kraftaufwand, ist mit den leuchtendroten Griffen im Schnee oder Rasen leicht auffindbar, die beanspruchten Teile lassen sich leicht auswechseln und können nachbezogen werden und . . . und . . . und . . . Übrigens, es gibt täuschend ähnliche Nachahmungen anderer Firmen, sie sind ein paar Mark billiger, doch den Unterschied

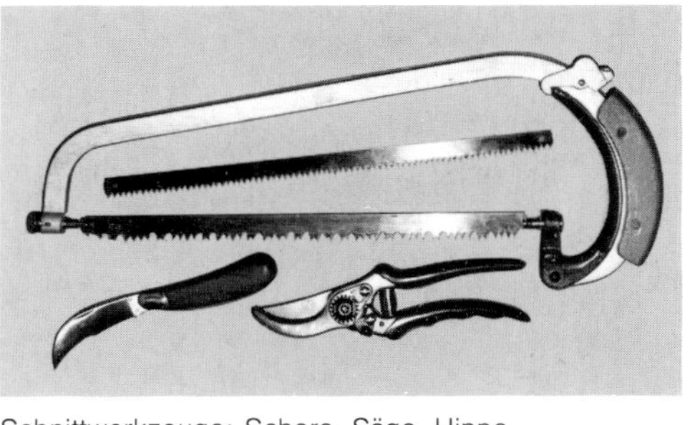

Schnittwerkzeuge: Schere, Säge, Hippe.

merkt man sofort. Alle Scheren, die ich bisher zum Ausprobieren kostenlos zugeschickt bekam, habe ich bald wieder zur Seite gelegt, bzw. benutze sie anderweitig im Gemüse- und Blumengarten oder zum Schneiden dürrer Teile; für den Obstbaumschnitt will ich nur die Felco.
Astschere – Eine wirkliche Arbeitserleichterung, wenn im Garten viele Beeren- und Ziersträucher zu schneiden sind! Mit einer Griff-

länge von 60 bis etwa 75 cm – je nach Fabrikat – ist eine hervorragende Hebelwirkung gegeben, so daß auch Gärtnerinnen dicke Äste von 30–50 mm Durchmesser ohne besonderen Kraftaufwand sauber und dicht über dem Boden abschneiden können. Ich ziehe eine Astschere mit kräftigen langen Holzgriffen vor, weil Holz schön aussieht und sich optisch auch im Winter »warm« anfühlt. Wenn ich solch eine Astschere zu besonderen Anlässen an besondere Freunde – kostet immerhin an die 60–70 Mark! – verschenke, kann der Name des Beschenkten in den Holzgriff eingebrannt werden.

Baumsäge – Kaufen Sie sich eine Bügelsäge mit verstellbarem, 35 cm langem Blatt, Holzgriff und Momentspanner. Dadurch kann das Sägeblatt leicht entspannt und verstellt werden, so daß jeder Ast sauber auf Astring abgesägt werden kann. Solch eine hochwertige Säge ist preiswerter als eine gute Baumschere. Auf keinen Fall ein billiges Fabrikat mit feststehendem Blatt nehmen.

Hippe – Dies ist ein kräftiges Messer mit geschwungenem Holzgriff und mindestens 70 mm langer, geschwungener Stahlklinge. Nicht billig, 30–50 Mark, doch so ein »Ding« hebt zweifellos das Aus- und Ansehen des Gärtners, wenn er es bei sich trägt. Zum Nachschneiden von Sägewunden, Ausschneiden von Stammschäden, Krebsstellen u. a. sowie zum Abschneiden von Bastfäden geeignet; auch im Gemüse- und Blumengarten recht brauchbar, aber nicht unbedingt nötig. Doch das gilt auch für einen wesentlich teureren Fernseher, der außerdem mehr Platz wegnimmt. Zugegeben ich habe eine Schwäche für richtige handfeste Gärtnerhippen. Die »schönste« habe ich in Florenz erstanden: sie hat einen 175 mm langen kräftigen Holzgriff und eine 150 mm lange, 50 mm breite, stark geschwungene Klinge und ist allerdings mehr für den Weinbau als für obstbauliche Zwecke geeignet.

Veredlungsmesser – Wer Veredeln möchte, braucht zum Pfropfen hinter die Rinde oder für den Geißfuß ein Kopuliermesser mit 40 mm langer rasiermesserscharfer, gerader Klinge oder Okulationen ein Okuliermesser mit speziell geformter Klinge und Rindenlöser.

Leiter – Für Schnitt und Ernte an Halb- und Hochstämmen eignet sich eine Anlegeleiter, am besten mit 2 Stützen, damit sie nicht nur an kräftigen Ästen angelegt, sondern auch im Außenbereich freistehend als Stützleiter aufgestellt werden kann. Praktisch ist es, wenn eine solche standsichere Leiter aus dauerhaftem Leichtmetall und 2 ineinander verlaufenden Teilen besteht, so daß sie sich beliebig verlängern oder verkürzen läßt. Damit können auch hohe Baumkronen und Wandspaliere weitgehend gefahrlos behandelt werden. Anstelle einer Anlegeleiter hat sich auch die Einholmleiter bewährt; sie läßt sich leicht durch Äste und Zweige in die Krone schieben. Vorsicht bei älteren Holzleitern: sie sehen zwar wesentlich schöner aus als die graublitzenden Leichtmetall-Leitern, sind aber wesentlich schwerer zu tragen und vor allem sehr gefährlich. Unbedingt vor Gebrauch prüfen, ob noch alle Sprossen intakt sind, da sonst allzuleicht ein schwerer Unfall passieren kann.

Sonstiges Zubehör

Darüber hinaus gehören in die Gerätehütte Wundverschlußmittel, Baumwachs Bast, Kokosfaserstrick, Etiketten, Holzpfähle (Reserve) für Spindelbüsche und Beerenhochstämmchen, Bambusstäbe zum Formieren bzw. Holunderstecken zum Abspreizen von Trieben sowie Netze zum Schutz gegen Vögel, evtl. auch eine Wühlmausfalle und Drahthosen bzw. Kunststoffspiralen zum Schutz junger Bäumchen vor Hasenfraß. Für die Ernte an hohen Bäumen ist außerdem ein Obstpflücker mit Allzweck-Teleskopstiel praktisch; den Schnitt an schwer erreichbaren Ästen und Zweigen erleichtert eine Stangensäge (RE-M Astsäge multistar) bzw. eine Stangenschere (RC-M Baumschere multistar) mit speziellem Stiel.

Geräte, die zur Bodenverarbeitung, Pflanzung und laufenden Pflege benötigt werden wie Grabgabel, Spaten, Schaufel, Pickel, Schubkarren, Plastikeimer, Gießkanne und Schlauch sind ohnehin im Garten vorhanden; sie werden deshalb nicht eigens erwähnt.

Pflegearbeiten

Wildschaden

In manchen Gebieten besteht den Winter über die Gefahr, daß vor allem Hasen die Stämme anfressen. In diesen Fällen sollte für eine sichere Außenumzäunung gesorgt werden. Ebenso hat es sich bewährt, die Stämme der jungen Bäume mit Maschendrahtgeflecht (Drahthosen) oder Kunststoffspiralen zu umgeben. Beim Auslichten der älteren Bäume lassen wir in gefährdeten Lagen das Schnittholz bis zum Frühjahr auf dem Boden liegen. Feldhasen machen sich dann erst daran zu schaffen und lassen die Bäume ungeschoren. Hasenfraß ist bis in den April hinein möglich. Deshalb Drahthosen bzw. Kunststoffspiralen nicht zu früh entfernen.

Wundenpflege

Eine wichtige Arbeit, durch die so mancher beschädigte Baum gerettet werden kann! Beinahe jedes Jahr kommt es zu Schäden an Stamm und Ästen, sei es durch Frost, Obstbaumkrebs, Abschlitzen eines Astes, Zweigmonilia oder Hasenfraß. Auch beim Obstbaumschnitt entstandene Wunden, die größer als ein Zwei-Mark-Stück sind, sollten nachbehandelt werden, damit sie rasch verheilen.

Dazu werden die Wundränder im zeitigen Frühjahr, bzw. sobald der Schaden sichtbar ist, mit einem scharfen Messer (Hippe) nachgeschnitten und mit einem Wundverschlußmittel verstrichen. Bei Krebsstellen schneiden wir die befallene Stelle gründlich bis auf das gesunde Holz aus. Handelt es sich um Frostplatten, so wird der erfrorene, eingesunkene Rindenteil beseitigt und von den meist braunen Rändern soviel weggeschnitten, bis das gesunde grünlichgelb gefärbte Holz sichtbar wird.

Zum Verstreichen eignen sich Lac-Balsam, Bayleton und Santar SM, alles gut streichfähige Wundverschlußmittel, die sich auch bei kühler Witterung mit dem Pinsel auftragen lassen. Damit können wir alle Säge- und Schnittwunden, ausgeschnittene Krebswunden und ebenso alle Wunden, die durch mechanische Verletzungen, Sonnenbrand, Frostplatten, Astbruch und Wildverbiß entstanden sind, gegen das Eindringen von Pilzen abdichten. Zum Verschließen kleinerer Wunden kann man auch normales Wundwachs nehmen.

Eine andere Möglichkeit, die sich vor allem bei großen Wunden bewährt hat: Wundränder nachschneiden und Wunde mit Lehmbrei verstreichen, dem ein Drittel strohfreier Kuhmist

Ein großer Ast ist abgeschlitzt. Wundbehandlung und 7 Jahre danach mit überwalltem Wundrand.

beigemengt ist. Anschließend Wunde mit Sackleinen umwickeln und feucht halten.
Meist bleibt bei Hasenfraß noch genügend lebensfähiges Gewebe am Stamm, so daß die Verheilung rasch Fortschritte macht. Wenn die Rinde allerdings zur Hälfte des Stammes weggefressen ist, so besteht wenig Aussicht auf Erfolg. Schlimm sind vor allem Schäden durch Mäuse, da hier meist die Rinde rundherum bis aufs Holz weggenagt ist. In einem solchen Fall kommt jede Hilfe zu spät, und wir sollten besser einen neuen Baum pflanzen.

Kalken der Baumstämme
Ab Mitte Januar, spätestens aber ab Februar beginnen sich an sonnigen Tagen die Baumstämme an der Südseite zu erwärmen, während in darauffolgenden klaren Nächten die Temperaturen stark absinken. Dadurch entstehen Spannungen im Rindengewebe, die schließlich zu Frostrissen führen können. Auch Frostplatten – Teile der Rindenfläche trocknen ein – sind Folgen einer starken Sonnenbestrahlung und extremer Temperaturschwankungen.
Gegen solche Schäden streichen wir die Bäume vorbeugend mit Kalkbrühe, der zur besseren Haftfähigkeit etwas Tapetenkleister oder 3% Wasserglas zugesetzt werden. Einfacher ist es, die im Handel erhältliche fertige Kalkbrühe zu verwenden bzw. an die Südseite jedes Baumstammes ein Brett zu stellen, das die Sonnenstrahlen ebenfalls abhält. Übrigens, ein Kalkanstrich nützt nichts gegen Schädlinge, er reflektiert nur die Sonnenstrahlen.

Baumpfahl erneuern
Bei Spindelbüschen auf schwachwachsender Unterlage und bei Beerenobsthochstämmchen, sollte immer wieder einmal der Pfahl überprüft werden. Ist er morsch geworden, so erneuern wir ihn möglichst rasch. Es ist ärgerlich, wenn ein mit viel Liebe gepflegtes Bäumchen umfällt oder ein Stachelbeerhochstamm abbricht, nachdem dies leicht zu verhindern gewesen wäre.
Auch das Bindematerial (Kokosfaser) überprüfen wir von Zeit zu Zeit. Ebenso sollte man auf Etiketten achten, die beim Dickenwachstum den Stamm einschnüren oder gar schon hineingewachsen sind. Am besten, Etiketten mit Draht gleich bei der Pflanzung entfernen und die Sorten auf einem Lageplan festhalten, bzw. die Etiketten so an den Bäumchen anbringen, daß ein Einschnüren nicht möglich ist.

Früchte ausdünnen
Nach dem Junifall – der Baum wirft einen Teil der Früchte ab, um sich vor dem Zuviel zu entlasten – kann man den dann noch vorhandenen Fruchtbehang von Hand ausdünnen. Dabei entfernen wir bevorzugt die im Wachstum zurückgebliebenen sowie mißgestalteten oder von Krankheiten befallenen Früchte. Nach dem Ausdünnen sollten die Früchte etwa handbreit voneinander entfernt hängen. Wir belassen deshalb nur die größte Frucht je Fruchtbüschel, gelegentlich auch 2–3 Früchte, je nach dem Gesamtbehang des Baumes.
Das Ausdünnen ist natürlich nur bei niedrigen Baumformen von Bedeutung und bei Sorten, deren Früchte ohne diesen kleinen Trick zu klein bleiben würden. Hierzu gehören 'Klarapfel', 'Stark Earliest', 'Golden Delicious', 'Cox Orange' u. a. Auch bei Sorten die zur Alternanz neigen, also nur jedes 2. Jahr tragen, wie 'Goldparmäne' lohnt sich das Vereinzeln der Früchte. Wird jedoch der Behang durch den Junifall erfahrungsgemäß ohnehin stark verringert wie bei 'James Grieve', 'Boskoop' u. a., so erübrigt sich ein vorheriges Ausdünnen. Das Ausdünnen verringert nicht nur die Alternanz, auch die Fruchtgröße und -ausfärbung werden verbessert.

Triebausschläge beseitigen
Triebausschläge, die gelegentlich am Stammgrund eines Obstbaumes vom Frühjahr ab entstehen, gehören möglichst rasch beseitigt. Sie sind meist auf Verletzungen am Wurzelhals zurückzuführen, und es hat wenig Sinn, sie nur ein Stück über dem Boden abzuschneiden. Die verbleibenden Augen der Sämlingsunterlage treiben dann erneut und vervielfacht aus und beeinträchtigen das Wachstum der Edelsorte beträchtlich. Deshalb den Boden etwas entfernen, also den Stammgrund freilegen und die

Schosser mit einem scharfen Messer oder mit der Schere möglichst unmittelbar am Stamm abschneiden.

Ein Baum hat sich »freigemacht«
Wenn ein Spindelbusch, also ein Zwergbaum, zu stark treibt und eine viel zu große Krone entwickelt, so kann dies zwei Ursachen haben: das Bäumchen wurde fälschlicherweise auf einer zu starkwüchsigen Unterlage gekauft oder aber, es wurde zu tief gepflanzt.
Im ersten Fall hilft ein scharfer Schnitt nicht weiter, im Gegenteil, der Trieb würde dann nur noch stärker. Wenn wir eine ganze Reihe solcher vermeintlicher Spindelbüsche gepflanzt haben, ist es am besten, wenn wir jeden zweiten entfernen. Die verbleibenden bekommen dann Luft und können schnittmäßig an der langen Leine gehalten werden. Sie müssen sich austoben können, d. h., die durch die Triebkraft der Unterlage vorprogrammierte Kronengröße muß erreicht werden, damit sie sich auf Blühen und Fruchten umstellen. Auch mit Ringeln (siehe S. 16) können wir nachhelfen.
Wurde dagegen zu tief gepflanzt und ist die Veredlungsstelle (knollige Verdickung am Stamm) mit Erde bedeckt, so können sich über dieser Wurzeln der Edelsorte entwickeln. Die Wirkung der schwachwachsenden Unterlage ist dadurch ausgeschaltet und das Bäumchen beginnt zu wachsen, als wäre es auf einer Sämlingsunterlage veredelt. Der Schaden läßt sich aber auf einfache Weise beheben: Boden um den Stamm entfernen, Veredlungsstelle freilegen und die oberhalb der Veredlungsstelle aus dem Stamm entstandenen Wurzeln wegschneiden.

Bei Trockenheit wässern
Frisch gepflanzte Obstbäume brauchen vor allem im 1. Jahr reichlich Wasser. Ihr Wurzelwerk ist noch spärlich und verläuft sehr flach. Bei Trockenheit also gießen!
Ältere Obstbäume werden dagegen nur gewässert, wenn es während der Vegetation längere Zeit hindurch trocken ist. Besonders während der Blütezeit und in den Wochen vor der Ernte, aber auch in sehr heißen Sommerwochen legen wir den Schlauch an die Bäume. Dabei ist durchdringend zu wässern, nicht nur am Stamm, sondern bei großkronigen Bäumen vor allem auch im Bereich der Kronentraufe, damit das Wasser tatsächlich in den Wurzelbereich gelangt. Wenn schon, dann sollten je Quadratmeter durchwurzelter Fläche 20 bis 30 Liter Wasser gegeben werden. Schlauch abdrehen nicht vergessen!

Zu tief gepflanzt: Wurzeln oberhalb der Veredlung.

Mulchen
Die wichtigste Pflegemaßnahme im Hinblick auf eine gute Wasserversorgung! Ja, ich möchte sagen, neben der sorgfältigen Behandlung von Baumwunden ist dies von allen hier empfohlenen Arbeiten die wichtigste! Vor allem unter flach wurzelnden Spindelbüschen (Obsthecke, Spalier) und unter Beerensträuchern decken wir den Boden vom Frühjahr an mit organischem Material ab. Dies gilt selbstverständlich auch für Baumscheiben von Hoch- und Halbstämmen.
Sehr gut eignet sich dazu kurzer Rasenschnitt, mit dem man im Haus- und Kleingarten meist ohnehin nicht weiß wohin; er wird 10–15 cm hoch, also knapp handhoch aufgebracht. Ebenso gut kann kurzes Stroh, gut verrotteter Stallmist oder Rindenmulch verwendet werden, wobei eine geringere Abdeckhöhe genügt.
Unter einer solchen Mulchdecke bleibt der Boden gleichmäßig feucht, locker und beschattet; es kann sich ein reges Bakterienleben

entwickeln, es wächst kaum Unkraut, und die lufthungrigen Wurzeln streifen bis an die Oberfläche, also bis dicht unter die Mulchdekke. Man sieht es den Sträuchern und Bäumen geradezu an, wie gut ihnen das tut; sie fühlen sich rundum wohl. Erst im Herbst legen wir die Baumstämme frei, sonst besteht die Gefahr von Mäusefraß im Winter.

Baumscheiben

Großkronige Obstbäume, also Halb- und Hochstämme, werden meist in den Rasen oder in eine Wiese gepflanzt. Damit das Gras den wenigen jungen Wurzeln nicht zuviel Wasser und Nährstoffe wegnimmt, legen wir bei der Pflanzung eine Baumscheibe von 1–1,50 m Durchmesser an und decken diese den Sommer über mit Mulchmaterial ab. Dadurch bleibt der Boden feucht und locker und der Austrieb ist ein wesentlich besserer. Später, sobald die Krone entwickelt ist, können wir die Baumscheiben mit Gras bzw. mit Kapuzinerkresse und ähnlichem ansäen.

Was tun nach Hagelschaden?

Gegen Blütenfrost können wir nur wenig unternehmen, gegen Hagel überhaupt nichts. Junge Bäume können durch einen starken Hagelschlag derart stark geschädigt werden, daß es besser ist, sie zur nächsten Pflanzzeit durch neue zu ersetzen. Ältere Obstbäume, welche einem stärkeren Hagel ausgesetzt waren, bedürfen danach besonderer Pflege, damit sie sich möglichst rasch wieder erholen.

Starker Hagelschaden an Johannisbeere.

Als günstig hat sich vor allem eine sofortige Fungizidspritzung (organische Pilzbekämpfungsmittel) erwiesen. Dadurch wird eine schnelle Verkorkung der Wunden erreicht und das Faulen der durch Hagelkörner verletzten Früchte am Baum gebremst.

Wichtig ist auch eine zusätzliche Stickstoffdüngung. Nachdem es aber meist im Juli/August hagelt, wäre es für eine Normaldüngung über den Boden zu spät; der dadurch angeregte Neutrieb würde bis zum Herbst nicht mehr ausreifen und es könnte zusätzlich zu Frostschäden kommen. Wir führen deshalb eine Blattdüngung durch. Der Stickstoff und die über Blatt aufgenommenen Nährstoffe werden sofort verwertet. Vor allem Magnesium steht für Blattgrünbildung (Chlorophyll) schnell zur Verfügung; das gleiche gilt für die Spurennährstoffe, von denen zahlreiche Lebensvorgänge in der Pflanze gesteuert werden. Wir verwenden dazu einen leicht wasserlöslichen, stickstoffreichen Blattdünger wie z. B. Hakaphos-Nährsalz, 20 g/10 Liter Wasser und können Spritzung und Düngung in einem Arbeitsgang miteinander kombinieren.

Daneben sollten verhagelte Bäume und Sträucher bei Trockenheit gut gewässert und der Boden mit Mulch bedeckt werden. Ein Sommerschnitt unterbleibt, damit die noch vorhandenen Blätter und Teile davon nicht noch weiter verringert werden. Auf diese Weise haben wir alles getan, um den Schaden gering zu halten und die Verheilung der Wunden zu fördern.

Düngen

Von der Düngung hängen Regelmäßigkeit und Höhe der Erträge entscheidend ab. Allem voran sollte die Versorgung des Bodens mit organischen Stoffen, besonders mit Kompost oder verrottetem Stallmist stehen. Dadurch wird der Boden locker und lebendig, das Bakterienleben wird gefördert.

Daneben brauchen die Obstbäume aber auch einige wichtige Nährstoffe, damit sie wachsen,

Bodenuntersuchungsstellen

Verband Deutscher Landwirtschaftlicher Untersuchungs- und Forschungsanstalten, Hauptgeschäftsstelle: Bismarckstraße 41a, 6100 Darmstadt. Dem Verband angeschlossen sind zahlreiche Institute:

Bayerische Hauptversuchsanstalt für Landwirtschaft der Technischen Universität München, 8050 Freising-Weihenstephan.

Bayerische Landesanstalt für Bodenkultur, Pflanzenbau und Pflanzenschutz, Landwirtschaftliches Untersuchungsamt, Liebigplatz 11, 8900 Augsburg.

Bayerische Landesanstalt für Bodenkultur und Pflanzenbau, Menzinger Straße 54, 8000 München 19.

Bayerische Landesanstalt für Bodenkultur, Pflanzenbau und Pflanzenschutz – Landwirtschaftliches Untersuchungsamt, Luxburgstraße 4, 8700 Würzburg.

Staatliche Landwirtschaftliche Untersuchungs- und Forschungsanstalt Augustenberg, Neßlerstraße 23, 7500 Karlsruhe-Durlach.

Landesanstalt für landwirtschaftliche Chemie (Landwirtschaftliche Versuchsstation), Emil-Wolff-Straße 14, 7000 Stuttgart-Hohenheim.

Landwirtschaftliche Untersuchungs- und Forschungsanstalt, Obere Langgasse 40, 6720 Speyer.

Hessische Landw. Versuchsanstalt – Landwirtschaftliches Untersuchungsamt, Rheinstraße 91, 6100 Darmstadt.

Landwirtschaftliches Untersuchungsamt und Versuchsanstalt, Am Versuchsfeld 13, 3500 Kassel-Harleshausen.

Landwirtschaftliche Untersuchungs- und Forschungsanstalt, Weberstraße 61, 5300 Bonn.

Landwirtschaftliche Untersuchungs- und Forschungsanstalt Joseph-König-Institut, Kanalstraße 240, 4400 Münster (Westfalen).

Landwirtschaftliche Untersuchungs- und Forschungsanstalt, Finkenborner Weg 1A, 3250 Hameln.

Landwirtschaftliche Untersuchungs- und Forschungsanstalt, Mars-la-Tour-Straße 4, 2900 Oldenburg.

Institut für Angewandte Botanik, Marseiller Straße 7, 2000 Hamburg 36.

und Kaligehalt vorliegt, wie zahlreiche Proben aus Haus- und Kleingärten in der letzten Zeit gezeigt haben. In solchen Fällen kann dann auf Blau-Volldünger verzichtet und ausschließlich Stickstoff in organischer oder mineralischer Form ausgebracht werden. Vielfach genügt es dann sogar, wenn wir regelmäßig Kompost geben, vor allem wenn beim Aufsetzen des Kompostmaterials Horn-Knochen-Blutmehl bzw. Kalkstickstoff zur rascheren Verrottung beigegeben wird.

Doch auch ohne Bodenuntersuchung können wir in etwa feststellen, ob unsere Obstbäume an Nährstoffmangel leiden. Wir brauchen nur zu beobachten. Wenn sie gut und regelmäßig tragen, dabei reichlich Neutrieb entwickeln und gleichzeitig Blütenknospen für das kommende Jahr ansetzen, befinden sie sich im Idealzustand. Der Fachmann spricht dann vom »physiologischen Gleichgewicht«. Was wollen wir mehr? Warum sollten wir sie noch zusätzlich füttern? Auch Obstbäume wachsen nicht in den Himmel und sollen es auch gar nicht. Also lassen wir das Düngen bleiben, bis sich Bedarf zeigt.

Düngung in der Praxis

Unter Spindelbüschen und unter Beerensträuchern, also auf offenem Boden bringen wir im März – sobald der Schnee weggetaut ist – Kompost aus und streuen zusätzlich 40–50 g/m^2 eines Blau-Volldüngers auf die von Wurzeln durchzogene Fläche, bzw. wir richten uns nach dem Ergebnis einer Bodenuntersuchung. Wer einen organisch-mineralischen Dünger (Hornoska-Spezial, Engelharts Gartendünger, Manna-Spezial u. a.) bevorzugt, sollte wegen des geringeren Nährstoffgehalts etwa die doppelte Menge geben, bzw. sich nach dem Aufdruck auf der Packung richten. Die Wirkung ist zwar langsamer als bei mineralischen Blau-Volldüngern, dafür aber lange anhaltend.

Auf keinen Fall darf einseitig mit Stickstoff gedüngt werden, denn dadurch würden die Obstgehölze zu mastig wachsen und krankheitsanfällig werden. Außerdem besteht die Gefahr von Nitratanreicherung im Grundwasser. Fehlt ausschließlich Stickstoff, weil die übrigen Nährstoffe in genügender Menge (Bo-

Flüssigdüngung mit Düngelanze.

denuntersuchung!) vorhanden sind, so genügt es meist, wenn wir 20–25 g/m², also etwa eine halbe Handvoll Kalkammonsalpeter u. a. ausstreuen und diesen nur oberflächlich einarbeiten.

Bei Obstbäumen, die im Rasen stehen, gehen wir anders vor. Hier hätte es wenig Sinn, den Dünger auszustreuen, denn das meiste davon würde von der Grasnarbe aufgenommen. Vor

Bei wenigen Bäumen genügt hierfür die Grabgabel.

allem schwer bewegliche Nährstoffe wie Kali, insbesondere aber Phosphor kämen den Obstbaumwurzeln nicht zugute. In diesem Fall düngen wir flüssig: Von einem Blau-Volldünger werden 250 g, das sind etwa 5 Handvoll in 10 Liter Wasser, durch kräftiges Umrühren gelöst. Wenn aufgrund einer Bodenuntersuchung Kali und Phosphor ausreichend vorhanden sind, wird nur ein Stickstoffdünger (Kalkammonsalpeter u. a.) in der genannten Wassermenge gelöst. Dann öffnen wir im gesamten Wurzelbereich, also etwa 2 m über die Kronentraufe hinausreichend, mit der Grabgabel je Quadratmeter 2–3 schmale Spalten, in die je 1 knapper Liter der Düngerlösung gegossen wird.

Dies geht recht einfach und rasch: Mit der Grabgabel in den Rasen einstechen, die Grabgabel etwas hin- und herbewegen, so daß sich ein Spalt öffnet, Düngerlösung hineingießen und mit dem Fuß leicht darauf treten, so daß sich die Grasnarbe wieder schließt.

Auf diese Weise kommen die Nährstoffe unmittelbar in den Wurzelbereich und stehen bereits zu Triebbeginn zur Verfügung. Eine solche Düngung wirkt sich sichtbar auf den Neutrieb, die Blattentwicklung, ebenso aber auch auf die Ausbildung der jungen Früchte und den Blütenknospenansatz fürs nächste Jahr aus.

Wer viele Obstbäume besitzt, kann zu dieser Arbeit eine Düngerlanze verwenden (siehe Bezugsquellen S. 204), mit der sich die Düngerlösung besonders rasch und gleichmäßig in den Wurzelbereich einbringen läßt.

Bäumen mit starkem Fruchtbehang und mäßiger Triebentwicklung können wir Anfang Juni einen kleinen Nachschlag geben. Von einem Blau-Volldünger genügen 20–40 g/m², von einem reinen Stickstoffdünger (Kalkammonsalpeter u. a.) 10–20 g/m².

Düngen wir wie empfohlen, so werden unsere Obstbäume sowohl Früchte tragen als auch Blütenknospen für das nächste Jahr ansetzen und gleichzeitig reichlich Neutriebe entwickeln. Ist dieser Idealzustand ohnehin vorhanden, so können wir auf mehr oder weniger lange Zeit auch ohne eine mineralische Düngung auskommen.

Obstarten

Obstbäume und Beerensträucher sind erstaunlich anpassungsfähig; sie wachsen in beinahe jedem Garten. Selbst wenn wir nichts tun, wenn wir weder schneiden noch düngen noch die Schädlinge bekämpfen, bringen sie Früchte, wenn auch vielfach klein und fleckig, mit wenig Aroma und Farbe. Erfolg, und damit Freude, werden wir mit Obstbäumen aber nur haben, wenn wir ihre Eigenheiten ein wenig berücksichtigen, bzw. wenn wir nur solche Obstarten und Sorten pflanzen, die sich für unsere Verhältnisse eignen. Das Goethe-Wort »Die Pflanze gleicht den eigensinnigen Menschen, von denen man alles erhalten kann, wenn man sie nach ihrer Art behandelt« gilt auch für die Obstarten.

Apfel

Dies ist die wichtigste Obstart, von der es eine große Zahl von Sorten gibt. Die Sortenvielfalt ermöglicht es uns, ab Ende Juli bis weit in das nächste Frühjahr hinein, Äpfel aus dem eigenen Garten zu essen. Mit ihrem Apfel aus dem Paradies könnte Eva heute allerdings keinen Adam mehr verführen, denn der Urapfel der Menschheitsgeschichte war vermutlich holzig, sauer und verlockte kaum zum Hineinbeißen. Anders die Äpfel von heute. Sie sind schon eher eine Sünde wert. Wir können sie direkt vom Baum essen – einfach paradiesisch! – oder vielseitig verwerten zu Apfelmus, Gelee oder Dörrobst, Apfelsaft (Süßmost) und Apfelwein, also Most. Und wer ißt nicht gerne einen mit Apfelschnitzen belegten Kuchen?
Der gesundheitliche Wert des Apfels ist allgemein bekannt und mancher hat es sich angewöhnt, täglich vor dem Zubettgehen noch einen Apfel zu essen. Äpfel enthalten jedenfalls beträchtliche Mengen an Vitamin A, B, C und Mineralstoffen. Wertvoll ist auch der Reichtum an Pektinen und Gerüststoffen mit starker Quellbarkeit und Absortionsfähigkeit. Aus diesem Grunde hilft bei Durchfall eine Apfeldiät, also mehrmals täglich geriebene Äpfel neben Haferschleim.

Standortansprüche
Apfelbäume können in jedem Garten gepflanzt werden, auch im kleinsten. Durch die Wahl entsprechender Unterlagen haben wir die Möglichkeit, die Kronenausdehnung den vorhandenen Platzverhältnissen anzupassen.
Der Baum wurzelt verhältnismäßig flach, was aber nicht heißt, daß ihm ein flachgründiger Boden besonders zusagen würde. Vor allem darf der Boden nicht zu trocken sein. Unter

Ein blühender Obstbaum kann es mit jedem exotischen Ziergehölz aufnehmen. Außerdem bringt er Früchte.

solchen »mageren« Verhältnissen würde ein Apfelbaum klein bleiben, geringe Erträge bringen und bereits frühzeitig absterben. Auch kalte und nasse Böden sagen dieser Obstart nicht zu; das Holz reift dann – vor allem in regenreichen Jahren – nur schlecht aus. Als Folge davon ist der Baum frostgefährdet und wird leicht krebsig.
Ideal ist ein nährstoffreicher, lehmiger Boden, tiefgründig, gut durchlüftet und gut mit Humus versorgt. Wenn diese Verhältnisse im Haus- und Kleingarten nicht von Natur aus vorhanden sind, sollte man sie annähernd schaffen. Also: fehlende Nährstoffe durch Düngung zuführen, fehlenden Humus durch Kompost ergänzen, und sollte der Boden zu zäh und schwer sein, so kann man ihn mit Styromull oder Hygropor lockerer machen.
Der Apfelbaum liebt eine höhere Luftfeuchtigkeit als die übrigen Obstarten. Wir pflanzen ihn deshalb möglichst nicht an einen trockenen Südhang oder als Spalier an eine Südwand. Die Bäume bleiben dort klein, leiden unter Schädlingen und Krankheiten und tragen schlecht. In sehr warmen, trockenen Gegenden eignen sich Apfelbäume besser für die kühlere, feuchtere Nordlage.

Befruchtungsverhältnisse

Alle Apfelsorten sind selbstunfruchtbar, d. h., sie sind auf die Bestäubung mit sortenfremden Pollen (Fremdbestäubung) angewiesen.
Doch es wird noch komplizierter: nicht jede Sorte ist auch ein guter Pollenspender. Nur diejenigen Sorten mit diploidem, also zweifachem Chromosomensatz (bei Apfel = 34 Chromosomen) sind als Pollenspender geeignet. Es gibt aber auch Sorten mit triploidem, also dreifachem Chromosomensatz (= 51 Chromosomen). Deren Blüten können zwar mit Blütenstaub einer anderen diploiden Sorte befruchtet werden, ihr eigener Blütenstaub taugt dazu aber nicht. Der Blütenstaub (Pollen) einer triploiden Sorte keimt schlecht oder stirbt frühzeitig auf der Narbe der anderen Sorte ab, so daß es zu keiner Befruchtung kommt. 'Boskoop', eine bekannte, wertvolle Sorte, ist beispielsweise triploid; wenn wir sie pflanzen, müssen im Garten oder in der Nachbarschaft noch 2 weitere, und zwar diploide Sorten stehen. Wenn wir 'Boskoop' mit A bezeichnen und die beiden anderen Sorten mit B und C, dann kann B die Sorte A ('Boskoop') und C befruchten; Sorte C kann ebenfalls A ('Boskoop') und außerdem B befruchten.
Dies heißt: Für jede Apfelpflanzung sind mindestens 2 diploide Sorten erforderlich, die sich gegenseitig und außerdem vorhandene triploide Sorten befruchten können. Wenn im eigenen Garten oder in der Nachbarschaft mehrere Apfelbäume stehen, braucht man sich hierzu keine Gedanken zu machen. Wer aber ein isoliert liegendes Grundstück besitzt oder als einziger in der Umgebung Apfelbäume pflanzen will, sollte auf diese Zusammenhänge achten.

Unterlagen

Die ursprüngliche Unterlage beim Apfel ist der Sämling. Dabei werden die Apfelkerne in der Baumschule ausgesät und später auf die Sämlingspflanzen die Edelsorten veredelt (siehe S. 31). Solche Bäume bekommen ein umfangreiches Wurzelwerk, eine weitausladende Krone, sie erreichen ein hohes Alter und können hohe Erträge bringen. Der Ertragsbeginn liegt allerdings spät, man muß sich gedulden; bei manchen Sorten hat es früher an die 8–12 Jahre gedauert, bis sie so richtig mit dem Ertrag einsetzten. Durch die empfohlenen Schnittmethoden (siehe S. 45ff.), vor allem durch Waagrechtbinden von nicht zum Kronenaufbau benötigten Trieben, läßt sich bereits wesentlich früher – meist ab 3.–5. Standjahr – eine erste Ernte erzielen. Sämlingsunterlagen werden für Hoch-, Halb- und Niederstämme verwendet.
Daneben gibt es die vegetativ vermehrten Zwerg-Unterlagen, meist als Typen-Unterlagen bekannt (siehe S. 31). Sie werden mit arabischen Zahlen wie M9, M26 oder M7 usw. bezeichnet. Einige davon spielen für unsere Zwecke eine besondere Rolle: M9 ist die typische Unterlage für kleinbleibende Apfelbäumchen, ganz gleich, ob wir sie als Spindelbusch, Obsthecke, Spalier oder in Form einer anderen Kunstkrone (z. B. senkrechter Kordon, Palmette) ziehen wollen.

Knollige Veredlungsstelle bei Typenunterlage (M 9).

Da diese Unterlage außerordentlich schwachwüchsig ist, beginnt die aufveredelte Sorte früh und regelmäßig zu tragen; oft ist dies schon im Jahr nach der Pflanzung der Fall. Man kann sich das etwa so vorstellen: Ein Wasserleitungsrohr mit 2″ Durchmesser (Edelsorte) mündet unten in ein ½″ Rohr (Typen-Unterlage), d. h., die in den Blättern produzierten Baustoffe (Assimilate) fließen nach unten und stauen sich oberhalb der »Rohrverengung« an. Dadurch kommt es in der kleinen Krone zu einem Überschuß an Assimilaten und damit zu rascher und starker Fruchtbarkeit.

Die Fruchtqualität, also Größe, Farbe und Inhaltsstoffe, ist auf M 9 ausgezeichnet. Allerdings brauchen Bäumchen auf M 9 wegen des flachen Wurzelverlaufs dieser Unterlage zeitlebens einen Pfahl. Als Lebensalter kann man mit 20–25 Jahren rechnen.

Schwaches, flachverlaufendes Wurzelwerk bei M 9.

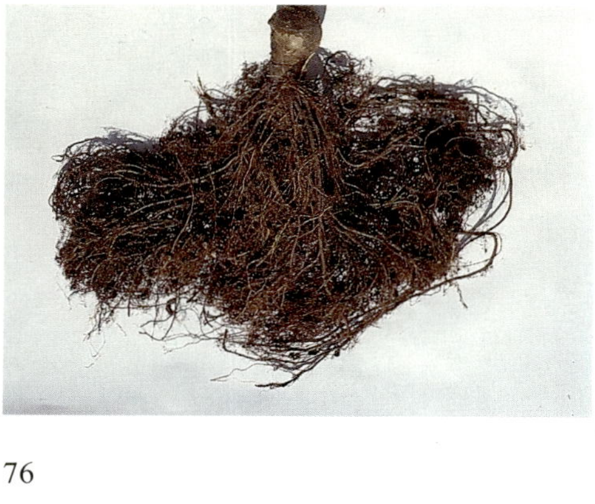

M 26 hat ähnliche Eigenschaften wie M 9 und eignet sich deshalb als Unterlage für alle Apfelbäumchen, die klein bleiben sollen. Dieser Typ wächst allerdings geringfügig stärker als M 9 und wird deshalb bevorzugt auf Böden verwendet, die nicht ganz so ideal sind wie für M 9 nötig. Auch schwächer wachsende Edelsorten, die auf M 9 zu zwergig bleiben würden, werden besser auf M 26 gepflanzt.

M 7 ist mittelstark wachsend. Diese Typenunterlage wird deshalb vor allem bei weniger guten Bodenverhältnissen und in Kombination mit besonders schwachwüchsigen Sorten ('Klarapfel', 'James Grieve', 'Prinz Albrecht von Preußen' u. a.) verwendet. Der Ertrag von Spindelbüschen oder Obsthecken, die auf M 7 veredelt sind, beginnt allerdings nicht so früh wie bei den vorhin genannten Typen-Unterlagen. Dafür aber können Bäumchen auf M 7 mehr Trockenheit und Nässe vertragen. Ein Pfahl ist auch hier nötig. Sind die gewünschten Sorten auf M 7 nicht erhältlich, kann man sie notfalls auch auf M 4 veredelt beziehen.

Verwendung im Garten

In einem größeren Garten, etwa ab 600–800 m², sollte, wenn irgendwie möglich, ein Hoch- oder Halbstamm gepflanzt werden, vielleicht als Eckpunkt der Terrasse oder an einer anderen Stelle, die betont werden soll. Dies geschieht weniger wegen des Obstertrages, sondern mehr aus gestalterischen Gründen.

Solch ein großkroniger Apfelbaum sieht das ganze Jahr über malerisch aus. Zur Blütezeit kann er es mit vielen Ziergehölzen aufnehmen, und selbst im Winter sind die eigenwillig gewachsenen Äste von einer starken grafischen Wirkung.

Am besten verwenden wir dazu eine Sorte, die wenig anfällig gegen Krankheiten und Schädlinge ist und deshalb nicht gespritzt zu werden braucht. 'Grahams Jubiläumsapfel' ist beispielsweise eine solche, altbekannt und sehr robust. Die Äpfel sind zwar nicht »Spitze«, aber sie lassen sich essen und lagern; zum Kochen und Backen sind sie sogar bestens geeignet. Die Blüte ist erst sehr spät im Mai oder gar erst Anfang Juni, so daß man jedes Jahr einen reich rosa blühenden Baum im Garten stehen hat, dem Frostnächte während der Eisheiligen – Mitte Mai – überhaupt nichts anhaben können.

Ob Hochstamm oder Halbstamm, nun das muß jeder selbst entscheiden. Wer unter der Krone bequem hindurchgehen will, sollte einen Hochstamm mit 1,80 m Stammhöhe bevorzugen. Was den Platzbedarf angeht, so können wir mit 8–12 m Kronendurchmesser rechnen.

Für die Selbstversorgung mit Obst sollten wir allerdings kleine Baumformen, also den Spindelbusch (Obsthecke), vorziehen. Dabei bringen wir auf die gleiche Fläche, die ein Hoch- oder Halbstamm beansprucht, 8–10 Bäumchen unter. Was nützt es uns, wenn wir von einem großkronigen Apfelbaum 6–8 Zentner und noch mehr Früchte von nur einer Sorte ernten, die wir im eigenen Haushalt kaum verbrauchen können? Und verschenken? Nun, was man in großen Mengen anbietet, wird meist nicht geschätzt. Pflanzen wir dagegen Spindelbüsche oder eine Obsthecke mit Bäumchen auf schwachwachsender Unterlage, so bringen wir auf einer verhältnismäßig kleinen Fläche mehrere Sorten unter; wir haben bei überlegter Sortenwahl über viele Monate hinweg Äpfel aus dem eigenen Garten.

Bei Spindelbüschen genügt ein Pflanzabstand von etwa 2,50 m, zumindest, wenn nur eine Reihe gepflanzt wird. Erziehen wir die Bäumchen als »Schlanke Spindel«, so sind bereits 1,50 m ausreichend. Auch die Höhe bleibt sehr im Rahmen: 2,50 m werden kaum überschritten, und wenn, dann brauchen wir ja nur beim Schnitt den Mitteltrieb auf einen weiter unten befindlichen seitlichen Trieb absetzen. So können wir die Bäumchen zeitlebens auf einer Höhe von 2,20–2,50 m halten.

Alle Arbeiten können am Spindelbusch bequem durchgeführt werden, ganz gleich, ob es sich um den Schnitt, um Pflanzenschutzmaßnahmen oder um die Ernte handelt. Zur Ernte benötigen wir äußerstenfalls einen Hocker oder eine kleine Haushaltsstaffelei, um auch die letzten Früchte oben am Gipfeltrieb zu erreichen.

Ein weiterer Vorteil: Der Ertrag bei solchen zwergig wachsenden Bäumchen auf schwachwüchsiger Unterlage setzt sehr früh ein – meist gibt es schon im 2. Standjahr die ersten Naschfrüchte –, er ist regelmäßig und erstaunlich hoch. Spitzenerträge von 150–250 Früchten, oder in Gewicht ausgedrückt 25–40 kg sind bei bester Kultur auch im Haus- und Kleingarten zu erreichen. Meist müssen wir uns aber mit weniger zufrieden geben, doch was macht's, die Freude ist auch groß, wenn wir »nur« 50 oder 100 herrlich ausgereifte und gefärbte Äpfel im Herbst ernten können. Hinzu kommt, daß wir mit einer Spindelbuschreihe oder einer Obsthecke entlang der Nachbargrenze einen guten Sichtschutz und zugleich Windschutz schaffen können, ohne uns dabei mit einer dichtgrünen Mauer aus steifen Thujen oder ähnlichem völlig abzuschließen.

Ideal gezogener Spindelbusch, 10 Jahre alt, 2,30 m hoch, mit reichem Fruchtbehang. Sorte 'Orleans', reich und regelmäßig tragend (Bezugsquelle S. 204).

Empfehlenswerte Apfelsorten (geeignet vor allem für Spindelbusch, einige aber auch für Hal

Sorte	Baumreife (Erntezeit)	Genußreife	Wuchs	Ertrag
'Stark Earliest'	Ende VII – Mitte VIII	Ende VII – Mitte VIII	mittelstark	früh einsetzend, regelmäßig
'Klarapfel' (= Jakobiapfel)	Ende VII – Mitte VIII	Ende VII – Mitte VIII	mittelstark bis schwach	früh einsetzend, hoch, regelmäßig
'James Grieve'	Anfang – Mitte IX	IX – Mitte XI	Jungbäume wuchsfreudig, aber nur kleine Kronen bildend	früh einsetzend, hoch, regelmäßig
'Alkmene'	Anfang – Mitte IX	IX – Ende XI	mittelstark bis schwach	früh einsetzend, hoch, regelmäßig
'Goldparmäne'	Anfang X	X – XII	mittelstark, Baum kleinkronig	früh einsetzend, meist nur alle 2 Jahre Vollernte
'Cox Orange'	Anfang – Mitte X	X – I	mittelstark	früh einsetzend, meist nur mäßig

'Stark Earliest'

'Klarapfel'

Frucht (Form, Farbe, Geschmack)	Bemerkungen
klein bis mittelgroß; rotgestreift; süß-säuerlich, besseres Fruchtgeschmack als bei 'Klarapfel'	Herkunft: USA; liebt luftfeuchte Lage; trägt reich, daher kräftiger Schnitt und Ausdünnen der Früchte empfehlenswert; Liebhaber-Frühsorte
mittelgroß, leicht gerippt, gelblichgrün; lockeres, säuerliches Fruchtfleisch	Herkunft: Lettland (um 1830); ist auch unter dem Namen »Jakobiapfel« bekannt, weil er bereits um Jakobi (25. Juli) reift; gedeiht noch in rauhen Lagen; frosthart in Holz und Blüte; kräftig schneiden, damit Früchte nicht zu klein bleiben
mittelgroß bis groß, hellgrün, rotgestreift; Fleisch saftig; Geschmack edel, fein, würzig; Spitzensorte für Herbstbedarf	Herkunft: Schottland (um 1860); ziemlich frosthart; Krone bald kleinbleibend, deshalb regelmäßiger Schnitt und zeitweises Verjüngen; aus gleichem Grund Spindelbüsche auf etwas stärker wachsender Unterlage (M 26, 7 oder 4) Pflanzen; ›Roter James Grieve‹ hat außer Fruchtfarbe keine Vorteile
mittelgroß, etwas rauhschalig, gelb bis rot; festes Fruchtfleisch, erfrischend aromatisch, süß; von hoher Qualität; Form und Farbe wie 'Goldparmäne'	Herkunft: Norddeutschland (um 1930); will warme Lage, jedoch anpassungsfähig; viele Kurztriebe; abgetragene Triebe jährlich entfernen
mittelgroß, hochgebaut, goldgelb, rotgestreift; Fleisch fest, abknackend, wohlschmeckend, gewürzt, nußartig; hübscher Weihnachtsapfel	Herkunft: Frankreich (vor 1700); für besseren und feuchteren Boden, warme bis mittlere Höhenlage; wenn Früchte zu klein bleiben, Krone verjüngen; bei zu dichtem Fruchtansatz ausdünnen, da sonst stark alternierend (nur alle 2 Jahre eine Ernte); zur Reife hin öfters auspflücken, da windempfindlich; schorfempfindlich; seit Generationen beliebte Sorte
klein bis mittelgroß, rundlich, trübgelb bis braunrot, leicht berostet; gelbfleischig, saftig, sehr aromatisch, stark süß, würzig; edelster Tafelapfel	Herkunft: England (1825); nur für beste nicht zu heiße Lage und besten Boden; leider sehr empfindlich gegen Schorf, Mehltau, Frost, ja sogar gegen Spritzmittel (Kupfer, Schwefel); Schale reißt leicht auf; sehr pflegebedürftig; »Porsche« unter den Obstsorten!

'Goldparmäne'

'James Grieve'

Empfehlenswerte Apfelsorten (geeignet vor allem für Spindelbusch, einige aber auch für Halb

Sorte	Baumreife (Erntezeit)	Genußreife	Wuchs	Ertrag
›Prinz Albrecht von Preußen‹	Anfang X	X – I	schwach	früh einsetzend, hoch, regelmäßig
›Jonagold‹	Ende IX – Mitte X	X – III	stark, breitkronig	früh einsetzend, hoch, regelmäßig
›Berlepsch‹	Anfang – Mitte X	XI – III	stark, großkronig	mittel, nicht regelmäßig; alternierend
›Jonathan‹	Mitte X	XI – III	mittelstark bis schwach, kugelige Krone	früh einsetzend, hoch, aber nicht regelmäßig
›Idared‹	Mitte – Ende X	XI – III	schwach bis mittelstark	früh, hoch, regelmäßig
›Golden Delicious‹	Ende X	XII – III	mittelstark	früh einsetzend, hoch, regelmäßig
›Gloster‹	Mitte – Ende X	XII – III	stark	hoch, regelmäßig

'Prinz Albrecht von Preußen'

'Berlepsch'

und Hochstamm)

Frucht (Form, Farbe, Geschmack)	Bemerkungen
mittelgroß bis groß, Schale glatt, leicht fettig; bei Genußreife hellgelb mit trüb-roten Streifen, oft vollrot; schwach säuerlich-süß, schwach aromatisch	Herkunft: Schlesien (1865); wächst auch an weniger günstigen Stellen noch gut; bessere Fruchtqualität auf feuchterem Boden als an zu trockener Stelle; Holz und Blüte frostwiderstandsfähig; schorfunempfindlich unglaublich reich tragend, deshalb ideal für Haus- und Kleingarten
groß, gelb-rot, die wachsige Schale schützt vor Schrumpfen; süßlich – feinsäuerlich; ausgewogenes Zucker-Säure-Verhältnis, lange natürliche Genußreife	Herkunft: USA/New York (1953, ab 1968 im Handel); nur für warmes Klima und guten Boden; weder Holz noch Blüte besonders frostempfindlich; im Erwerbsanbau meistangepflanzte Neuheit
mittelgroß, plattrund mit Rippen am Kelch; goldgelb, rötlich gestreift; Fleisch gelblich, fest, fein gewürzt; schrumpft in trockenen Lagerräumen	Herkunft: Niederrhein (um 1880); will warmen guten Boden und mildes Klima; wegen der intensiveren Färbung wird meist 'Roter Berlepsch' gepflanzt; sehr feiner Liebhaber-Tafelapfel
mittelgroß bis groß; gelbschalig, sonnenseits leicht gerötet, auf ungünstigem Standort Fruchtschale berostet; Fleisch gelblich, festknackend, süß, aromatisch	Herkunft: USA/Westvirginia (um 1890); will mäßig feuchten Boden und warme bis mäßig kühle Lage; Holz wenig frostempfindlich; möglichst nur in warmen Gegenden mit viel Sonnenschein (Weinklima) anbauen; Kronen gut lichten, da sonst Fruchtfarbe und Geschmack zu wünschen übrig lassen; Massenträger, aber sehr schorfanfällig
mittelgroß bis groß, gleichmäßig rund bzw. fast kugelig, sehr fein gerippt; ansprechend rot gefärbt; Fruchtfleisch sehr saftig, fest; schwach feinsäuerlich, ähnlich 'Jonathan'; bleibt im Naturlager lange frisch und saftig	Herkunft: USA/Idaho (um 1935, seit 1942 bekannt); nur für warme Lagen, deshalb derzeitige Hauptorte des oberrheinischen Erwerbsobstbaus; Ansprüche an Bodenfeuchtigkeit, ebenso wie bei der Elternsorte 'Jonathan' gering; hoher Ertrag, ähnlich wie bei 'Golden Delicious'; mehltauanfällig, ansonsten recht problemlos
mittelgroß bis groß, hochgebaut, kräftig, stumpfdunkelrot mit Blaustich und winzigen hellen Punkten; Fleisch gelblich, mürbe, saftig; fein aromatisch, würzig	Herkunft: Neuzüchtung aus der Obstbauversuchsanstalt Jork/Altes Land (1951); will tiefgründigen Boden, sonst kaum spezielle Ansprüche; Früchte einzeln hängend
mittelgroß, regelmäßig und schwach gerippt; gelbgrüne bis gelb, orangerote Deckfarbe, zur Erntezeit blau bereift; Fleisch gelblich, knackend, saftreich, leicht säuerlich	Herkunft: Schweiz (1935); geringe Ansprüche auch für rauhe Lage; periodisch verjüngen, da sonst Früchte zu klein bleiben

'Jonathan'

'Golden Delicious'

Empfehlenswerte Apfelsorten (geeignet vor allem für Spindelbusch, einige aber auch für Halb-

Sorte	Baumreife (Erntezeit)	Genußreife	Wuchs	Ertrag
'Weißer Winter-kalvill'	Mitte – Ende X	XII – III	in der Jugend sehr kräftig, später stark nach-lassend	früh, hoch regel-mäßig
'Boskoop'	Mitte X	XII – IV	stark, breite Krone	recht spät ein-setzend, hoch, aber nicht regelmäßig
'Melrose'	Anfang – Mitte X	XII – V	stark	verzögert, weder reichlich noch regelmäßig
'Schweizer Orangenapfel'	Mitte X	I – II	mäßig bis mittel-stark	früh einsetzend, nicht sehr hoch, aber regelmäßig
'Ontario'	Ende X	I – V	mittelstark	früh, hoch, regelmäßig
'Glockenapfel' (= 'Weißer Win-terglockenapfel')	Ende X	II – IV	stark, Krone nur mittelgroß	früh, periodisch, hoch

'Roter Boskoop'

'Schweizer Orangenapfel'

und Hochstamm)

Frucht (Form, Farbe, Geschmack)	Bemerkungen
mittelgroß, mehr breit als hoch, gut entwickelte Spalierfrüchte oft doppelt so groß wie normal; typisch sind die stark hervortretenden oft 1 cm hohen, regelmäßig um den Kelch verteilten und deutlich bis zum Stiel verlaufenden 5 Rippen; Farbe grün – grünlichgelb, bei Baumreife tiefgelb und an Südmauer mitunter rötlich angehaucht; Fleisch locker, fein und sehr saftig; einmaliges, köstliches, süßsäuerliches Aroma, wie es sonst bei keiner Sorte vorkommt	Herkunft: Frankreich; sollte nur als Spalierbaum an einer Südmauer gezogen werden; liebt mäßig feuchten, nährstoffreichen Boden, vor allem warme Lage; der Kalvill will gemästet sein, damit sich der Baum und die hochedlen Früchte ideal entwickeln können; außerordentlich schorfempfindlich, auch gegen Mehltau und Krebs, deshalb möglichst an regengeschützte Stelle (Vordach) pflanzen bzw. vorbeugend mit organischem Fungizid spritzen; empfindliche Schale, deshalb vorsichtig ernten und lagern; zu Beginn des 20. Jahrh. wurden Kabinettfrüchte mit 0,50–1,50 Mark/Stück gehandelt, der Zentner-Preis (50 kg) lag bei 100–150 Mark!
groß, gelblichgrün, berostet; 'Roter Boskoop': ganz rot, gelb getupft; kräftig weinsäuerlich, feinwürzig	Herkunft: Holland (1865); bekannte Standardsorte mit sehr starkwüchsiger, weit ausladender Krone; auf schwerem, feuchtem, kalkhaltigem Boden langlebig; liebt hohe Luftfeuchtigkeit; spätfrostempfindlich; vielseitig verwendbar als Tafel-, Koch-, Back- und Mostapfel; wegen der intensiven Farbe bevorzugen wir den 'Roten Boskoop'.
groß bis mittelgroß, schwach gerippt; weitgehend karminrot gefärbt mit auffälligen Roststernen oder grünen Punkten (Lentizellen); süßaromatisch; im luftfeuchten Naturlager gut haltbar	Herkunft: USA/Ohio (1932, seit 1944 bekannt); liebt warmen Standort und mäßig frischen, gut durchlüfteten, nährstoffreichen Boden; scheint gegen Winterfrost empfindlich zu sein
klein bis mittelgroß, weitgehend dunkelrot gefärbt; saftig, süßsäuerlich, leicht parfümiert	Herkunft: USA/New York (um 1810); nur für warmes Klima; nährstoffreicher, gut durchlüfteter, etwas feuchter Boden; stark mehltauanfällig
groß, flachrund, gerippt; grüngelb gefärbt, blaurot geflammt, mit Wachsschicht; druckempfindlich; guter Geschmack, saftig, angenehm säuerlich	Herkunft: Kanada (1820); liebt frischen, tiefgründigen aber auch sandigen Boden, wenn dieser genügend feucht und humos ist; soll windgeschützt stehen; Holz frostempfindlich, Blüte frosthart; altbewährte Hausgartensorte
mittelgroß, hochgebaut, glockenförmig; grünlichgelb mit sonnenseitigem ziegelroten Anflug; weißes, sehr festes Fleisch, angenehm säuerlich, erfrischend	Herkunft: angeblich Schweiz, Zufallssämling, genaue Herkunft unbekannt; liebt genügend feuchten Boden und mäßig warme Lage; im Alter regelmäßiger Schnitt erforderlich, da sonst Früchte zu klein bleiben

'Ontario'

'Glockenapfel'

Empfehlenswerte Apfelsorten (geeignet vor allem für Halb- und Hochstamm, meist alte Sorten)

Sorte	Baumreife (Erntezeit)	Genußreife	Wuchs	Ertrag
'Jakob Fischer'	Anfang – Mitte IX	IX – XI	sehr stark und gesund, breit-pyramidale Krone	hoch und regelmäßig
'Gravensteiner'	Anfang – Mitte IX	IX – XI	sehr stark langlebig	erst spät furchtend; spärlich bis befriedigend; periodisch
'Signe Tillisch'	IX	X – XI	mittelstark	früh und sehr reich
'Jakob Lebel'	Ende IX – Anfang X	X – XII	stark breit- und flachkronig	mittelfrüh, sehr hoch, regelmäßig
'Oldenburg'	Mitte IX	X – XII	mittelstark, gedrungen	sehr früh, hoch, regelmäßig
'Rote Sternrenette'	Mitte X	X – XII	mittelstark, hohe Krone	spät einsetzend, mittel, unregelmäßig
'Grahams'	Ende IX	XI – XII	mittelstark, sparrig	mittelfrüh, mäßig, aber alljährlich
'Landsberger Renette'	Anfang X	XI –II	kräftig, aufrecht	früh, sehr reich, regelmäßig
'Ananasrenette'	Mitte X	XI – III	mittelstark, gedrungen, kleine Krone	früh, hoch, regelmäßig

Frucht (Form, Farbe, Geschmack)	Bemerkungen
groß, schön rot gefärbt; saftig, weinsäuerlich, erfrischend	Herkunft: Oberbayern; bevorzugt leichten, durchlässigen Boden; anspruchslos bezüglich Klima; vollständig frosthart, deshalb zum Anbau im rauhen Klima geeignet; bekannte Stammbildner- und Bauerngartensorte
groß, kantig, hoch; gelbgrün, an der Sonnenseite rotgestreift, fettig, duftend; Fleisch gelblich, vollstaftig, süß, würzig, erfrischend; insgesamt sehr guter Geschmack	Herkunft: Dänemark; benötigt besten Boden, hohe Boden- und Luftfeuchtigkeit (Seeklima), keine Frost- und Windlage; sonst als »Ersatz« 'James Grieve'-pflanzen; die Mutation 'Roter Gravensteiner' ist weniger saftig, befriedigt geschmacklich nicht
groß bis sehr groß, fünfkantig gerippt; Schale weißgelb, leicht gerötet, stark wachsig und empfindlich; Fleisch gelblich, saftig fest; hochfein gewürzt, aromatisch	Herkunft: Dänemark (1866); will mäßig feuchten, fruchtbaren Lehmboden und kühle Lage. Liebhabersorte!
groß, plattrund, fettig, goldgelb und rotgestreift; Fleisch gelblichweiß, saftig, mürbe, angenehm säuerlich	Herkunft: Frankreich (um 1850); robuste, anspruchslose alte Hochstammsorte, besonders für hohe, windgeschützte Lage; nicht für schweren Boden; mäßiger Schnitt; ziemlich widerstandsfähig gegen Witterungseinflüsse; Holz frosthart in Höhenlage, in Tallage sehr gefährdet, bekommt leicht Schorf
mittelgroß, hochgebaut, leicht fettige Schale; goldgelb, rotgestreift; saftig, etwas gewürzt, Aroma eigenartig parfümiert	Herkunft: Rheinhessen (1897); will guten bis besten Boden, sowie wind- und frostgeschützte Lage; Früchte bei reichem Ansatz ausdünnen; beliebte Haus- und Kleingartensorte; schorfanfällig
mittelgroß; purpurn bis dunkelrot mit grüngelben Sternchen (Lentizellen); Fleisch mit rötlichen Adern; süßsäuerlich, parfümartiges Aroma	Herkunft: ungewiß, vermutlich Belgien, 1830 zum erstenmal beschrieben; verlangt tiefgründigen, feuchten Boden sowie kühlere, luftfeuchte Lage; auch für Höhenlage geeignet, jedoch nicht für trockene Stellen; im Holz sehr frosthart, in Blüte mittel; Frucht fällt leicht vom Baum, doch Haltbarkeit wird dadurch nicht wesentlich beeinträchtigt; im Geschmack nicht überragend, wegen der leuchtendroten Farbe als Weihnachtsapfel sehr beliebt
sehr groß, hochgebaut, gelb, leicht gerötet; saftarm, merklich gewürzt	Herkunft: England (um 1850); will feuchten Boden und etwas windgeschützte Lage; sehr spät (E. Mai) und lange blühend, deshalb alljährlich Ertrag; sehr widerstandsfähig gegen Schorf und Schädlinge; bildet typische Zweigquirle, deshalb Schnitt schwierig; also: auslichten
groß, plattrund; gelb mit leichtem rötlichen Schimmer; lockeres, saftiges, leicht gewürztes Fleisch; recht guter Geschmack	Herkunft: Neumarkt/Preußen (um 1850); will mehr feuchten Boden, sonst genügsam bezüglich Boden und Klima; eignet sich auch für rauhe Lagen bis etwa 800 m Höhe; alte Tafel- und Wirtschaftssorte
klein, eiförmig; Schale ziemlich glatt, goldgelb, sonnenseits organgefarbig, sternförmig grünbraun punktiert; Fleisch gelblichweiß, abknackend, später mürbe, saftig; Geschmack vorzüglich, edel, kräftig weißweinig, merklicher Geruch; typisches, köstliches Aroma	Herkunft: Holland; will besten Boden, nahrhaft, warm, gut durchlässig, humos; wegen Krebsgefahr nicht zu schwer oder naß aber reichlich feucht; geschützte, warme Lage; Blüte gegen Nässe empfindlich; bei reichem Fruchtansatz ausdünnen, da sonst Früchte zu klein; alte Liebhabersorte, die sich wegen der kleinen, gedrungenen Krone vor allem auch für kleine Gärten eignet

'Oldenburg'

'Grahams' 'Grahams Jubiläumsapfel'

Empfehlenswerte Apfelsorten (geeignet vor allem für Halb- und Hochstamm, meist alte Sorten)

Sorte	Baumreife (Erntezeit)	Genußreife	Wuchs	Ertrag
'Blenheim' (= 'Goldrenette von Blenheim')	Mitte X	XI – III	sehr stark, aufrecht, große Krone	spät einsetzend, unregelmäßig, oft nicht befriedigend
'Zabergäurenette'	Mitte – Ende X	XI – III	mittelstark bis stark	mittelfrüh, mittelhoch, periodisch
'Zuccalmaglio'	Mitte – Ende X	XI – IV	mittelstark, gedrungen, langlebig	früh, sehr reich, regelmäßig
'Kaiser Wilhelm'	Mitte X	XII – III	sehr stark, breite Krone	etwas spät, einsetzend, dann reichtragend und regelmäßig
'Wiltshire'	Mitte X	XII – III	stark	früh, sehr reich, regelmäßig
'Winterrambur'	Mitte X	XII – III	stark, Krone breitausladend	spät beginnend, dann sehr reich, regelmäßig

'Kaiser Wilhelm'

'Wiltshire'

Frucht (Form, Farbe, Geschmack)	Bemerkungen
groß bis sehr groß, regelmäßig geformt, plattrund mit weiter Kelchschüssel; Schale glatt, goldgelb mit roter Backe bzw. sonnenseits streifig gerötet; Fleisch zuerst abknackend, später mürbe, saftreich; Geschmack würzig, weinsäuerlich	Herkunft: England (Ende 19. Jahrh.); will nährstoffreichen, genügend feuchten Boden, am liebsten mittleren bis schweren Lehmboden u. ä.; bevorzugt warme Lage, in rauher Gegend zumindest windgeschützt; liebt hohe Luftfeuchtigkeit; beliebte alte Hochstammsorte
groß, meist flachrund, verschiedentlich auch hochgebaut oder schief; gelb bis goldgelb, mit zimtfarbenem Rost überzogen, sonnenseits hellrot bis leicht dunkelrotbraun; wird auf Lager mürbe, dann saftarm; würzig, milder als 'Boskoop'	Herkunft: Hausen/Kreis Heilbronn (1858); eignet sich weniger für kühlere Gegenden und Höhenlagen über 500 m; Anspruch an Bodenfeuchtigkeit geringer als bei der ähnlich aussehenden Sorte 'Boskoop'; Ertragsbeginn früher als bei 'Boskoop', schwach alternierend
klein bis mittelgroß, regelmäßig hochgebaut; zitronenfarbig, sonnenseits orange, punktiert; Fleisch gelb, abknackend, saftig; sehr aromatisch, fein gewürzt	Herkunft: Rheinland (um 1878); will besten Boden, eignet sich aber auch noch für höhere, rauhere Lage; benötigt mittellangen bis starken Schnitt; Blüten ziemlich frosthart, im Holz allerdings weniger frosthart
mittel bis groß, breit, abgeplattet, gelb und lebhaft rot verwaschen bzw. leuchtendrot geflammt, hellbraun punktiert; Fleisch gelb, fest, knackend, saftig; würzig, leicht weinsäuerlich	Herkunft: Nordrhein (1864); bevorzugt durchlässigen Lehmboden; bei etwas Windschutz auch für rauhere Lagen geeignet, wobei aber eine möglichst warme Pflanzstelle ausgewählt werden sollte; alte, beliebte Hochstamm-Tafelsorte
groß, ei- bis kegelförmig; Schale wachsgelb, leicht rötlich gestreift, glatt, dünnschalig; Fleisch saftig aber mit wenig Geschmack	Herkunft: England (vor 1840); anspruchslos an Lage und Klima, auch noch für rauhe und kalte Höhenlagen geeignet; Blüte frosthart; mit Schnitt regulierend eingreifen, da sonst später die Äste stark herabhängen
groß bis sehr groß, unregelmäßig plattrund, stark gerippt; Schale glatt, grünlichgelb, rot gestreift und verwaschen mit hellen Schalenpunkten; Fleisch weiß, nach Lagerung mürbe; weinsäuerlich, etwas süß, hoher Vitamin C-Gehalt	Herkunft: Schweiz bis rheinische Tiefebene (vor 1800); bezüglich Lage sehr anspruchslos, geeignet für Höhen bis 800 m; will aber guten und genügend feuchten Boden; im Holz frostempfindlich, Blüte dagegen ziemlich widerstandsfähig; alte westdeutsche Bauernsorte, auch als 'Rheinischer Winterrambur' und 'Teuringer Winterrambur' bekannt

Empfehlenswerte Apfelsorten (geeignet vor allem für Halb- und Hochstamm, meist alte Sorten)

Sorte	Baumreife (Erntezeit)	Genußreife	Wuchs	Ertrag
'Nordhausen' (= 'Schöner aus Nordhausen')	Mitte – Ende X	XII – IV	mittelstark, breitkronig	mittelfrüh, hoch, regelmäßig
'Brettacher'	Mitte X	XII – IV	stark, breitkronig	etwas spät, reichtragend dann
'Champagner Renette'	Ende X	XII – VI	schwach, aufrecht	früh, hoch, ziemlich gleichmäßig
'Bohnapfel' (= 'Rheinischer Bohnapfel')	Ende X	XII – VI	stark, steil aufrecht	spät einsetzend, dann sehr hoch, periodisch

'Schöner aus Nordhausen'

Frucht (Form, Farbe, Geschmack)	Bemerkungen
mittelgroß, stumpf eiförmig, hellgrün bis gelb mit roter Backe; Fleisch gelblich, saftig; Geschmack hochfein, säuerlich, würzig; insgesamt angenehm spritzig	Herkunft: Südharz (um 1850); liebt guten humosen, durchlässigen Boden sowie hohe Luftfeuchtigkeit; geeignet für Höhenlagen bis 800 m; wertvolle Sorte für klimatisch ungünstige Lagen, da sowohl im Holz als auch in der Blüte sehr frostwiderstandsfähig
groß, plattrund, schwach gerippt; grüngelb, sonnenseits rot, wachsige Fruchtschale; gut lagerfähig; Geschmack herbsäuerlich, erfrischend	Herkunft: Als Zufallssämling in Brettach/Baden-Wttbg. gefunden; starkwüchsig, deshalb mäßig auslichten; will warme Lage, für Höhen über 500 m oder ziemlich kühle Gebiete weniger geeignet; in solchen Fällen schmecken Früchte »grasig« und sind nicht sortentypisch gefärbt; in Blüte und Holz ziemlich frosthart; begehrter später Tafel-, Koch- und Backapfel für den Liebhaberobstbau
klein bis mittelgroß, plattrund, leicht rippig; zitronengelb mit trübroter Backe, wachsige Schale; weißfleischig, saftig, weinsäuerlich; wenig gewürzt, erfrischend	Herkunft: Frankreich (1750); hohe Ansprüche an Boden; geeignet für mittleres Klima; immer gut auslichten; kurzes Fruchtholz, deshalb auch als Spalier geeignet; ziemlich frosthart; in Baden als »Zwiebelapfel« bekannt
mittelgroß, druckfest, läßt sich auch in Erdmieten lagern; walzenförmig; grüngelblich, rotgestreift, gelbgrün punktiert; Fleisch grünlich, nach Kochen weißbleibend, sehr fest und sauer; erfrischend saftig, später mürbe und wohlschmeckend	Herkunft: Mittelrhein, alte Sorte; bevorzugt guten, mittelschweren, genügend feuchten Boden; auch für rauhere Gebiete bis 1000 m Höhe geeignet; in Holz und Blüte ziemlich frosthart; im Alter gelegentlich auslichten; bekannte Hochstammsorte, die als Most- und Kochapfel geschätzt ist

'Wiltshire', eine unglaublich reichtragende Sorte. Da sich der Baum leicht erschöpft und oft auch Äste ausschlitzen, ist hier ein richtiger Kronenaufbau und später ein gelegentliches Verjüngen der Krone besonders wichtig.

Birne

Die meisten Birnensorten lassen sich nicht so lange lagern wie Äpfel; selbst ausgesprochene Winterbirnen halten sich bei weitem nicht so lange wie so manche späte Apfelsorte. Wir pflanzen deshalb im Verhältnis zum Apfel nur etwa halb soviele Bäume oder etwa ein Drittel davon.
Doch saftreiche, aromatische Birnen sind etwas Köstliches. Soweit sie nicht gleich vom Baum oder nach kurzer Lagerung gegessen werden, können wir die Früchte in Gläsern oder Dosen für den Winter haltbar machen – zu dieser Zeit werden Birnen als Nachspeise sehr geschätzt – bzw. zu Kompott oder Dörrobst verarbeiten. Im erwerbsmäßigen Anbau werden sie darüberhinaus eingemaischt und anschließend zu Schnaps gebrannt. Die wertvollste Sorte für diesen Zweck ist 'Williams Christ', die auch in manchem Haus- und Kleingarten zu finden ist.

Hochstamm von 'Guter Luise'.

Standortansprüche
Die Birne will mehr Wärme als der Apfel. Dies gilt besonders für spätreifende Sorten, die nur im Weinklima oder an sehr begünstigten Stellen ihr köstliches, sortentypisches Aroma entwickeln. Unter weniger günstigen Verhältnissen pflanzen wir deshalb solche anspruchsvollen Spätsorten nur als Spalier an eine Süd- oder Südwestwand, wenn wir nicht ganz darauf verzichten wollen. Im anderen Fall werden wir nur in sehr sonnenreichen Jahren damit zufrieden sein, während in feuchten, kühlen Jahren der Geschmack eher rübenartig, das Fruchtfleisch trocken und zäh bleibt. Wenn man die Früchte mit dem Messer durchschneidet, findet man dann um das Kernhaus herum häufig die für Birnen typischen Steinzellen.
Die Birne ist ein Tiefwurzler, allerdings nur, soweit es die auf Sämling veredelten Hoch- und Halbstämme betrifft. Solche Bäume können wegen des tiefreichenden Wurzelsystems auch längere Trockenzeiten gut überstehen. Der Boden sollte deshalb möglichst tiefgründig sein.
Dies trifft allerdings nicht auf Birnspindelbüsche oder Obsthecken aus Birnbäumchen zu. Für diese kleinbleibende Baumform wird nämlich die Quitte als Unterlage verwendet, also eine Obstart mit verhältnismäßig flach verlaufendem Wurzelwerk.
Ganz allgemein sagt der Birne ein leichter, sandiger Lehm- oder lehmiger Sandboden besonders zu. Ungeeignet sind dagegen Böden, die zu ständiger Nässe im Untergrund oder zur Verdichtung neigen. In solchen Fällen kommt es zu Luftmangel im Wurzelbereich, was sich vor allem bei Verwendung der Quitte als Unterlage nachteilig auswirkt. Auf Quitte veredelte Birnen neigen außerdem auf kalkhaltigem Boden oder nach längeren Regenperioden häufig zu Chlorose, d. h., die Blätter verlieren ihr typisches Grün und nehmen eine gelblich-bleiche Färbung an. Insgesamt kann man sagen, was den Boden betrifft, will es die Birne eher trocken als zu feucht haben.
Die Birnblüte wird durch Spätfröste mehr geschädigt als die Apfelblüte. Dies hängt mit der früheren Blütezeit zusammen. Im Holz sind vor allem auf Quitte veredelte Birnen in be-

sonders kalten Wintern empfindlich. Andererseits kann man alte Mostbirnbäume auf den Fluren vorfinden, die bestimmt 80 Jahre und älter sind und auch die extremsten Winter der letzten Jahrzehnte ohne Schaden überlebt haben.

Befruchtungsverhältnisse
Hier gilt das gleiche wie beim Apfel, d. h., die Birnsorten sind selbstunfruchtbar und benötigen den Blütenstaub (Pollen) einer anderen Sorte, damit die Samenanlagen befruchtet werden können. Die meisten Sorten sind allerdings diploid. Nur die wertvolle ‘Alexander Lucas’ ist triploid und damit ein schlechter Pollenspender.
Höchst interessant ist, daß bei der Birne die sogenannte Jungfernfrüchtigkeit (Parthenokarpie) vorkommen kann. In diesem Fall entwickeln sich Früchte, ohne daß vorher eine Befruchtung stattgefunden hat, z. B. wenn durch Frost die Samenanlagen vernichtet wurden. Bekannt ist diese Erscheinung vor allem bei der Sorte ‘Williams Christ’, aber auch bei ‘Trévoux’ und ‘Alexander Lucas’.

Unterlagen
Ebenso wie beim Apfel wird für Hoch- und Halbstämme der Birnsämling als Unterlage verwendet. Auf weniger fruchtbaren Böden kommen Birnen auf Sämling besser voran als solche, die auf Quitte veredelt wurden. Kräftiger Wuchs, hohes Alter und eine gute Standfestigkeit sind die Vorteile von Bäumen auf Sämling. Hinzu kommt die ausgezeichnete Frosthärte selbst in extrem kalten Wintern. Nachteilig ist, von den umfangreichen, meist sehr hohen Kronen abgesehen, daß die Fruchtqualität meist nicht so gut ist wie bei den auf Quitte veredelten Bäumen.
Wie die schwachwüchsigen Apfelunterlagen, so zeigt auch die Quittenunterlage schwachen Wuchs. Dadurch eignet sie sich für den Spindelbusch, für die Obsthecke und für kleinere Obstspaliere. Weitere Vorteile sind der günstige Einfluß auf die Fruchtgröße und -qualität sowie auf die Reife. Auf Quitte veredelte Birnbäume tragen außerdem regelmäßiger. Allerdings, ganz so schwachwüchsig wie M 9 und M 26 als Typenunterlage bei Apfel ist die Quitte nicht. Birnspindelbüsche werden also etwas größer als Apfelspindelbüsche, sie ähneln bereits einem Buschbaum. Soll entlang der Gartengrenze eine Obstreihe gepflanzt werden, so empfiehlt es sich, Apfel- und Birnspindelbüsche nicht durcheinander zu setzen und bei den Birnen geringfügig mehr Abstand einzuhalten.

‘Clapps Liebling’ als lockeres Spalier gezogen.

Nachteilig ist, daß sich die Quittenunterlage – da artfremd – mit einigen Birnensorten nicht verträgt. In der Baumschule wird diese Unverträglichkeit durch eine Zwischenveredlung behoben: Auf die Quitte kommt erst die verträgliche Birnsorte ‘Gellerts’ und erst darauf veredelt der Baumschuler die verschiedensten Birnensorten.
Weitere Nachteile der Quittenunterlage: Geringe Standfestigkeit – also Pfahl bzw. Spalier –, geringere Lebensdauer als bei Birnen, die auf Sämling veredelt sind (ca. 20–25 Jahre) und Frostempfindlichkeit im Wurzelbereich. Es empfiehlt sich deshalb, den Boden unter Birnbäumchen, die auf Quitte veredelt sind, den Winter über mit kurzgeschnittenem Stroh abzudecken.

Verwendung im Garten
Hier gilt ähnliches wie beim Apfel. Einen Birnhoch- oder -halbstamm pflanzen wir im Terrassenbereich oder an einer anderen Stelle des Gartens, die aus gestalterischen Gründen betont werden soll. Der rein obstbauliche Nutzen kann dabei eine untergeordnete Rolle spielen. Bei der Planung sollte berücksichtigt werden, daß der Kronendurchmesser eines solchen Baumes später durchaus 6–8 m erreichen kann. Vor allem wachsen viele Birnsorten steil in die Höhe.
Für den eigentlichen Obstertrag pflanzen wir die Birne dagegen bevorzugt als Spindelbusch mit einem Abstand von mindestens 2,50 bis 2,80 m bei einreihiger Pflanzung. Ebenso wie

Empfehlenswerte Birnensorten

(sehr gut auch als Busch oder als Spindelbusch geeignet; die m

Sorte	Erntezeit (Baumreife)	Genußreife	Wuchs	Ertrag
'Frühe von Trévoux' ■	VIII; einige Tage vor Baumreife abnehmen	14 Tage nach der Ernte	mäßig bis mittelstark, aufrecht; Triebe mit kurzem Fruchtholz	sehr früh einsetzend, regelmäßig und hoch
'Clapps Liebling'	Mitte – Ende VIII; frühzeitig ernten, beim Fall der ersten Früchte	4–6 Tage haltbar	mittelstark, hoch, später breit, Äste bogig überhängend	anfangs spärlich, dann regelmäßig und hoch
'Williams Christbirne' ■	IX; bereits kurz vor Vollreife ernten	bis 14 Tage haltbar	anfangs kräftig, hoch, später nachlassend, wenig verzweigt, langlebig	mittelfrüh einsetzend, dann hoch, ziemlich regelmäßig
'Gute Luise' ■	gegen Mitte – Ende IX; zeitig abnehmen, sobald grüne Schale gelblich wird	2–3 Wochen haltbar	mittelstark, pyramidal, reich verzweigt	früh einsetzend, regelmäßig und hoch

'Frühe von Trévoux'

'Clapps Liebling'

Äpfel, lassen sich die auf Quitte veredelten Bäumchen als Obsthecke ziehen.
Ausgezeichnet eignet sich die Birne für ein Spalier an der Süd- oder Südwestwand des Hauses, wobei wir Sorten bevorzugen, die von Natur aus kurzes Fruchtholz bilden wie 'Frühe von Trevoux', 'Williams Christ', 'Gute Luise', 'Vereins Dechantbirne', 'Alexander Lucas', 'Gräfin von Paris' und auch 'Madame Verté'. Für die besonders wärmeliebenden Spätsorten kommt in Gegenden, die nicht gerade Weinklima haben, ohnehin nur eine geschützte Hauswand in Frage. Steht der Baum dann noch unter einem vorspringenden Dach, so ist er gleichzeitig gegen Regen und damit vor Schorfbefall geschützt.

gekennzeichneten Sorten als Wandspalier)

Frucht (Form, Farbe, Geschmack)	Bemerkungen
mittel bis groß; wird bei zu langer Lagerung mehlig; grün, später hellgelb mit lichtroten Streifen; Geschmack fein, süßsäuerlich, gewürzt, angenehm; gute Einmachfrucht	Herkunft: Frankreich (um 1860); liebt genügend feuchten, gut humosen, aber nicht nassen Boden; bezüglich Lage anspruchslos, auch für mittlere, aber geschützte Höhenlage; Tafelbirne
groß bis sehr groß, schön, regelmäßig birnförmig; glänzend zitronengelb, sonnenseits leuchtend rotbackig; Geschmack sehr von Sommerwärme abhängig, hochfein bis leidlich gewürzt	Herkunft: USA/Massachusetts; bei schwerem, genügend tiefgründigem Boden aus Sämling, bei warmem Sandboden auf Quitte pflanzen; auch für weniger günstige und mittlere Höhenlage; Windschutz; Blütezeit spät; beliebte Frühbirne, auch zum Einmachen
mittelgroß bis groß, schlank, unregelmäßig beulig, am Kelch gerippt; gelb, sonnenseits leicht gerötet; saftreich, sehr aromatisch, zimtartig gewürzt, hochfeines Aroma	Herkunft: England (um 1770); guter bis bester Boden, also: mittelschwer, nährstoffreich, warm und feucht; warme, wind- und frostgeschützte Lage; erstklassig zum Sofortessen und zum Einmachen
mittelgroß, schlank spindelförmig; fast strohgelb, sonnenseits rote Forellenpunkte; sehr saftreich, süß, melonenhaft gewürzt, hochfein	Herkunft: Frankreich (1788); will nährstoffreichen, humosen, warmen, feuchten, tiefgründigen und gut durchlässigen Boden; offene und warme Lage; für Wein- bis mittleres Klima; Krone gut licht halten, da sonst sehr schorfanfällig; erstklassige Tafel- und Einmachfrucht

'Gute Luise'

'Vereinsdechantbirne'

Empfehlenswerte Birnensorten (sehr gut auch als Busch oder als Spindelbusch geeignet; die m

Sorte	Erntezeit (Baumreife)	Genußreife	Wuchs	Ertrag
'Gellert' (= 'Gellerts Butterbirne')	Mitte IX	Ende IX – Anfang X	sehr stark und hochwachsend	spät einsetzend, dann hoch; trägt regelmäßig jedes 2. Jahr
'Köstliche von Charneux'	Mitte – Ende IX	Ende IX – X 3–4 Wochen lang	stark, steil aufrecht, sehr hoch, ähnelt einer Pyramidenpappel; Seitenäste hängend	mittelspät beginnend, dann sehr hoch und ziemlich regelmäßig
'Vereinsdechantsbirne' ■	Mitte – Ende IX bei Beginn der Baumreife pflücken	X – XI; 3–4 Wochen haltbar	kräftig, hoch, gut verzweigt	mittelfrüh, einsetzend, stets nur mäßig
'Tongern'	pflücken bei Beginn der Gelbfärbung Ende IX; nicht zu spät, sonst teigig	X – XI; Haltbarkeit etwa 4 Wochen	kräftig, spitzpyramidale Krone; sehr kurzes Fruchtholz	früh einsetzend, regelmäßig hoch
'Bosc's Flaschenbirne'	X	Haltbarkeit 3–4 Wochen	mittelstark, pyramidal, hängende Zweige	hoch und regelmäßig
'Alexander Lucas' ■	Mitte X	XI – XII	mittelstark, aufrecht wachsend, Tragäste, hängend, langlebig	mittelfrüh einsetzend, regelmäßig und hoch

'Tongern'

'Alexander Lucas'

gekennzeichneten Sorten als Wandspalier)

Frucht (Form, Farbe, Geschmack)	Bemerkungen
mittelgroße bis große Tafelbirne; läßt sich nur 10–12 Tage lagern, da Frucht leicht welkt; grünlich mit braunrotem Schimmer auf der Sonnenseite; Geschmack vorzüglich, sehr saftreich und aromatisch	Herkunft: Frankreich (1838), nach dem Liederdichter Gellert benannt; gedeiht am besten auf kräftigem, nicht zu trockenem Boden in windgeschützter Lage; sehr widerstandsfähig gegen Frost, aber bei viel Regen recht schorfanfällig
mittel bis ziemlich groß; Form sehr wechselnd, schlank, mittelbauchig; eßreif zitronengelb, sonnnenseits schwach gerötet; saftreich, gewürzt bis weinsäuerlich, sehr süß und sehr aromatisch	Herkunft: Belgien (um 1850); Boden tiefgründig, feucht und nährstoffreich; kein schwerer, kalter Boden; auch für rauhe Mittelgebirgslagen, aber windgeschützt; denn Holz ist windbrüchig, während Frucht fest im Wind hängt; beliebte Herbstsorte
groß, ungleichmäßig; Schale grün, später zitronengelb, mattrot, fein punktiert; Fleisch schmelzend, überfließend vor Saftfülle, sehr süß, hochedel gewürzt	Herkunft: Frankreich (1849); genügend feuchter und tiefgründiger, bester humoser Boden; Wein- und mittleres Klima; warme windgeschützte Lage; Blüte spät, unempfindlich; anspruchsvolle Delikateßsorte
groß, langgezogen, unregelmäßig, mit Beulen und Einbuchtungen; gelbbraun, später goldgelb, zimtfarbig berostet; vollsaftig, süßweinig, würzig, außerordentlich aromatisch; wird bald teigig	Herkunft: Belgien (1823 in Deutschland eingeführt); warmer, nährstoffreicher, feuchter Boden; gutes Kleinklima, mittlere geschützte Lage; im Holz frostempfindlich; alte Liebhabersorte
groß, flaschenförmig, zimtbraun berostet; Fleisch gelblich, sehr saftreich, schmelzend, süß mit edler Würze	Herkunft: Belgien (1810); nicht anspruchsvoll, befriedigt selbst an trockenen Stellen, obwohl die Früchte an Größe einbüßen; am besten in warmen, nährstoffreichem Boden; frostgefährdete Stellen meiden; im Holz frostempfindlich; geschmacklich hochwertige Tafelbirne
groß bis sehr groß, dickbauchig; Schale glatt, glänzend gelbgrün, fein punktiert; Fleisch saftig, leicht gewürzt, süßlich	Herkunft: Frankreich (um 1870); Boden nahrhaft, offen, mäßig feucht durchlässig und möglichst warm; windgeschützte Lage; sehr widerstandsfähig gegen Schorf- und Schädlingsbefall; in rauhen Gegenden nur als Südwandspalier; bekannte wertvolle Winter-Tafelbirne

'Gräfin von Paris'

'Madame Verté'

Empfehlenswerte Birnensorten (sehr gut auch als Busch oder als Spindelbusch geeignet; die m

Sorte	Baumreife (Erntezeit)	Genußreife	Wuchs	Ertag
'Gräfin von Paris' ■	Ende X, nicht früher pflücken	XII; manchmal bis I/II halbar	verhältnismäßig schwach, hochstrebend, ziemlich licht, langastig	sehr früh einsetzend, reich, fast regelmäßig
'Madame Verté' ■	Mitte – Ende X	XII – II	ziemlich schwach, mit steil aufrecht, bzw. schräg aufwärts stehenden Ästen	mittelfrüh einsetzend, mittelhoch, regelmäßig
'Mecheln' (= Josephine von Mecheln)	Ende X	Ende XII – II	schwach bis mittelstark, dünne Jahrestriebe, hängend; Krone breitpyramidal, locker	erst spät beginnend, periodisch; je nach Klima recht unterschiedlich, am besten in Weinbergslagen

Empfehlenswerte Birnensorten (alte Sorten, zum Dörren, Kochen und zur Mostbereitung; v

Sorte	Baumreife (Erntezeit)	Genußreife	Wuchs	Ertrag
'Gute Graue'	Ende VIII	Anfang IX; 2–3 Wochen haltbar	sehr stark, umfangreiche Krone; kann bis 100 Jahre alt werden	Vollertrag erst ab 15. Jahr; dann regelmäßig alle 2 Jahre und hoch
'Stuttgarter Geißhirtle'	Mitte VIII; vor Vollreife pflücken	haltbar bis Ende VIII	in der Jugend stärker, später mäßig; Krone spitzpyramidal, feinästig	früh einsetzend, regelmäßig und hoch; Birnen büschelweise (2–4 Stück) am Fruchtholz
'Poiteau'	X	bis Anfang XII	sehr kräftig; sehr hohe, schmale Krone	früh einsetzend, regelmäßig und hoch
'Katzenkopf'	Ende X	III – IV, gelegentlich bis Sommeranfang	kräftig, aber bald nachlassend; breite, lockere Krone	früh einsetzend, hoch

■ gekennzeichneten Sorten als Wandspalier)

Frucht (Form, Farbe, Geschmack)	Bemerkungen
mittel bis große längliche Früchte, 200–500 g schwer; wenig ansprechend gefärbt, bei Eßreife gelbgrün; sehr fein, saftig, fast schmelzend, fein gewürzt schwach aromatisch	Herkunft: Frankreich (1893); besserer, leicht erwärmbarer, nährstoffreicher und genügend feuchter Boden; gelangt in Trockenjahren nicht zur Genußreife; Lage geschützt, warm, sonnig; in Höhenlagen besser als Wandspalier; bekannte Wintertafelsorte; nicht zu früh ernten, da sonst rübenartig
klein bis mittelgroß, unansehnlich, trüb grünlichgelb, rauh, genußreif hellgelblich; Geschmack süß mit feiner Säure, sehr aromatisch, schmelzend; wird auf Lager gelegentlich teigig, ohne daß man dies äußerlich erkennt bei später Ernte gut zu lagern	Herkunft: Brüssel/Belgien (um 1910); warmer, nährstoffreicher, nicht zu trockener Boden; auch für klimatisch weniger günstige Gebiete; in rauhen Lagen geschützt pflanzen; das köstliche, etwas zimtartige Aroma entwickelt sich meist erst ab Januar; wertvolle Winterbirne
klein und äußerlich wenig ansprechend; kreiselförmig; Schale baumreif gelblichgrün, eßreif zitronengelb, fein punktiert; Fleisch fein, saftig schmelzend; schmeckt sehr fein, süßweinig, gewürzt	Herkunft: Mecheln/Belgien (1830 aus Samen gezogen; braucht besseren Boden: warm, tiefgründig, nährstoffreich, feucht und humos; auf dürftigem Boden bleibt Frucht zu klein; Lage soll warm und nicht zu rauh sein; auch für geschützte Höhenlagen; Liebhabersorte, nachdem keine bessere bekannt ist, die sich unter häuslichen Verhältnissen bis März lagern läßt

llem als Hoch- oder Halbstamm geeignet)

Frucht (Form, Farbe, Geschmack)	Bemerkungen
klein bis mittelgroß, kreiselförmig, gras- bis gelbgrün; süßsäuerlich, fein gewürzt	Herkunft: Frankreich (18. Jahrh.); liebt tiefgründigen, feuchten Boden; kein Kiesuntergrund; im feuchten Klima besonders wohlschmeckend; auch für rauhe Gebirgslagen; Tafel-, Einmach- und hervorragende Dörrfrucht
klein bis mittelgroß, gelblichgrün; süßweinig, fein säuerlich; Fleisch etwas körnig	Herkunft: Rauh Alb/Württbg. (18. Jahrh.); je wärmer, desto besseres Aroma; sonst keine besonderen Ansprüche; Blüte hart, widerstandsfähig gegen Frost; Tafel-, Einmach- und Dörrbirne
mittelgroß bis groß, unansehnlich, Form sehr ungleichmäßig; grasgrün, bleibt auch bei innerer Überreife grün; sehr saftig, kaum gewürzt, süßweinig; in nassen Jahren wäßrig fade und geschmacklos	Herkunft: Frankreich (Anfang 19. Jahrh.); ziemlich frosthart, geringe Bodenansprüche; bevorzugt geschützte, warme Lage, doch auch noch für frostgefährdete und rauhe, windige, höhere Lage und naßkalte Witterung geeignet; im rauhen Klima als Wandspalier auf Quitte; Tafelsorte für rauhe Lagen, Dörrfrucht
groß bis sehr groß, plump, dickbauchig-kreiselförmig; graugrün, später zitronengelb; Fleisch grobkörnig, roh ungenießbar, gekocht saftig und sehr wohlschmeckend	Herkunft: Nord-West-Europa (sehr alt, ca. 75 Lokalnamen!); ziemlich frosthart und anspruchslos bezüglich Boden und Lage; auch für hohe Gebirgslage; Blüte gegen Nässe und Kälte unempfindlich; die schönsten Blütenzweige aller Birnsorten! beste Winterkochbirne

Pflaume, Zwetsche, Mirabelle, Reneklode

Nach Apfel und Birne spielen diese Obstarten für den Haus- und Kleingarten die nächstwichtigste Rolle.
Pflaumen sind an den Enden abgerundet, sie haben eine Fruchtnaht wie z. B. Pfirsiche, und ihr Kern sitzt mehr oder weniger fest am Fruchtfleisch. Die frühesten Sorten werden bei uns schon ab Juli geerntet. Die Sorten, die erst im Spätsommer reifen, enthalten mehr Fruchtzucker, das Fleisch ist fester. Wir können sie zu Kompott, Marmelade oder Rote Grütze verwenden oder süßsauer einlegen. Vor allem aber eignen sie sich zum Frischgenuß.
Die Mirabellen werden nur etwa kirschgroß. Typisch ist außerdem ihre goldgelbe Schale und das gelbe, süße Fruchtfleisch. Sie reifen ab August. Wegen ihrer Süße essen wir sie direkt vom Baum; ebenso begehrt sind sie aber auch zum Einmachen – samt Stein, obwohl sich dieser leicht herauslösen läßt –, als Kompott oder zum Einlegen in Essig, Zucker und Wein bzw. für den Rumtopf.
Die Renekloden, auch Reineclauden genannt, haben ihren Namen von der französischen Königin Claudia, der Gemahlin Franz I., die diese Früchte der Überlieferung nach gerne gegessen hat. Renekloden erkennt man an der kugeligen Form, der grüngelben Haut und dem hellen Fruchtfleisch. Wir essen die köstlichen Früchte direkt vom Baum oder verarbeiten sie zu Kompott.
Zwetschen reifen erst spät im Jahr. Sie sind kleiner als Pflaumen, haben spitze Enden, keine Fruchtnaht und sie sind meist gut steinlöslich. Die sehr zarte Haut zerfällt beim Kochen leicht, so daß sie sich gut einkochen lassen. Zu Mus eignen sich vor allem Zwetschen, die am Stiel schon leicht runzelig zu werden beginnen; sie sind besonders aromatisch und enthalten viel Fruchtzucker. Überhaupt haben Zwetschen von allen den höchsten Gehalt an Fruchtzucker und den niedrigsten Wassergehalt. Sie sind vielseitig in der Küche zu verwenden: für Kuchen, Mus, Kompott und zum Einlegen in Essig und Wein; sie lassen sich als einzige »Pflaumenart« einfrieren, entweder als ganze Früchte ohne Zucker oder halbiert und mit einer Zuckerlösung bedeckt. Vor allem die spätestreifende Sorte, die 'Hauszwetsche', ist sehr wertvoll, da sich ihre zuckerreichen Früchte hervorragend als Kuchenbelag (Zwetschendatschi) eignen. Genau so gerne essen wir sie aber auch direkt vom Baum, machen daraus Marmelade, wecken sie ein oder dörren sie. Das Brennen zu Zwetschenwasser scheidet für den Hobbygärtner allerdings aus. Wichtig ist, daß wir die 'Hauszwetsche' lange genug am Baum hängen lassen, damit der Zukkergehalt möglichst hoch wird und sich das typische Aroma voll ausbildet.

Standortansprüche

Pflaumen, Zwetschen und all die anderen aus dieser Gruppe kommen mit jedem halbwegs normalen Gartenboden gut zurecht. Dies ist wohl auch der Grund für die weite Verbreitung.
Ideal sind nährstoffreiche, warme, dabei aber ausreichend feuchte Böden, die gut mit Humus versorgt sind. Dabei braucht der Boden gar nicht besonders tiefgründig zu sein. Selbst ein Grundwasserstand, der bis 50 cm unter die Bodenfläche ansteigt, macht einem Zwetschenbaum nichts aus. Nur Trockenheit wird schlecht vertragen; es kommt dann zu Fruchtfall noch vor der Reife.
Die Pflanzstelle sollte möglichst sonnig und warm sein. Bei zuviel Schatten werden die Früchte nicht genügend süß, und in einer rauhen Lage wird die besonders wertvolle, aber späte 'Hauszwetsche' in manchen Jahren nicht reif. Ansonsten aber ist gerade sie sehr anpassungsfähig, was den Boden und das Klima betrifft.

Befruchtungsverhältnisse

Bei Pflaumen und Zwetschen gibt es alle Übergänge von selbstfruchtbar bis zu selbstunfruchtbar. Um eine sichere Befruchtung zu erreichen, ist es deshalb am besten, wenn im eigenen Garten oder in der näheren Umgebung verschiedene Sorten stehen. Auch Schlehen *(Prunus spinosa)* und die in so manchem Garten stehende Blutpflaume *(Prunus cerasi-*

fera 'Nigra') sollen nach Beobachtungen in der Lage sein, Pflaumen und Zwetschen zu befruchten.
Die ›Hauszwetsche‹ ist normalerweise voll selbstfruchtbar, d. h., auch ein einzelstehender Baum kann gute Erträge bringen. Es ist aber durchaus möglich, daß auch bei dieser Sorte infolge von Mutationen – sprunghafte Veränderung der Erbanlagen, die weiter vererbt wird, – im Laufe von Jahrzehnten Typen entstanden sind, bei denen die Selbstfruchtbarkeit nicht mehr in vollem Maße vorhanden ist. Wenn ein einzelstehender Hauszwetschenbaum reich blüht, aber nicht trägt, könnte dies damit zusammenhängen. In diesem Fall sollte man eine andere Sorte in die Nähe pflanzen oder in die Hauszwetschenkrone einveredeln; ein Ast genügt.

'Wangenheims Frühzwetsche'

'Große Grüne Reneklode'

Unterlagen

Auch hier kennen wir sowohl Sämlingsunterlagen als auch auf ungeschlechtlichem Weg vermehrte Typen- bzw. Klonunterlagen (siehe S. 31). Schwachwüchsige Unterlagen, mit denen wie bei Apfel und Birne sehr kleine Baumformen möglich sind, gibt es hier vorerst noch nicht.
Bei den Sämlingsunterlagen steht die starkwachsende Myrobalane im Vordergrund; sie verdient trotz mancher Nachteile auf mageren und mehr zu Trockenheit neigenden Böden den Vorzug. Die nur mittelstark wachsende 'St.-Julien-Pflaume' eignet sich dagegen besser für mehr feuchtere und nährstoffreichere Böden.
Aus den genannten Sämlingsunterlagen wurden inzwischen auch Typenunterlagen ausgelesen und ungeschlechtlich (vegetativ) weitervermehrt. So gibt es inzwischen die schwachwüchsige St. Julien INRA 655/2, auf der die aufveredelten Sorten schon nach 2–3 Jahren mit dem Ertrag beginnen; Baumhöhe höchstens 3 m. Daneben wird die ebenfalls vegetativ vermehrte starkwüchsige 'Brompton' verwendet. Sie beeinflußt den Ertrag günstig und stellt an den Boden geringe Ansprüche.
Auch die wurzelechten Unterlagen von 'Hauszwetsche' und 'Große Grüne Reneklode', also Ausläufer bzw. Abrisse dieser Sorten, gehören hierher. Sie wachsen zwar anfänglich schwach, vertragen sich aber nach bisherigen Erfahrungen mit den aufveredelten Sorten gut. Außerdem scheinen sie recht frosthart zu sein und den Ertrag günstig zu beeinflussen.
Da sowohl 'Hauszwetsche' als auch 'Große Grüne Reneklode' wertvolle Sorten darstellen, können deren Ausläufer auch direkt im Garten gepflanzt werden. Das Kennzeichen von wurzelecht vermehrten ›Hauszwetschen‹ ist ihr krummer Stamm.

Verwendung im Garten

Was im größeren Garten ein Apfel- oder Birnbaum als gestalterisch betonter Punkt sein kann, ist im kleinen Garten ein Baum aus der Pflaumen-Gruppe. Auch zur leichten Beschattung des Kompostplatzes, der möglichst im nicht zu tiefen Schatten liegen soll, eignet sich eine Zwetsche, Pflaume usw. ausgezeichnet.

Empfehlenswerte Pflaumen, Zwetschen, Renekloden, Mirabellen

Sorte	Wuchs	Befruchtung	Ertrag
'Zimmers Frühzwetsche' Reife: Anfang – Mitte VIII	mäßig; kugelige kleine Krone	selbstunfruchtbar	reich und regelmäßig
'Ontariopflaume' Reife: Anfang – Mitte VIII	starkwüchsig; große, breitkugelige Krone	selbstfruchtbar	früh einsetzend, sehr hoch und regelmäßig; oft zu reich tragend
'Graf Althans Reneklode' Reife: Ende VIII – Mitte IX	ziemlich stark; Krone breitkugelig	selbstunfruchtbar; Befruchtersorte: 'Große Grüne Reneklode' u. a.	früh einsetzend, regelmäßig sehr reich
'Nancy Mirabelle' Reife: Mitte – Ende VIII	mittelstark; Krone halbkugelig, später breit; kräftiger Stamm	selbstfruchtbar	mittelfrüh bis spät einsetzend, dann sehr hoch und regelmäßig
'Wangenheims Frühzwetsche' Reife: Mitte VIII – Mitte IX	stark- und hochwachsend; breitkugelige Krone	selbstfruchtbar	früh einsetzend, regelmäßig, sehr hoch
'Große Grüne Reneklode' Reife: Ende VIII – Mitte IX	mittelstark, gedrungen; Krone breit, kugelig	selbstunfruchtbar; Befruchtersorten: 'Althans', 'Hauszwetsche'	etwas spät einsetzend, dann unregelmäßig hoch
'Hauszwetsche' Reife: Mitte IX – X	starkwüchsig, großkronig	selbstfruchtbar	früh einsetzend, regelmäßig und hoch

Frucht (Form, Farbe)	Geschmack	Bemerkungen
mittelgroß, kurzoval; schwarzblau, gut steinlösend	mild säuerlich, geschmackvoll	Herkunft: Weinbauer Zimmer, Lauf b. Bühl (um 1900); wertvolle Frühsorte, vielseitig verwertbar; nur für warmen, geschützten Standort
groß bis sehr groß, rundlich eiförmig; grüngelb marmoriert, reif tiefgelb, oft rostartig gefleckt; steinlösend	wohlschmeckend süßlich, etwas gewürzt	stammt aus den USA, seit 1874 im Handel; Blüte sehr, Holz dagegen wenig frosthart; geringe Ansprüche an Boden und Lage; nach und nach ernten; Tafel- und Einmachfrucht
mittelgroß bis groß, kugelrund; Haut abziehbar, gelblich, blau marmoriert; gut steinlösend	süß, fein gewürzt, sehr aromatisch, wohlschmeckend	kommt aus Böhmen (um 1850–1860); Blüte mittel, Holz sehr frosthart; geringe Bodenansprüche; eignet sich auch für Gebirgslagen, am besten jedoch im Wein- und mittlerem Klima
klein, rundlich-oval; Haut derb, hellgelb mit Rötelstellen, hauptsächlich am Stielgrund; Fleisch saftreich; steinlösend gut	vorzüglich, sehr süß, gewürzt	Herkunft: Frankreich (um 1750); Frosthärte der Blüte mittel, Holz ziemlich hoch; bevorzugt genügend feuchten Boden, warmen Standort, geschützte Lage; gedeiht gut in Wein- und mittlerem Klima; sehr gute Tafel-, vor allem Konservenfrucht
mittelgroß bis groß, rundlich-oval; schwarzblau mit hellblauem Duft, Haut leicht abziehbar; Fleisch grünlichgelb, saftig; steinlösend	vorzüglich, sehr süß, gewürzt	Herkunft: Raum Gotha/Thüringen (1837); robuste Sorte; in Holz und Blüte frostwiderstandsfähig; gedeiht auch in rauheren Lagen, sowohl im Wein- als auch in ungünstigerem Klima; Blütezeit spät; liebt nährstoffreichen Boden; alte Hausgartensorte; Ersatz für Hauszwetsche in rauhen Gebieten; vorzüglich als Kuchenbelag (Zwetschendatschi) geeignet
mittelgroß, kugelrund; Haut grasgrün bis grüngelb, rot punktiert, leicht bläulichweiß behaucht; Fleisch fest, aber zart, sehr saftig; Stein löst bei trockenem Boden schlecht	sehr wohlschmeckend, würzig, sehr süß	Herkunft: Um 1500 aus Italien nach Frankreich eingeführt; Blüte mittel, Holz sehr frosthart; liebt bewachsenen Grasboden, mittelschwer bis schwer, nährstoffreich und genügend feucht; bevorzugt Wein- bis mittleres Klima und warme, geschützte Lage; hervorragend für Frischgenuß und Konservierung; die edelste Reneklodensorte!
mittelgroß bis groß, oval und zugespitzt; dunkelblau, hellblau bereift; Fleisch gelb und fest; gut steinlösend	süßsäuerlich, angenehm gewürzt; am feinsten im vollreifen Zustand	Herkunft: im 17. Jahrh. aus dem europäischen Südosten eingeführt; im Laufe der Zeit haben sich gegendweise verschiedene bewährte Lokalsorten entwickelt; Baum im Holz nur wenig, Blüte dagegen sehr frosthart; liebt feuchten Boden, da Flachwurzler; noch für mittlere, aber nicht zu kühle Gebirgslagen geeignet; Blütezeit spät, gegen Regenwetter sehr empfindlich (Narren- oder Taschenkrankheit!); sollte in keinem Garten fehlen, da für alle Zwecke geeignet; nur wertvolle Typen pflanzen! 'Feilnbacher Hauszwetsche' für kältere Lagen, reift 1 Woche vor »normaler« Hauszwetsche, blüht auffallend grünlichweiß.

Weiße Kirschblüten, gelbe Forsythien, Osterglocken, Tulpen und andere Frühjahrsblüher sind für uns der Inbegriff des Frühlings.

Süßkirsche

Eine wertvolle Obstart, die durch die hohen Erntekosten teuer geworden ist. Schon vom Preis her lohnt also der Anbau im eigenen Garten. Leider stehen dem der große Platzbedarf von mindestens 60–80 m^2 und die recht speziellen Bodenansprüche entgegen. Ein weiterer Nachteil: Die umfangreiche Krone läßt sich nur sehr schwer mit Netzen gegen Amseln und Stare schützen, die die Früchte ebenso gern mögen wie wir.
Wenn wir eine Süßkirsche im Garten stehen haben, essen wir die Kirschen am liebsten vollreif vom Baum, ganz gleich, ob es sich um eine früh reifende, weichfleischige Herzkirsche oder um eine später reifende, im Fleisch meist festere Knorpelkirsche handelt. Daneben können wir die Kirschen tiefgefrieren, in Gläsern einmachen oder zur Bereitung von Saft (Süßmost), Mixgetränken und Likör verwenden. Wen es interessiert: das »Schwarzwälder Kirschwasser« wird aus ausgelesenen zuckerreichen Wildkirschen (Vogelkirschen) hergestellt. Süßkirschen haben einen ähnlichen Vitamin-Gehalt wie Äpfel und sind reich an Kalium, Kalzium, Phosphor und anderen Mineralstoffen.

Standortansprüche
Die Süßkirsche ist nicht anspruchsvoll an die Qualität des Bodens. Ideal: tiefgründig und kalkhaltig; er darf durchaus steinig sein, wenn er nur in der Tiefe genügend zerklüftet ist. Höhenlagen sind zum Anbau geeignet, ebenso auch etwas trockene Böden. Der Wasserbedarf dieser Obstart ist nämlich gering, denn die Früchte reifen schon im Juni/Juli, so daß die Bäume noch aus dem Wasservorrat vom Winter und Frühjahr her zehren können.
Bestes Wachstum und hoher Ertrag sind aber auch bei der Süßkirsche nur von einem »Idealboden« zu erwarten: tiefgründig, gut mit Humus versorgt, nährstoffreich und gut durchlüftet.
Wenig Freude werden wir dagegen an einem Kirschbaum haben, der auf nassem, kaltem, schwerem Boden steht. Ein solcher Baum wird bald nur noch dahinvegetieren. Es tritt Spitzendürre auf, Gummifluß und schließlich sterben ganze Astpartien ab. Auch Frostschäden werden an einem solch ungeeigneten Standort gefördert; die Blüte ist außerdem sehr empfindlich gegen Spätfröste. In Gegenden mit hohen Niederschlägen während der Reifezeit platzen die Früchte auf. Vor allem die wertvollen, großfrüchtigen Knorpelkirschen sind gefährdet.

Befruchtungsverhältnisse
Bei der Süßkirsche sind alle Sorten selbstunfruchtbar, d. h., die Narben müssen mit sortenfremden Blütenstaub (Pollen) bestäubt werden. Ja, die Befruchtungsverhältnisse sind hier sogar weitaus komplizierter als bei den anderen Obstarten: es gibt bei Süßkirschen nämlich – nach neuestem Stand – an die 25 Sortengruppen, deren einzelne Sorten sich gegenseitig nicht befruchten können. Man spricht hier von Intersterilität und Intersterilitätsgruppen (siehe Sorten, S. 104). Es sollten

der Nährstoffstrom in ausreichendem Maße von der Unterlage zur Edelsorte gelangt usw. Bis solche Kirschen-Zwergbäumchen also praxisreif sind, müssen wir uns noch etwas gedulden. Kommen werden sie mit ziemlicher Sicherheit.

Bis es soweit ist, können wir uns im Haus- und Kleingarten die Erfahrungen des Süßkirschenspezialisten F. G. Zahn vom Alten Land bei Hamburg zunutze machen, dem es erfreulicherweise gelungen ist, durch entsprechende Kronenbehandlung Süßkirschen-»Spindelbüsche« zu erzielen. Die Vorbereitung dazu hat bereits in der Baumschule zu geschehen. Deshalb sollten Jungbäume nur von Betrieben bezogen werden, die das spezielle Anzuchtverfahren durchführen (Bezugsquellen S. 204). Ebenso entscheidend, um den »Spindelbusch«-Effekt zu erreichen, ist die Schnittbehandlung am Standort.

rtlichen Baumschulen nachfragen bzw. bei den unter Bezugsquellen S. 204 genannten)

Frucht (Form, Farbe)	Geschmack	Bemerkungen
groß bis sehr groß, löst schlecht vom Stein, schwarzrot, platzt bei langer Regenzeit	angenehm, süßweinig würzig	stammt aus dem Stuttgarter Raum (19. Jahrh.) geringe Bodenansprüche; auch noch für wenig günstiges Klima geeignet, für Wind- und Gebirgslagen; gelegentlich auslichten bzw. verjüngen
groß, stumpfherzförmig (Herzkirsche), schwarzrot glänzend, platzt selten, regenfest, gut vom Stein lösend	edel, beste Frühsorte	kommt von Werder/Havel (um 1860); liebt nährstoffreichen, tiefgründigen Boden; für Wein- bis mittleres Klima, auch für Windlagen; Schnitt: auslichten
groß bis sehr groß, herzförmig, gelblich und rot	sehr edel, fein gewürzt, angenehm süß-sauer	stammt vermutlich aus Holland, in Deutschland seit Beginn des 18. Jahrh.; nur für Wein- und mittleres Klima; geschützte Lage; bei Regen etwas aufplatzend
sehr groß, breitherzförmig, platzt bei Regen kaum; sehr festfleischig; schlecht vom Stein lösend	sehr edel, außerordentlich feiner Geschmack	Herkunft: Guben/Brandenburg (um 1850); bevorzugt nährstoffreichen Boden, aber ziemlich anspruchslos hinsichtlich Klima und Lage; widerstandsfähig; auch für Wind und Höhenlagen geeignet; Blüte mittelfrüh und langandauernd; sehr wertvolle Tafelfrucht
mittelgroß, in dichten Büscheln sitzend, einfarbig gelb, sonnenseits goldgelb und glänzend, festfleischig, saftreich, nicht vollständig vom Stein lösend	wohlschmeckend, süßlich, nicht würzig	Herkunft: Guben/Brandenburg (um 1850); Baum wird nicht sehr alt; bevorzugt leichteren Boden; geeignet für Wein- bis rauhes Klima, auch für geschützte, nicht zu windige Höhenlagen; ideal für Haus- und Kleingärten, da kein Vogelfraß; Schnitt: häufig verjüngen
groß bis sehr groß, schön herzförmig, braunrot bis schwarz, platzt bei Regen in Vollreife; Fleisch fest, sehr saftreich, schlecht vom Stein lösend	aromatisch, sehr süß und gleichzeitig feinsäuerlich	sehr alte Sorte, deshalb verschiedene Wuchstypen; eignet sich nicht für schweren Boden (wird bitter); für Wein- und mittleres Klima; keine rauhe Lage bzw. in etwas ungünstigen Gegenden sehr geschützt pflanzen; Blütezeit langandauernd; in der Blüte widerstandfähig; nur vollreif ernten; sonst bitterer Beigeschmack; Höhe beschränken, auslichten

Sauerkirsche

Dies ist nun wieder eine Obstart, die sich für den kleinen Garten ebenso gut eignet wie für den großen. Die Krone bleibt von Natur aus wesentlich kleiner als bei der Süßkirsche und läßt sich zudem gut im Schnitt halten. Ein Schutz mit Netzen gegen Vögel ist deshalb gut möglich, so daß wir von einem Sauerkirschenbusch durchaus 20–40 kg Früchte ernten können.
Sauerkirschen reifen später als Süßkirschen – je nach Gegend im Juli oder August – und blühen auch später. Dies ist ein großer Vorteil, denn die Blüte ist dadurch wenig frostgefährdet. Außerdem sind die Blüten recht widerstandsfähig gegen tiefe Temperaturen, alles Gründe, warum Sauerkirschen sehr regelmäßig tragen.
Die Verwertungsmöglichkeiten sind ähnlich wie die der Süßkirschen. Nur zum Essen direkt vom Baum können sie an erstere nicht heran; das Naschen von ein paar Früchten genügt uns meistens. Dafür sind sie in Gläsern eingemacht eine köstliche Nachspeise für all die übrigen Monate des Jahres. Man sollte aber den Baum gut beschneiden, weil dadurch bei der bekannten ›Schattenmorelle‹ die Früchte doppelt so groß werden, während sich der Stein nicht vergrößert. Auf diese Weise haben wir beim Essen vor allem Fruchtfleisch im Mund und müssen uns den Genuß nicht durch zuviele Steine stören lassen. Und weil wir schon beim Genießen sind: Eine Schwarzwälder Kirschtorte aus vollreifen Sauerkirschen ist ein Hochgenuß.

Frühling im eigenen Garten

Standortansprüche
Die Sauerkirsche ist hinsichtlich Klima und Boden äußerst genügsam. Selbst in rauheren Gegenden und in Gebieten mit wenig Niederschlägen kommt die Sauerkirsche gut voran. Auch wenn der Boden dürftig ist – die Sauerkirsche wächst und bringt Früchte, natürlich in geringerem Maße als unter günstigen Verhältnissen.
Der Boden darf im Prinzip also schlecht, nur gut durchlüftet muß er sein. Ausgesprochen »sauer« reagiert die Sauerkirsche nur auf sehr schwerem, kaltem Boden, vor allem wenn Nässe hinzukommt. Wachstum und Ertrag lassen unter solchen extremen Verhältnissen zu wünschen übrig, vor allem erhöht sich auch die Anfälligkeit gegen Krankheiten. Besonders bei der Sorte 'Schattenmorelle' tritt dann Zweig- und Fruchtmonilia auf; einige Äste werden dürr und manchmal stirbt sogar der ganze Baum ab.
An halbwegs »normalen« Standorten aber gibt es mit Sauerkirschen kaum Probleme. Die Winterhärte ist hervorragend, so daß selbst in Gebieten mit heißen Sommern und kalten Wintern nur gute Erfahrungen mit dieser Obstart gemacht werden konnten.

Befruchtungsverhältnisse
Es gibt Sorten, die 100%ig selbstfruchtbar sind, ebenso sind aber auch selbstunfruchtbare im umfangreichen Sortiment vertreten. Für unseren Garten wählen wir nur bewährte Sorten aus der erstgenannten Gruppe und gehen damit allen Schwierigkeiten aus dem Weg. Ein weiterer Vorteil ist, daß die selbstfruchtbaren Sorten ohne Insekten auskommen, weil sie in den meisten Fällen ausreichend durch den Wind bestäubt werden. Nach neuesten Erkenntnissen können sich manche Süß- und Sauerkirschensorten gegenseitig befruchten. Dies hat aber kaum praktische Bedeutung, weil Sauerkirschen meist später blühen als Süßkirschen.

Unterlagen
Auf fruchtbaren Böden empfiehlt sich die Vogelkirsche (wilde Süßkirsche) als Unterlage; auf flachgründigen, steinigen und deshalb überwiegend trockenen Böden verwendet man dagegen besser die Steinweichsel. In den Baumschulen wird meist auf Vogelkirschen- bzw. Sauerkirschen-Sämlinge und auf die bereits bei der Süßkirsche genannte Klonunterlage F 12/I veredelt.
Als Unterlage für schlechtere Bodenverhältnisse werden Steinweichsel-Sämlinge *(Prunus mahaleb)*, sowie Sämlinge der aus der Steinweichsel ausgelesenen Form 'Hüttners Heiman 10' verwendet. Letztere ist nach vorliegenden Erfahrungen mit allen Süß- und Sauerkirschensorten verträglich. Auf diesen Unterlagen wachsen Sauerkirschen auch auf magerem, steinigem Boden. Neuerdings werden Sauerkirschen auch auf 'Typ Weiroot' veredelt.

Verwendung im Garten
Die Sauerkirsche pflanzen wir als Buschbaum mit späterer Rundkrone frei in den Garten oder aber an die Hauswand, wo sie als Spalier fächerförmig gezogen wird. Da die Krone, besonders bei 'Schattenmorelle', klein gehalten werden kann, eignet sich solch ein Busch gut als optischer Schwerpunkt am Anfang oder am Ende eines Staudenbeetes oder im Terrassenbereich anstelle eines Ziergehölzes.

Dasselbe Schattenmorellen-Spalier bei der Ernte.

In allen Fällen können wir ihn vor der Ernte mit einem Netz gegen Vögel schützen, denn die Krone wird nicht groß. Ein Durchmesser von 4–5 m wird kaum überschritten und bei der 'Schattenmorelle', der ein scharfer Schnitt ja gut tut, läßt sich die Krone sogar noch wesentlich kleiner halten. Deshalb eignet sich diese Obstart vor allem auch für schmale Reihenhaus- und Kleingärten.
Mit einem Vorurteil muß bei der 'Schattenmorelle' allerdings aufgeräumt werden: daß sie auch im Schatten prächtig gedeiht. Das Gegenteil ist der Fall: je mehr Sonne der Baum bekommt, desto besser wächst er und desto köstlicher schmecken die Früchte. Der Wortteil »Schatten« ist vielmehr vom französischen »Château« (Schloß) abgeleitet. Der Baum sollte also auf keinen Fall an die Nordseite des Hauses oder unter ein anderes großkroniges Obstgehölz gepflanzt werden.
Wichtig ist, daß wir mit der Ernte abwarten, bis sich die Früchte schwarzrot färben. Erst in diesem Zustand entwickeln sie nämlich ihr köstliches Aroma, eine aparte Mischung aus Säure und Süße, zu früh abgenommen, sind die Früchte nur sauer.

Empfehlenswerte Sauerkirschen (bis auf ‘Königin Hortense’ sind alle genannten Sorten selbs

Sorte	Wuchs/Schnitt	Ertrag	Frucht (Form, Farbe)
‘Schwäbische Weinweichsel’ Reife: 3.–4. Kirschwoche	Wuchs stark; Krone hochkugelig, später etwas hängend. Schnitt: regelmäßig gut auslichten, zeitweilig etwas verjüngen	früh, mittelhoch	klein, bei guter Pflege mittelgroß; Haut rot, bei Vollreife dunkelrot
‘Königin Hortense’ Reife: 3.–4. Kirschwoche	Je nach Unterlage verschieden wachsend: auf Süßkirsche stark und aufrecht, auf Steinweichsel Zweige hängend; Allgemein: Krone höher als breit, gut verzweigt. Von Zeit zu Zeit genügend auslichten	mittelhoch, wenn Ansprüche erfüllt werden	sehr groß, länglich und schief; Haut seh fein, glänzend, durch sichtig; mittelgelb bis blaßrot; sehr saftreic
‘Morellenfeuer’ (= Kelleris 16) Reife: 5. Kirschwoche	mittelstarker Wuchs, Krone breitpyramidal, verkahlt wenig; öfter auslichten, da sonst Früchte klein bleiben	früh einsetzend, hoch und regelmäßig	mittelgroß bis groß, ohne Rückschnitt klein; dunkelrot glän zend; Haut dünn abe platzfest; sehr saftig
‘Schattenmorelle’ (= Große lange Lothkirsche‹) Reife: 5.–6. Kirschwoche	Wuchs anfangs kräftig, später schwach und überhängend, wenn nicht regelmäßig geschnitten wird; trägt fast nur am 1jährigen Trieb; deshalb abgetragene Triebe jährlich gleich nach der Ernte bis auf Jungtriebe zurückschneiden, sonst »Trauerweide« (Peitschenbildung); gelegentlich verjüngen	sehr früh einsetzend, sehr hoch und regelmäßig; Massenträger	groß bei regelmäßigem Schnitt; vollreif schwarzrot; Fleisch fest, sehr saftig; Saft dunkelrot färbend; gut steinlöslich

uchtbar)

ieschmack	Bemerkungen
ehr aromatisch nd sauer	Jahrhunderte alte Lokalsorte aus dem Raum Dillingen/bayer. Schwaben; sehr robuste Sorte mir nur geringen Ansprüchen an Lage, Boden und Klima; in Blüte und Holz ziemlich frosthart; für Süßmost, Konserven und Kuchenbelag
östlich, angeehm süß-säuerich, erfrischend	Süßweichsel, auch als »Königin der Kirschen« bezeichnet; die edelste aber auch empfindlichste; stammt aus Frankreich (18. Jahrh.); selbstunfruchtbar, Befruchtersorten: Knorpelkirschen, 'Königliche Amarelle'; wünscht guten, feuchten, nährstoffreichen Boden und geschützte Lage; Blüte empfindlich gegen naßkalte Witterung
üß-säuerlich, ein aromatisch	kommt aus Dänemark (um 1935); mittlere Bodenansprüche; etwas rauhes Klima wird vertragen, bzw. nur geschützte Lage nötig, da Blüte robust; als Tafelfrucht und zur Verwertung geeignet; es scheint verschiedene Typen zu geben, deshalb selbstfruchtbar bis selbstunfruchtbar
iemlich sauer; ehr feines Aroma; sehr rfrischend	stammt aus dem Raum Gotha/Thüringen (Anf. 19. Jahrh.); Holz und Blüte ziemlich frosthart; wünscht nährstoffreichen Boden, eher trokken als feucht; auch für leicht schattige und windige Lagen geeignet; Blütezeit spät, Blüten widerstandsfähig; selbstfruchtbar; Wuchs je nach Unterlage verschieden: auf Süßkirsche stark und aufrecht, auf Steinweichsel *(Prunus mahaleb)* Zweige hängend. Erträge auf Steinweichsel am höchsten, auf Sauerkirsche mittel, auf Süßkirsche gering

Pfirsich

Eine besonders wärmebedürftige Obstart, die sich vor allem im Weinbauklima wohlfühlt. Erwerbsmäßig werden Pfirsiche deshalb bei uns nur in solch begünstigten Gebieten angebaut.
Wegen ihres saftreichen Fleisches essen wir die druckempfindlichen Pfirsiche direkt vom Baum. Ebensogut eignen sie sich zum Einmachen in Gläsern oder für Marmelade. Spätreifende Sorten sind aromatischer als frühreifende und sollten daher für den Anbau im eigenen Garten bevorzugt werden. Die gelbfleischigen Früchte enthalten vor allem das wertvolle Karotin (Provitamin A) und reichlich Kalium. Pfirsiche aus dem Garten, von denen wir wissen, daß sie nicht gespritzt sind, essen wir samt Schale, sie ist besonders reich an Karotin.

Standortansprüche

Der Pfirsich liebt das ganze Jahr über eine möglichst warme Lage. Auch die Winter dürfen nicht zu kalt sein, da sonst das Holz geschädigt wird. Die frühe Blüte wird häufig durch Spätfröste geschädigt. Wir suchen deshalb für diese Obstart eine besonders begünstigte Stelle aus. Der Boden sollte locker und warm, dabei aber genügend feucht sein. Auf leichteren Böden, vor allem in Verbindung mit kiesigem Untergrund, können Pfirsichbäume alt werden. Gänzlich ungeeignet sind dagegen nasse und kalte Böden sowie kalte, spätfrostgefährdete Lagen. Hier leidet der Pfirsich bald unter Gummifluß. Solche nicht zusagenden Verhältnisse, auch zuviel Kalk im Boden, haben vielfach Chlorose zur Folge; die Blätter sehen dann krankhaft gelblich aus.

Unterlagen

Hierfür werden meist Pfirsichsämlinge verwendet, auf die der Baumschuler die verschiedenen Sorten aufveredelt. Vegetativ vermehrte Unterlagen, also Klon- bzw. Typenunterlagen, gibt es beim Pfirsich nicht.
Es eignen sich zum Aufveredeln von Pfirsichsorten aber auch Unterlagen aus der Gruppe der Hauspflaumen, die sich vegetativ vermehren lassen: 'Brompton', 'Ackermann-Pflaume'

Im Frühjahr gepflanzt, trägt dieser einjährige Pfirsich bereits im gleichen Jahr. Wer würde sich da nicht freuen? Besser wäre es allerdings gewesen, die Früchte wegzunehmen, damit das zarte Bäumchen nicht geschwächt wird und erst ein kräftiges Kronengerüst entwickelt. Ab dem 2. oder 3. Jahr beginnt der Pfirsich dann ohnehin zu tragen.

oder 'St.-Julien-Pflaume'. Die beiden erstgenannten sind vor allem auf nicht zu trockenem Lehmboden empfehlenswert.

Verwendung im Garten

Der Pfirsich wird in Gegenden mit Weinklima vor allem als Buschbaum angebaut. Die fertige Krone bekommt einen Durchmesser von 4–5 m. Im Garten kann man den Buschbaum aber durchaus auch kleiner halten, denn der Pfirsich ist für scharfen Schnitt (siehe S. 57) ohnehin dankbar. Kernechte Sorten eignen sich auch für klimatisch weniger günstige Lagen, vor allem, wenn wir sie als Fächerspalier an einer warmen Hauswand ziehen.

Selbst in rauhen Lagen können wir es mit einem Pfirsich versuchen; wir müssen dann allerdings in Kauf nehmen, daß die Blüte in 2 von 3 Jahren erfriert. In den noch verbleibenden Ertragsjahren ist die Ernte aber auch unter ungünstigen Bedingungen erstaunlich hoch. Erträge von 1 Zentner je Baum und mehr sind dann keine Seltenheit. Wer im Garten über reichlich Platz verfügt oder eine geschützte Hauswand frei hat, kann also durchaus einen Pfirsich pflanzen, auch in Gebieten, die von Natur aus dazu nicht gerade geeignet sind.

Saftreiche, aromatische Pfirsiche lassen sich nämlich nur im eigenen Garten ernten. Die gekauften müssen bereits im noch harten Zustand vom Baum genommen werden, um den Transport zu überstehen. Solche Früchte reifen aber nicht vollkommen nach und das typische Aroma fehlt ihnen.

Ebenso wie den kleinbleibenden Sauerkirschenbusch können wir auch den Pfirsich in den Ziergarten miteinbauen. Zur Blütezeit oder mit Fruchtbehang ist er ein Schmuckstück. Sogar im Gemüsegarten könnte ein Pfirsich stehen, denn das luftige Gezweig mit den schmalen Blättern nimmt nur wenig Luft und Licht weg.

Übrigens, die Nektarine ist eine glattschalige, unbehaarte Varietät des gewöhnlichen Pfirsichs; Ansprüche an Boden, Klima und Pflege sind gleich. Die großen, saftigen Früchte schmecken besonders süß und aromatisch. Früchte mit 100 g und mehr Einzelgewicht sind keine Seltenheit. Die Steine lösen sich leicht vom Fruchtfleisch. Die Ernte zieht sich über drei bis vier Wochen hin. Ebenso wie der Pfirsich eignet sich die Nektarine zum Frischgenuß und zur Konservierung.

frischem Boden gepflanzt werden, so eignet sich als Unterlage vor allem die wurzelecht vermehrte ›Hauszwetsche‹, die zudem widerstandsfähig gegen die Verticillium-Welke, eine Pilzkrankheit, ist.
Aprikosensorten werden aber auch auf Aprikosensämlinge veredelt, die vor allem auf leichteren Böden die Fruchtbarkeit günstig beeinflussen. Nachteilig ist allerdings, daß diese gegen die vorhin genannte Krankheit sehr empfindlich sind.

Verwendung im Garten
In den meisten Gegenden ist nur die Pflanzung an eine warme, geschützte Hauswand erfolgversprechend. Ein solcher Platz ist schon deshalb zu empfehlen, weil hier die Blätter und Früchte vor sommerlichen Regenfällen geschützt sind. Dies aber ist der beste Schutz gegen Pilzkrankheiten, in deren Gefolge Äste oder sogar der ganze Baum absterben können.
Um die frühe Blüte vor Frost zu bewahren, hatte mein Vater eine recht simple, dabei aber sehr wirkungsvolle Methode: er zimmerte ein einfaches Gestell aus Dachlatten in entsprechender Größe zusammen, bespannte es mit Maschendrahtgeflecht und steckte zwischen die Drahtmaschen bereits während des Winters Fichtenzweige hindurch. Dann wurde diese locker gesteckte Fichtenwand im Februar leicht schräg vor das Aprikosenspalier an der Südseite unseres Hauses gelehnt und dadurch die Blüte bis Ende März oder April hinausgezögert. Ich kann mich noch genau daran erinnern, wie an sonnigen, warmen Frühlingstagen die Bienen hinter dieser Wand – die Fichtennadeln waren z. T. schon abgefallen, d. h., man konnte durch die »Wand« hindurchsehen – emsig im blühenden Aprikosenspalier summten und wir beinahe jedes Jahr einen erstaunlichen Fruchtansatz und eine herrliche Ernte hatten. Der Schutz blieb auch nachher noch bis zu den Eisheiligen vor dem Aprikosenbaum stehen, denn auch die jungen Früchte sind kälteempfindlich.

Empfehlenswerte Aprikosen-Sorten

Sorte	Wuchs	Ertrag	Reife	Fruchtgröße und -form	Bemerkungen
'Heidesheimer Frühe'	mittelstark	hoch, früh einsetzend	Anfang – Mitte VI	mittelgroß, rundlich bis oval	löst gut vom Stein; Fruchtfarbe dunkelgelb, sonnenseits leicht rötlich; festes aromatisches, saftiges Fleisch
'Aprikose von Nancy'	sehr stark; sparringe Krone mit dünnen, herabhängenden Jahrestrieben	hoch, früh einsetzend	Ende VII – Mitte VIII	groß, rund; saftig	löst gut vom Stein; in der Blüte frostempfindlich, dagegen Holz relativ frosthart; Fruchtfarbe: orangegelb
'Ungarische Beste'	mittelstark, verhältnismäßig kleine Krone	sehr hoch, früh einsetzend, regelmäßig	Anfang – Mitte VIII	mittelgroß, rund; sehr saftig und würzig	löst gut vom Stein; Fruchtfarbe: orange, sonnenseits rot marmoriert; vorzüglich zum Sofortgenuß und zum Einmachen geeignet

Quitte

Obwohl mit Apfel und Birne verwandt, können die prächtigen, pelzigen Quittenfrüchte nicht direkt vom Baum gegessen werden; sie sind nur im gekochten Zustand genießbar. Ende Oktober, wenn die Quitten gelb werden, nimmt man die flaumigen Früchte ab, legt sie in einen Spankorb und bewahrt sie im Hause auf. Sie sehen nicht nur hübsch aus, sie verströmen auch einen einmaligen Duft, der immer intensiver wird. Im November, oder auch erst im Dezember werden dann die köstlich duftenden, aromatischen Früchte zu Quittengelee oder Quittenlikör verarbeitet.
Die Quitte, als Busch oder kleines Bäumchen gezogen, wird nicht groß und eignet sich deshalb auch für kleinste Gärten; sie wird nur 2–3 m hoch und ebenso breit.

Standortansprüche
Die Quitte liebt einen möglichst warmen, geschützten Platz. Dadurch reift das Holz gut aus, und die Empfindlichkeit gegenüber Winterfrösten wird herabgesetzt. Ansonsten aber ist die Quitte denkbar anspruchslos. Sie fühlt sich auch auf weniger fruchtbaren, trockenen Böden noch recht wohl und trägt selbst dort für den Eigenbedarf genügend Früchte. Der Boden sollte nur nicht zu kalkreich sein, da sonst die Blätter sehr leicht chlorotisch werden, sich also bleichgelb verfärben. Wegen der späten Blüte kann eine Quitte sogar an eine etwas spätfrostgefährdete Stelle gepflanzt werden.

Befruchtungsverhältnisse
Die Quitte ist meist selbstfruchtbar, ein Busch genügt also. Einzelstehende Bäumchen oder Sträucher zeigen uns dies.

Unterlagen
Die von Natur aus strauchartig wachsende Quitte wird in der Baumschule entweder auf die arteigene Quitte A ('Quitte von Angers') oder auf den eng verwandten Weißdorn veredelt.
Um hochstämmige Quittenbäumchen zu bekommen, wird außerdem noch der Rotdorn als Stammbildner – Verbindung zwischen Wurzelunterlage und Quittensorte – verwendet. Durch diesen »Trick« bekommt man einen geraden Stamm.

Verwendung im Garten
Wenn auch der Nutzwert nicht so hoch ist wie bei anderen Obstarten, so sollte die Quitte allein schon wegen der Zierde gepflanzt werden. Wer im kleinen Garten sich an einem malerischen Strauch oder kleinem Baum freuen möchte, kann sie dazu verwenden. Selbst in einem schmalen Reihenhausgarten hat ein Quittenbusch noch Platz. Er sieht im Sommer und Winter gut aus und macht dabei kaum Arbeit. Ein weiterer Vorzug: der Quittenstrauch bleibt das ganze Jahr über gesund.

Quittenhochstämmchen auf Rotdorn veredelt.

Empfehlenswerte Quitten-Sorten (alle selbstfruchtbar)

Sorte	Wuchs	Ertrag	Fruchtgröße und -form	Bemerkungen
'Portugiesische Quitte'	stark aufrecht	früh, reich, regelmäßig	sehr groß, birnenförmig	vorzügliche Sorte; Früchte leuchtend- bis strohgelb; Winterhärte allerdings gering
'Bereczkiquitte'	stark, sperrig, strauchartig	beginnt etwas spät, dann aber gut und regelmäßig	sehr groß, birnenförmige Schaufrüchte	vorzüglich zur Geleebereitung, etwas bitter; Früchte goldgelb, mit leichtem Filz bedeckt
'Konstantinopeler'	mittelstark, breit aufrecht	früh und reich	groß, apfelförmig	die im Holz frosthärteste Sorte; Früchte hellgelb mit deutlich hervortretenden Wülsten und Rippen
'Riesenquitte von Lescovac'	mittelstark	früh und sehr reich	ungewöhnlich groß, apfelförmig	verhältnismäßig wenig frostempfindlich im Holz; im Gegensatz zu den meisten Sorten rötet sich das Fleisch beim Kochen nicht, sondern bleibt reinweiß; goldgelbe Früchte mit auffallenden Furchen

Eine mächtige Baumgestalt: Walnußbaum mit über 15 m Kronendurchmeser.

Walnuß

Diese Obstart eignet sich wegen ihrer später umfangreichen Krone nur für sehr große Gärten, etwa ab 1000 m² aufwärts, denn 12–15 m Durchmesser sind keine Seltenheit. Dort kann sie als malerischer Schattenbaum im Bereich der Wohnterrasse oder als Hofbaum in einem bäuerlichen Anwesen eine beherrschende Rolle spielen. Einmal gepflanzt, haben wir mit einem Walnußbaum kaum Arbeit.
In erster Linie wird man den Walnußbaum in klimatisch begünstigten Gebieten pflanzen; die praktischen Erfahrungen zeigen aber, daß die Walnuß auch in verhältnismäßig rauhen Gegenden gut gedeiht, wenn nur die Lage einigermaßen geschützt ist.
Von einem aus dem Kern selbst gezogenen und daher von der Fruchtqualität her meist weniger wertvollen Baum können wir später durchaus 25–40 kg Nüsse ernten, die zur Weihnachtszeit und den ganzen Winter über von jung und alt gern aufgeknackt werden.
Die Nüsse sind sehr eiweiß- und vor allem fettreich. Auf 100 g eßbarem Anteil bezogen enthalten Äpfel 0,3 g, Pflaumen und Johannisbeeren 0,1 g, Walnüsse dagegen 62,7 g Fett. Fett.

Standortansprüche
Der Boden soll warm, aber nicht zu trocken und vor allem gut durchwurzelbar sein. Geeignet sind vor allem tiefgründige, bessere Sandböden oder ein nicht zu schwerer Lehmboden. Auch ein gut zerklüfteter, genügend feuchter Gesteinsboden ist günstig.
Vor allem Höhenlagen, die nicht so sehr spätfrostgefährdet sind, eignen sich für den Anbau, während in Tallagen mit Kaltluftstau die Blüten und auch der Austrieb im Mai häufig

erfrieren und nur selten Früchte geerntet werden können.
In tiefgelegenen Frostlagen friert der Baum auch im Holz leicht zurück. Sollte auf ungeeignetem Standort der junge Trieb einmal erfrieren, so geht der Baum noch nicht zugrunde; er treibt im Frühsommer erneut aus. Dies darf sich allerdings nicht häufig wiederholen, sonst leidet die Holzausreife und es kommt zu einer nachhaltigen Schädigung des Baumes.

Männliche (Kätzchen) und weibliche Blüten.

Befruchtungsverhältnisse
Die Blüten sind nicht zwittrig wie bei den übrigen Obstgehölzen – außer Haselnuß –, sondern männliche und weibliche befinden sich getrennt am selben Baum.
Die auffälligen Kätzchen, also die männlichen Blüten, liefern den Blütenstaub der bei Wind, einer gelben Wolke gleich, durch den Baum schwebt; an den unauffälligen weiblichen Blü-

Empfehlenswerte Walnußsorten (veredelte Bäume)

Name bzw. Nr. und Herkunft	Kronenform	Zeitpunkt des Austriebs und der Blüte	Nußgröße und -form	Ertrag
Nr. 26 (Geisenheim/Rhein)	kleinkronig	spät, deshalb wenig spätfrostgefährdet	mittel, umgekehrt eiförmig	früh, hoch, regelmäßig; Fruchtstand oft büschelweise
Nr. 139 (Weinheim/Bergstraße)	mittelstark und kompakt wachsend	spät, deshalb wenig spätfrostgefährdet	mittel	früh, sehr hoch, regelmäßig, Nüsse z. T. in traubenförmigen Ansätzen; sehr hellschalig
Nr. 286 (Straupitz/Spreewald)	mittelstark-wachsend, aufrecht	mittelfrüh	mittel, oval	hoch, sehr guter Geschmack
Nr. 1247 (Mehlen/Mark Brandenburg)	starkwachsend; Baum groß und breitkronig; sehr winterhart	früh, deshalb nur für Standorte ohne Spätfrostgefahr	mittel bis groß, oval	hoch, Nüsse früh reifend
Esterhazy II (Ungarn)	mittelstark wachsend, breitkronig	früh, deshalb nur für Standorte ohne Spätfrostgefahr	mittel bis groß, eiförmig	hoch; Nuß dünnschalig; sehr guter Geschmack
Weinsberg 1 (Weinsberg)	kleinkronig	mittelfrüh, Blüte mittelspät	groß bis sehr groß	Nuß länglich mit ausgeprägter Spitze; reift in ungünstigen Lagen nicht voll aus

ten sind bei genauem Hinsehen der Fruchtknoten und darüber drei kleine gelbliche Federn – die Narben – zu erkennen; sie fangen den Blütenstaub auf, damit es zur Befruchtung kommt. Weithin leuchtende Blütenblätter, die bei den anderen Obstarten die Insekten anlokken, sind nicht nötig, denn die Walnuß wird ausschließlich vom Wind bestäubt.

Unterlagen
Wegen der Nachteile eines Sämlings, also eines aus einem Nußkern gezogenen Walnußbaums, pflanzt man heute vorwiegend veredelte Bäume; diese bleiben auch kleiner.
Als Unterlagen für solche Veredlungen nimmt man frostharte Herkünfte der Walnuß *(Juglans regia)* und der Schwarznuß *(Juglans nigra)*. Eine Kombination mit *Juglans regia*, also der normalen Walnuß, ergibt starkwachsende, großkronige, ertragreiche Bäume; wird die betreffende Sorte dagegen auf *Juglans nigra* veredelt, so bekommt man mittel- bis kleinkronige Bäume. Der Ertrag ist dann zwar geringer, doch es wird auch nicht so viel Platz benötigt. Für den normalen Hausgarten ist diese Lösung meist günstiger.

Verwendung im Garten
Walnüsse warfen die Kinder in spätrömischer Zeit den jungvermählten Ehepaaren in den Weg: die Nüsse galten als Symbol der Unsicherheit des Ehelebens. Niemand weiß, was es bringt, niemand weiß, was er in der Nußschale vorfindet, eine kleine verdorrte oder eine wohlschmeckend süße Nuß. Heute ist es mit dieser Unsicherheit vorbei, wenigstens bei der Walnuß.
Bei der Pflanzung im Hausgarten geben wir einem veredelten Walnußbaum den Vorzug, denn bei einem selbstgezogenen Sämling weiß man nie, was in bezug auf Fruchtgröße und Ertrag herauskommt. Außerdem bleibt seine Krone kleiner.
Ein Walnußbaum soll Mücken abhalten; wir jedenfalls haben einen solchen Baum an der Terrassenecke stehen, so daß die halbe Sitzfläche den Sommer über im Schatten liegt, während die andere voll besonnt ist, und werden nicht von Mücken belästigt.

Haselnuß

Im Gegensatz zum Walnußbaum eignet sich die Haselnuß auch für den kleineren Garten. Sie wächst meist strauchartig und wird deshalb gerne als Sichtschutz oder als Ziergehölz verwendet. Aber auch zur Befestigung von Böschungen sind Haselnußträucher gut geeignet, denn das verzweigte Wurzelwerk hält lockeren Boden gut zusammen. Man sollte aber die Stärke des Wuchses nicht unterschätzen, denn ein Haselnußstrauch kann durchaus 4–7 m hoch werden und einen Durchmesser von 3–4 m bekommen.
Ebenso wie Walnüsse sind Haselnüsse sehr fetthaltig und deshalb sehr kalorienreich. Beide Nußarten enthalten, bezogen auf 100 g eßbaren Anteil, 62 g Fett.

Standortansprüche
Der Haselnußstrauch gedeiht gut in jedem kräftigen, nicht zu trockenen Boden. Die Wildhasel kommt bei uns sowohl in Tallagen vor, aber auch in Höhen bis 1600 m. Die Kätzchen, also die männlichen Blütenstände, sind frostempfindlich. Wer ernten möchte, sollte deshalb frostgefährdete Lagen meiden und den Haselnußstrauch an eine Stelle pflanzen, an der der Austrieb nicht zu früh erfolgt.
Die bei den anderen Obstarten gefürchteten Spätfröste beeinträchtigen dagegen den Fruchtansatz nur unwesentlich. Was die Frosthärte des Holzes angeht, übertrifft die Hasel alle übrigen Obstarten. Erst bei − 35 °C bis − 45 °C konnten Schäden an einzelnen Ästen, selten an den ganzen Pflanzen festgestellt werden, d. h., die Hasel ist bei uns völlig frosthart.

Befruchtungsverhältnisse
Die Haselnuß ist nicht selbst fruchtbar, also auf fremden Blütenstaub angewiesen. Deshalb sollten möglichst verschiedene Sorten gepflanzt werden, oder man pflanzt zu einer Kultursorte eine Wildhasel, die sich gut zur Bestäubung eignet.
Gelegentlich fallen taube Nüsse bereits vor der eigentlichen Erntezeit ab; sie sind ohne Kern. Die Ursache ist nicht ein Schädlingsbefall, sondern eine Entwicklungsstörung.

Verwendung im Garten
Meist wird der Haselnußstrauch in der das Grundstück umgebenden Rahmenpflanzung, zusammen mit verschiedenen Ziersträuchern verwendet oder als Großstrauch in einer Gartenecke untergebracht. Vor allem im naturnahen Garten darf er nicht fehlen. Auch zum Abdecken des Kompostplatzes ist die Hasel bestens geeignet.
Der Haselnußstrauch ist Nutz- und Ziergehölz zugleich. Bereits im Februar/März fallen die gelben Blütenkätzchen ins Auge. Dies sind die männlichen Blüten, während die zur gleichen Zeit am Strauch befindlichen weiblichen Blüten – ähnlich wie bei der Walnuß – recht unscheinbar sind.
Wer Farbe in den Garten bringen will, kann auch die Purpur-Hasel oder Blut-Hasel (*Corylus maxima* 'Purpurea') pflanzen. Mit der Ernte ist es allerdings nicht weit her, denn die Nüsse sind klein und der Ertrag gering.
Sehr gut lassen sich am Fuß eines Haselnußstrauches verschiedene Frühlingsblüher wie Winterlinge, Schneeglöckchen, Frühlingsknotenblumen, Blausternchen und Schachbrettblumen unterbringen, die mit dem Strauch zusammen ein hübsches Frühlingsbild ergeben.

Wertvolle Haselnußsorten

Es gibt 2 Gruppen von Haselnüssen: Zellernüsse und Lampertsnüsse. Die von den Mönchen des Klosters Zell bei Würzburg angebauten und weit verbreiteten Zellernüsse haben weit geöffnete kurze grüne Hülsen, aus denen die Nüssen bei der Reife leicht herausfallen. Sorten, die zu dieser Gruppe gehören, lassen sich deshalb gut schütteln.
Die Lampertsnüsse stammen aus der Lombardei. Sie haben eine grüne, festanliegende Hülse, die weit über die Frucht hinausreicht, so daß die Ernte etwas mühsam ist. Dafür schmecken Lampertsnüsse besser. Schließlich gibt es noch zahlreiche Übergangsformen zwischen beiden Gruppen, die man als Hybriden bezeichnet. Reife der folgenden Sorten: Mitte bis Ende September.

Sorte	Gruppe	Wuchs	Ertrag	Geschmack	Bemerkungen
'Cosford'	Zeller-Hybride	mittelstark, breit aufrecht	hoch	gut	meist Fruchtstände mit 2–5 Nüssen
'Daviana'	Zeller-Hybride	schwach bis mittel, bleibt schmal	mittel	vorzüglich	einzelstehend oder Fruchtstände mit 2–4 Nüssen
'Hallesche Riesen'	Zeller-Nuß	stark und breit	hoch	mäßig	Ertrag beginnt etwa ab 6. Standjahr; Nuß sehr groß
'Wunder von Bollweiler'	Zeller-Nuß	stark, breit-aufrecht	hoch	mäßig	sehr große schwere Kerne; ähnelt der ›Hallesche Riesen‹ in allen Eigenschaften; vermutlich sind im Laufe der Jahre beide Sorten verwechselt worden
'Webbs Preisnuß'	Lamperts-Hybride	mittelstark, breit aufrecht	hoch	gut	trägt früh und regelmäßig; große, längliche, hellbraune Nüsse mit hohem Kernanteil; sehr dankbare Sorte

Erdbeeren

Wer von uns würde sich nicht jedes Jahr erneut auf die hübsch aussehenden leuchtend roten Früchte freuen? Im Sommer gepflanzt, bringen sie bereits im nächsten Jahr eine reiche Ernte. Die Erdbeere ist deshalb eindeutig die Nr. 1 beim Beerenobst und in beinahe jedem Garten zu finden.
Aber Erdbeeren sehen nicht nur hübsch aus und schmecken, sie sind obendrein gesund. So enthalten 100 g frische Erdbeeren 60–90 mg Vitamin C und sind damit sogar den Zitronen (40–50 mg) überlegen, von denen man außerdem keine großen Mengen essen kann.

Besondere Ansprüche

Erdbeeren können in beinahe jedem Garten angebaut werden. Lediglich spätfrostgefährdete Lagen sind nicht geeignet. Wenn die Temperatur zur Blütezeit nur wenig unter 0° C absinkt kommt es zu Schäden an den Samenanlagen; der Blütenboden färbt sich schwarz.
Nachdem die Erdbeeren aus humusreichen Gebieten stammen, sollten wir ihnen auch im Garten genügend Humus zukommen lassen. Wir geben deshalb gut verrotteten Stallmist oder Kompost. Frischer Mist wird nicht vertragen, es kann sogar zu Verbrennungen kommen. Bewährt hat es sich, den Mist bereits zur Vorkultur, also z. B. zu Frühkartoffeln zu geben.
Ansonsten stellen Erdbeeren an den Boden keine speziellen Ansprüche. Sie wachsen in humosem Lehmboden, in lehmigen Sand oder sandigen Lehm und ebenso auf Moorboden. Selbst ein leichter, sandiger Boden ist geeignet, wenn wir ihn mit Humus anreichern, düngen und wässern. Der Boden sollte leicht sauer (pH 5–6,5) bis nahezu neutral (pH 7) sein, es besteht also eine große Anpassungsfähigkeit.

Gesunde Pflanze, voll aufgeblüht.

Pflanzung

Die Erdbeere ist kein Flachwurzler, sondern geht mit ihren Wurzeln bis zu 1 m tief nach unten. Die Bodenbearbeitung sollte deshalb möglichst tiefgründig erfolgen. Andererseits lieben Erdbeeren einen guten Bodenschluß. Läßt es sich nicht vermeiden, daß erst kurz vor der Pflanzung umgegraben wird, so sollte gründlich mit dem Schlauch gewässert werden, damit sich der Boden etwas setzt.
Entscheidend für den Ertrag im kommenden Jahr ist der Pflanzzeitpunkt. Ideal ist eine Pflanzung Ende Juli/Anfang August, spätestens bis 15. August. Nur wenn wir Pflanzen mit kräftigem Wurzelballen haben oder der Boden besonders leicht ist, kann noch eine Woche zugegeben werden. Versuche haben gezeigt, daß bei einer Pflanzung bis zum 15. August im 1. Jahr mit einem vollen Ertrag gerechnet werden kann. Wird dagegen erst im September gepflanzt, so schrumpft der Ertrag auf die Hälfte und bei einer sehr späten Pflanzung gegen Ende September ist die nächstjährige Ernte gleich Null.
Sollte das vorgesehene Beet im August noch nicht frei sein, so pikieren wir die Jungpflanzen in gute Erde und bringen sie mit möglichst

lich bzw. schlecht durch den Winter gekommen sind. Zuviel Stickstoff im Frühjahr fördert eine mastige Laubentwicklung und den Befall mit Grauschimmel. Die Ernte würde dadurch eher geringer als höher.

Pflege

Zwischen Erdbeeren darf der Boden nur flach gelockert, aber auf keinen Fall gegraben werden; es würden sonst zuviele Wurzeln beschädigt. In Gegenden mit strengen Wintern aber wenig Schnee, empfiehlt es sich, die Erdbeeren locker mit Fichtenzweigen oder Stroh abzudecken. Langes Stroh, dicht auf die Beete gelegt, ist auch der beste Schutz gegen Spätfröste. Bevor die Früchte reifen, legen wir Stroh unter die Pflanzen, damit die Beeren nicht verschmutzen.

Zum Gießen: Den größten Wasserbedarf haben Erdbeeren beim Anwachsen, also bei und nach der Pflanzung, während der Blütenknospenbildung im September/Oktober und von Blühbeginn bis zur Ernte. Wenig Wasser wird von der Ernte bis Ende August benötigt.

Sofort nach der Ernte sollte der Boden oberflächlich gelockert, das Unkraut entfernt und die erste kleine Düngergabe ausgebracht werden. Das Laub wird nur abgemäht, wenn es stark von Pilzkrankheiten befallen ist. Es entwickeln sich dann rasch gesunde, neue Blätter, die wieder voll assimilieren können.

Wer keine Jungpflanzen benötigt, sollte die sich bildenden Ranken laufend abschneiden. Die Mutterpflanze wird verständlicherweise geschwächt, wenn sie neben den Früchten auch noch die Ausläufer ernähren soll.

Blüte, Frucht, Ernte

Die Blüten der heutigen Sorten sind zwittrig, d. h. männlich und weiblich zugleich. Trotzdem ist es ratsam, nicht nur eine Sorte anzubauen. Die Bestäubung erfolgt durch Wind und Insekten, besonders aber durch Bienen. Werden die Blüten infolge mangelnden Bienenfluges oder regnerischen Wetters ungenügend bestäubt, so führt dies zu teilweise verkrüppelten Früchten. Je mehr Samenanlagen befruchtet werden, desto vollkommener entwickeln sich die Beeren.

Die Ernte zieht sich je nach Gegend und Sorte von Ende Mai bis in den Juli hinein hin. Die Frucht bezeichnet der Botaniker als Sammelfrucht: Die köstlich schmeckende Erdbeere ist »nur« die fleischig verdickte Blütenachse, auf der obenauf die eigentliche Früchte in Form kleiner Nüßchen zu sehen sind. Je nach Sorte sind diese Nüßchen mehr oder weniger tief im Fruchtfleisch eingesenkt. Geerntet wird am besten in den frühen Vormittagsstunden. Nur kleine Gefäße verwenden! Bei den heutigen Sorten und guter Kultur können wir je Pflanze mit 500 g Ertrag rechnen.

Sorten (großfrüchtige Erdbeeren)

Wie bei keiner anderen Obstart, werden bei Erdbeeren laufend neue Sorten gezüchtet. Es ist daher selbst für den Fachmann schwierig, den Überblick zu behalten. Nachdem wir Erdbeeren im Garten nur für den Eigenbedarf anbauen, können wir bei der Sortenwahl alle erwerbswirtschaftlichen Gesichtspunkte außer acht lassen. Wir bevorzugen Sorten, die reich tragen und dabei ein vorzügliches Aroma haben; außerdem sollten die Pflanzen möglichst lange gesund bleiben und sich die Früchte vielseitig verwerten lassen.

Im übrigen informiere man sich alljährlich in Fachzeitschriften über den neuesten Stand. Im Liebhabergarten können wir eine Neuheit durchaus in kleiner Stückzahl ausprobieren, das Risiko ist nicht groß. Man muß allerdings damit rechnen, daß eine Sorte, die überschwänglich gepriesen wird, in Kürze schon wieder vergessen sein kann. Eine »Jahrhundertsorte« wie die 'Senga Sengana', die auch heute noch in vielen Haus- und Kleingärten zu finden ist, kommt nur selten auf den Markt.

Hier sollen nur einige im Garten besonders bewährte Sorten vorgestellt werden:

'Senga Pantagruella' – sehr früh, Wuchs mittelstark, hoher Ertrag, anfällig gegen Grauschimmel (*Botrytis*).

'Elvira' – früh, Wuchs schwach bis mittelstark, Ertrag gut bis sehr gut, hervorragendes Aroma, wenig krankheitsanfällig.

'Karina' – sehr früh, Wuchs stark, mittlerer Ertrag, geschmacklich sehr gut, kurze Erntezeit.

'Vigerla' – mittelfrüh, Wuchs mittelstark, hoher Ertrag bei bestem Boden, sonst Ertrag nicht sehr hoch, von vorzüglichem Aroma, etwas anfällig gegen Mehltau.
'Georg Soltwedel' – mittelfrüh, Wuchs mittelstark, mittlerer Ertrag, köstliches Aroma und hübsch geformte Früchte mit geschlitzten Kelchblättern.
'Senga Sengana' – mittelfrüh, Wuchs sehr stark, starke Rankenbildung, sehr hoher Ertrag, Geschmack säuerlich-aromatisch, geringe Bodenansprüche, anfällig für Grauschimmel, erfolgreichste Erdbeerzüchtung der letzten Jahrzehnte, Früchte vielseitig verwendbar: Frischgenuß; bestens zum Einmachen und Tiefgefrieren geeignet.
'Tenira' – mittelspät, Wuchs mittel bis stark, hoher bis sehr hoher Ertrag, große Früchte, gutes Aroma, wenig anfällig gegen Krankheiten.
'Peltata' – spät, Wuchs mittelstark, hoher Ertrag, allerdings nicht so hoch wie bei 'Senga Sengana', köstliches Erdbeeraroma, zum Frischgenuß und Einmachen, bestens zum Einfrieren, gut für biologischen Anbau, da kaum krankheitsanfällig.
'Mieze Schindler' – spät, Wuchs schwach, geringer Ertrag, älteste deutsche Liebhabersorte mit brombeerähnlichem Aroma und Aussehen; da rein weiblich muß eine weitere Sorte danebenstehend.
'Ostara' – mehrmals tragende Sorte, Wuchs stark, breit ausladend, große Früchte, die denen von 'Senga Sengana' ähneln, jedoch geschmacklich besser sind.
Ein Tip für die Kultur von 'Ostara' u. a. mehrmals tragende Sorten: Erste Blüten entfernen, dann setzt die Ernte erst ab 20. Juli ein, also nach der Ernte der normalen einmaltragenden Sorten. Von da ab kann bis zum Herbst geerntet werden. Der Ertrag ist dann insgesamt etwa ebenso hoch wie bei 'Senga Sengana'. Werden dagegen die ersten Blüten nicht entfernt, so gibt es eine kleine Ernte zur normalen Erdbeerzeit und die 2. Ernte beginnt erst ab Mitte August. Die letzten Früchte verfaulen dann meist. Aus diesem Grunde empfiehlt es sich, zusätzlich zu einer mehrmals tragenden auch eine einmaltragende Sorte zu pflanzen.

Monatserdbeere

Sie tragen unermüdlich ab Juni bis in den späten Herbst hinein und die Früchte haben ein köstliches Aroma. Die Beeren sind gleich gut zum Frischgenuß, als Kuchenbelag oder zum Verzieren geeignet. Und wie sich erst die Kinder freuen!
Monatserdbeeren bilden keine Ausläufer. Sie eignen sich deshalb bestens als Wegeinfassung im Gemüsegarten. Als gute Sorten kennen wir 'Rügen' und 'Baron Solemacher'.
Die Pflanzen können wir uns durch Aussaat selbst heranziehen, indem wir den im Fachgeschäft gekauften Samen ab April in Schalen oder einem größeren Topf dünn aussäen. Am Zimmerfenster oder im Frühbeet ist dies auch schon früher möglich. Nach leichtem Übersieben mit feiner Erde wird das Kistchen schattig gestellt und stets feucht gehalten. Darauf ist besonders zu achten, andernfalls vertrocknet die Saat während der Keimung. Sobald dann die Sämlinge 2–3 winzige Laubblätter ausgebildet haben, pikieren wir sie auf 5 cm Abstand und pflanzen sie später, nachdem sie sich kräftig entwickelt haben, aus.
Als Neuheit sei die Riesenmonatserdbeere 'Rimona Hummi' genannt. Sie bringt den ganzen Sommer über hohe Erträge auf kleinstem

Monatserdbeere 'Rügen'

Raum und eignet sich gleich gut für Beet, Beeteinfassung und Balkon. Bezugsquelle S. 204.

Walderdbeere

So köstlich Monatserdbeeren auch schmekken, an das Aroma von Walderdbeeren können auch sie nicht heran. Wir können sie im Garten auf offenen Boden vor Gehölzen oder dazwischen als Bodendecker anstelle anderer teurer Bodendecker ansiedeln. Man braucht nur auf einem Waldspaziergang einige Ausläufer mit nach Hause nehmen und sie pflanzen. Ein- oder zweimaliges Angießen genügt und schon fassen sie Fuß, ohne daß wir uns noch groß um sie kümmern müßten. Bald ist die ganze Fläche mit den zierlichen Ausläufern übersponnen. Eine billige und hübsche Lösung, vor allem im naturnahen Garten! Wer Kinder hat, macht gleichzeitig auch diesen eine Freude, den Walderdbeeren, noch dazu im eigenen Garten, naschen sie nur zu gerne.

Johannisbeere

Einige Johannisbeersträucher haben in jedem Garten Platz. Wir können sie entlang der Grenze pflanzen oder mit ein paar Sträuchern den Kompostplatz abschirmen. Auch als Begrenzung des Gemüsegartens zur Rasenfläche hin sind die Sträucher geeignet.

Es gibt Rote, Weiße und Schwarze Johannisbeeren. Nachdem sich die beiden erstgenannten in ihren Ansprüchen und in der Pflege ähneln, werden sie hier unter Roten Johannisbeeren zusammengefaßt und lediglich bei den Sortenempfehlungen getrennt behandelt.

Rote Johannisbeeren enthalten zwar wesentlich weniger Vitamin C als schwarze Sorten (32 mg/100 g bzw. 170 mg/100 g), dafür aber erheblich mehr Zitronen-, Äpfel-, Weinsteinsäure und Pektin. Durch diese Fruchtsäuren bleibt beim Kochen ein großer Teil der Vitamine erhalten. Der in den Beeren enthaltene Fruchtzucker ist leicht verdaulich und deshalb auch für Diabetiker bekömmlich.

Man muß schon nahe herangehen, um die Schönheit der Johannisbeerblüten bestaunen zu können.

Rote Johannisbeeren, vor oder nach der Mahlzeit mit Zucker bestreut gegessen, regen die Verdauungssäfte an und wirken gegen Darmträgheit. Vorzüglich schmecken die roten Beeren als Kuchenbelag und zu Gelee verarbeitet, in dem Fruchtzucker, Vitamine und Fruchtsäuren in besonders hohem Maße erhalten bleiben.

Während Rote Johannisbeeren säuerlich schmecken – weiße sind süßer –, ist den schwarzen Sorten ein typisch strenger Geruch eigen, der aber keineswegs unangenehm ist. Im Winter braucht man nur an den Trieben zu reiben und kann dann im Zweifelsfall sofort Rote von Schwarzen Sträuchern unterscheiden.

Schwarze Johannisbeeren zeichnen sich durch den höchsten Vitamin C-Gehalt unter allen Früchten unseres Gartens aus. Mit 170 mg und darüber auf 100 g frische Beeren liegt dieser mehr als fünfmal so hoch wie bei Roten Johannisbeeren.

Zur Reifezeit können wir die Beeren gleich roh vom Strauch essen oder aber wir verarbeiten sie zu Saft, um den Winter über möglichst ohne Erkältung zu bleiben. Schwarze Johannisbeeren wirken außerdem blutreinigend und sind reich an wertvollem Fruchtzucker.

Besondere Ansprüche

Die Johannisbeere gedeiht zwar noch im Halbschatten entschieden reicher trägt sie aber in

Ein gut entwickelter Roter Johannisbeerstrauch kann durchaus 8–15 kg Beeren bringen. Dies ist aber nur möglich, wenn hochwertiges Pflanzmaterial verwendet und ein ausreichender Pflanzabstand eingehalten wird. Auch Mulchen fördert den Ertrag und die Fruchtqualität.

sonniger, luftiger Lage; die Früchte enthalten dann mehr Zucker, während die Beeren an einem etwas schattigen Standort einen höheren Säuregehalt aufweisen.

Günstig ist ein mittelschwerer, nährstoffreicher Boden mit einem pH-Wert von 5,5–6, also leicht sauer. Da Johannisbeeren sehr flach wurzeln, sollte vor allem die obere Bodenschicht vor der Pflanzung mit Komposterde verbessert werden. Besonders aber wollen wir darauf achten, daß der Boden frei von Dauerunkräutern wie Giersch, Quecke, Ackerwinden usw. ist. Im anderen Fall würden die Wurzeln solcher langlebiger Unkräuter sehr rasch in die Wurzelstöcke der Johannisbeeren hineinwachsen; man kann sie dann nicht mehr entfernen.

Pflanzung

Gepflanzt wird am besten im Herbst, denn Johannisbeeren treiben sehr zeitig aus. Kann erst im Frühjahr gepflanzt werden, so sollte dies sobald als möglich geschehen. Rote Sorten sollten nur etwas tiefer gepflanzt werden als sie vorher in der Baumschule gestanden haben, Schwarze Sorten bringen wir dagegen um Handbreite tiefer in den Boden. Dadurch entstehen aus dem Wurzelstock reichlich junge Triebe, die wir bei den schwarzen Sorten zur ständigen Verjüngung brauchen.

Soll eine ganze Reihe Johannisbeersträucher gepflanzt werden, so arbeiten wir den Boden vorher in der gesamten Länge und etwa 1,50 m breit durch. Er sollte mindestens in Spatentiefe gelockert werden, besser noch etwas tiefer. Das Lockern und Durcharbeiten geschieht bei einem halbwegs normalen Boden nicht mit dem Spaten, sondern mit der Grabgabel. Mit diesem Gerät lassen sich die Erdklumpen leicht zerkleinern und die zur Verbesserung verwendete Komposterde gleichmäßig verteilen. Bei schwerem oder steinigen Boden wird man den Pickel zur Hilfe nehmen müssen, um das Erdreich gründlich zu lockern.

Als Pflanzware genügen Sträucher mit 3–4 bzw. 5–7 Trieben. Eine stärkere und dadurch teurere Ware ist nicht nötig, da wir den Strauch ohnehin am Anfang mit höchsten 6

Trieben aufbauen. Übrigens, für den Eigenbedarf reichen bei einer vierköpfigen Familie meist 4 Rote und 3 schwarze Johannisbeersträucher aus. Nur wer viel Johannisbeersaft oder -wein herstellen will, wird mehr pflanzen. Häufig kann man in den Gärten eine große Zahl von Sträuchern sehen, die aber zu eng stehen und schlecht gepflegt sind. Lieber wenige Sträucher pflanzen und diesen optimale Kulturbedingungen bieten!

Nachdem die Sträucher meist in einer Reihe gepflanzt werden, genügen bei Schwarzen Johannisbeeren Abstände von 2 m, bei starkwachsenden roten Sorten ('Rote Vierländer', 'Rondom' u. a.) 1,80 m und bei schwachwüchsigen roten Sorten ('Red Lake', 'Heros') 1,50 m. Dies genügt auch bei weißfrüchtigen Johannisbeeren.

Bei der Pflanzung schneiden wir beschädigte Wurzeln bis auf gesunde Teile zurück, heben mit der Schaufel im vorbereiteten Boden ein kleines Pflanzloch aus – so groß, daß alle Wurzeln gut Platz haben –, stellen den Strauch hinein und umgeben die Wurzeln mit ein paar Handvoll feuchten Torf. Dadurch wird die Neubildung von Wurzeln gefördert. Dann wird das Loch mit Erde gefüllt, wobei darauf geachtet werden sollte, daß die Wurzeln gut in Erde eingebettet sind. Schließlich wird der Boden um den Strauch herum mit den Fußspitzen leicht angetreten, die Pflanze mit Wasser kräftig angegossen und der Boden um den Strauch herum mit kurzem Stroh oder Stallmist abgedeckt. Auf diese Weise bleibt die Erde gleichmäßig feucht und locker; der Strauch hat ideale Startbedingungen.

Schnitt

Unmittelbar bei der Pflanzung lassen wir nur 5–6 kräftige und gut verteilte Triebe stehen und kürzen sie auf etwa ein Drittel der vorhandenen Trieblänge ein. Je schärfer der Rückschnitt, desto kräftiger der Austrieb, desto rascher entsteht ein prächtiger Strauch und umgekehrt.

Der weitere Schnitt ist bei Roten und Schwarzen Johannisbeeren unterschiedlich. Bei den roten Sorten sollte der im Ertrag befindliche Strauch nicht mehr als 8–12 kräftige, gut verzweigte Triebe haben. Triebe, die älter als 5 Jahre sind – erkenntlich am dunklen Holz – werden spätestens im Winter entfernt und dafür als Ersatz 2 oder 3 den Sommer über entstandene Jungtriebe belassen. Also: Jedes Jahr, am besten gleich nach der Ernte, 2 oder 3 ältere Triebe herausnehmen und ebensoviele kräftige, gut verteilte Neutriebe nachziehen. Alle übrigen aus dem Wurzelstock entstandenen Neutriebe schneiden wir ebenfalls im Sommer dicht über dem Boden heraus.

Ein jährlicher Rückschnitt der Verlängerungs-

Mehr als 8–12 kräftige, gut verteilte Triebe sollte ein Johannisbeerstrauch nicht haben. Durch jährlichen Schnitt bleibt er lebendig und licht.

triebe ist nur bei schwachwüchsigen Sorten nötig, bei denen wir im Winter den Triebzuwachs um ein Drittel bis zur Hälfte einkürzen. Dadurch wird eine gute Verzweigung erreicht, die Triebe werden stabil und hängen bei reichem Fruchtbehang nicht allzusehr zu Boden.

Nun zu den Schwarzen Johannisbeeren: Während die roten Sorten vor allem am zwei- bis dreijährigen Holz reich tragen, bringen Schwarze Johannisbeeren den besten Ertrag vorwiegend an den einjährigen Trieben und zwar besonders zur Spitze hin. Aus diesem Grunde müssen wir hier alljährlich für Neutrieb sorgen. Das erreicht man, indem die abgeernteten Triebe entweder dicht über dem Boden abgeschnitten werden, wenn genügend Jungtriebe aus dem Wurzelstock entstanden sind, oder aber, indem die abgeernteten Triebe bis auf Jungtriebe zurückgesetzt werden, die sich aus ihrem unteren Drittel entwickelt haben.

Wer es sich ganz bequem machen möchte, kann Ernte und Schnitt gleich kombinieren: Man schneidet die mit Beeren behangenen Triebe aus dem Strauch, entweder dicht über dem Boden oder über einem seitlich entstandenen Jungtrieb, und kann sie auf der Terrasse im Sitzen abpflücken. Die im Strauch verbleibenden Triebe können sich im Laufe des Sommers noch kräftig entwickeln.

Ebenso, wie bei Stachelbeeren, gibt es auch Johannisbeeren als Stämmchen zu kaufen. Wer mehrere davon pflanzen will, sollte einen gegenseitigen Abstand von 1,30 einhalten. Der Schnitt ist ähnlich wie bei den Sträuchern. Nach dem Aufbau sollte die Krone nicht mehr als 8 kräftige, gut verteilte Äste besitzen, deren Verlängerungstriebe alle Jahre auf 4–6 Knospen zurückgeschnitten werden während wir die Seitentriebe auf 2–4 Augen einkürzen. Solche Hochstämmchen benötigen einen stabilen Pfahl, an dem sowohl das Stämmchen, als auch ein kräftiger Trieb in der Krone angebunden werden. Im Gegensatz zu Stachelbeeren halte ich jedoch Johannisbeerstämmchen, zumindest rote Sorten, nicht für besonders empfehlenswert: Sie tragen wesentlich weniger als ein gut entwickelter Strauch und außerdem werden wir im Vorbeigehen nur wenig davon naschen, einfach weil die roten Beeren vieler Sorten auch im reifen Zustand etwas säuerlich schmecken. Anders ist dies bei den Vitamin C-reichen schwarzen Sorten, aber auch hier gilt, daß ein Strauch wesentlich mehr Beeren bringt.

Düngung und Pflege

Als Grundlage der Düngung arbeiten wir jedes Frühjahr reichlich Kompost oberflächlich unter den Sträuchern ein. Auf diese Weise wird der Humusgehalt und damit die Bodenstruktur verbessert und das Bodenleben gefördert.

Um den Nährstoffbedarf zu decken, geben wir jährlich 70–100 g/m^2 eines chlorfreien Blau-Volldüngers, also 1½–2 Handvoll. Ein Drittel dieser Gesamtmenge wird im zeitigen Frühjahr, ein Drittel zur Blütezeit und das letzte Drittel Anfang Juli ausgebracht. Auf diese Weise stehen den Sträuchern in der Zeit der Hauptentwicklung laufend Nährstoffe zur Verfügung, außerdem ist die Gefahr einer Einwaschung in tiefere Bodenschichten wesentlich geringer, als wenn die Gesamtmenge auf einmal gegeben würde. Selbstverständlich kann auch ein organischer Volldünger in entsprechender Menge gegeben werden.

Zur Pflege: Man kann immer wieder sehen, daß Johannisbeersträucher in den Rasen gepflanzt werden und von Gras umgeben sind. Dies hat keinen Sinn und die Sträucher reagieren entsprechend. Sie kümmern jämmerlich dahin, der Ertrag ist äußerst gering, denn die Grasnarbe entzieht Wasser und Nährstoffe. Gut entwickelte Sträucher wachsen nur auf offenem Boden heran.

Keinesfalls darf der Boden unter Strauchbeerenobst tief bearbeitet werden, da die Wurzeln sehr flach, in nur 2–20 cm Tiefe verlaufen. Deshalb auf keinen Fall im Herbst mit dem Spaten umgraben! Es würden dabei eine Menge Faserwurzeln abgestochen, die für die Wasser- und Nährstoffaufnahme nötig sind. Wenn der Boden gelockert werden und Unkraut entfernt werden muß, dann nur flach und mit der Grabgabel.

Die ideale Form der Bodenpflege unter den flachwurzelnden Sträuchern ist eine Boden-

Viele Wurzeln verlaufen bei Johannisbeeren sehr flach.

Eine Mulchdecke fördert Wachstum und Ertrag.

deckung mit Mulchmaterial. Dazu eignet sich vor allem der ab Mai anfallende kurze Rasenschnitt, mit dem man meist ohnehin nicht weiß wohin damit, aber auch kurzes Stroh und verrotteter Stallmist. Torf ist ebensogut geeignet, nachdem aber die noch vorhandenen Moore möglichst geschont werden sollen, wollen wir Torf im Garten nur dort verwenden, wo es keinen gleichwertigen Ersatz gibt.
Unter einer solchen 10–15 cm hohen Mulchdecke bleibt der Boden gleichmäßig feucht, besitzt eine ausgezeichnete Gare und wird bei Regen nicht verschlämmt. Außerdem kommt kaum Unkraut hoch. Daß sich die Beerensträucher dabei sehr wohl fühlen kann man schon daran erkennen, daß die Mulchdecke bis obenhin durchwurzelt wird.

Blüte, Frucht, Ernte

Johannisbeeren blühen bereits Anfang April, die Beeren reifen im Juli. Die grünlichen Blüten hängen in Trauben und sind zwittrig. Rote Johannisbeeren sind weitgehend selbstfruchtbar; wenn möglich, pflanzen wir aber mindestens 2 verschiedene Sorten, denn Fremdbefruchtung fördert den Ertrag und die Beerengröße. Bei Schwarzen Johannisbeeren gibt es dagegen Sorten, die selbstfruchtbar sind wie 'Roodknop', und andere, die fast völlig selbstunfruchtbar sind, wie die bekannte 'Rosenthals Langtraubige'; es sind alle Übergänge vorhanden. Es sollten also auch hier mindestens 2 Sorten zusammengepflanzt werden. Bienenflug ist bei Roten und Schwarzen Johannisbeeren günstig für die Bestäubung und den Fruchtansatz. Dadurch werden in den einzelnen Beeren mehr Samen ausgebildet, die Beeren werden größer. Von gut entwickelten, reichtragenden Sträuchern können bei roten Sorten 10–15 kg je Strauch geerntet werden, bei Schwarzen Johannisbeeren 3–5 kg.
Das »Rieseln« der kleinen Beeren bald nach der Blüte kann man vor allem bei Schwarzen, aber auch bei Roten Johannisbeeren beobachten. Die häufigste Ursache hierfür sind Spätfröste während der Blütezeit oder mangelnde Befruchtung, wenn während der Blüte der Bienenflug durch kaltes, nasses Weter behindert ist. Auch das Fehlen von geeigneten Pollenspendern, also anderer Sorten in unmittelbarer Nähe, kann das Rieseln begünstigen.

Sorten

Rote Johannisbeeren

'Traubenwunder' – wenig bekannte Sorte, weil es nur eine Bezugsquelle hierfür gibt (siehe S. 204); reift ab Mitte Juli; sehr reichtragend; an den 10–15 cm langen Trauben sitzen meist 25 Beeren; hervorragend zum Frischgenuß gleich vom Strauch; Trauben reifen nacheinander, deshalb ideal für den Liebhabergarten.
'Rondom' – reift ab Ende Juni; starkwüchsig

und sehr ertragreich; aufrechtwachsend, bei Fruchtbehang meist überhängend; die leuchtendroten, säuerlichen Beeren sitzen dicht beieinander und rund um den Stiel, deshalb »Rondom«; von hoher innerer Qualität, gut für Saftbereitung.
'Rote Vierländer' (= 'Erstling aus Vierlanden'), reift ab Mitte Juli; altbekannte Sorte, seit 1910 im Handel; robuste Sträucher, kräftigwachsend, breitausladend; Beeren mittelgroß und säuerlich-aromatisch; besser für die Verarbeitung zu Saft u. a. geeignet als für Frischgenuß.
'Heros' – reift ab Mitte Juni; schwachwachsend, etwas überhängend und schlechte Verzweigung, deshalb ständig im Schnitt halten und düngen; lange Trauben mit sehr großen mild-aromatischen Beeren, vorzüglich für Frischgenuß. Ähnliche Eigenschaften hat die Sorte 'Red Lake'.
'Heinemanns Rote Spätlese' – starkwüchsig und sehr ertragreich; reift erst 5–6 Wochen nach den übrigen Sorten, also im August; lange Trauben mit mittelgroßen, hellroten Beeren besetzt, die viele Samen enthalten; säuerlich, gut gelierfähig, für Frischgenuß und Verarbeitung; Sträucher zu Erntezeit mit Netzen schützen, da sonst vielfach starker Schaden durch Amseln und Stare, die scheinbar zu dieser Zeit wenig andere Nahrung finden.

Schnitt bei Schwarzer Johannisbeere.

Weiße Johannisbeeren

'Weiße aus Jüterbog' – reift bereits gegen Anfang Juni; schwachwachsend, deshalb geringer Platzbedarf; geringer Ertrag aber sehr wohlschmeckend-süß und deshalb Sorte für den Liebhabergarten, für Frischgenuß; zur besseren Befruchtung rote Sorten dazupflanzen. 'Weiße Versailler', ist eine andere altbewährte Liebhabersorte.

Schwarze Johannisbeeren

'Rosenthals Langtraubige Schwarze' – reift ab Ende Juni; starker breitausladender Wuchs; frostempfindlich in Holz und Blüte; meist hoher Ertrag; große Beeren; hoher Säure- und Vitamin C-Gehalt, für Verarbeitung. 'Silvergieters Schwarze' – reift ab Ende Juni; wenig anspruchsvoll an Boden und Lage; kräftiger, aufrechter Wuchs; große Beeren; süßer und milder im Geschmack als andere Sorten, deshalb für Frischgenuß und Verarbeitung.
'Wellington XXX' – reift ab Anfang Juli; starkwüchsig mit kräftiger Verzweigung; deshalb jährlich auslichten; in geschützter Lage hoher Ertrag, ansonsten frostanfällig, besonders in der Blüte. Große aromatische Beeren, hoher Säure- und Vitamin C-Gehalt; gut für Frischgenuß, aber auch für Verarbeitung.
'Strata' – reift ab Juni; neuere Sorte; kräftiger, leicht überhängender Wuchs; Bestträger, wenig spätfrostempfindlich, deshalb hoher und regelmäßiger Ertrag; sehr große Beeren, aromatisch und süß, gut für Frischgenuß.
'Josta' – Kreuzung zwischen Schwarzer (Jo)hannisbeere und (Sta)chelbeere; sehr starkwachsend, braucht 2,50 m Abstand; reichtragend, mit wesentlich größeren Beeren als bei übrigen Schwarzen Johannisbeeren; beliebt für Saftgewinnung u. a. Verarbeitung.

Stachelbeere

Auch sie enthalten wertvollen Fruchtzucker und Zitronensäure, sowie Vitamin C in ähnlicher Höhe wie Rote Johannisbeeren. Stachelbeeren wirken blutreinigend und verdauungsfördernd. Im Haushalt sind bereits die grünen, noch unreifen Früchte als Kuchenbelag geschätzt. Halbreife und reife Früchte verarbeitet die Hausfrau zu Marmelade, Kompott oder macht sie in Gläsern ein. Vor allem aber essen wir die herrlichen Früchte vollreif gleich vom Strauch oder – noch besser, weil man sich nicht zu bücken braucht – vom Hochstämmchen weg; mancher Gartenfreund setzt auch Stachelbeerwein an.

Besondere Ansprüche

In ihren Ansprüchen gleichen Stachelbeeren weitgehend den Johannisbeeren. Sie wollen hell und sonnig stehen, bringen aber auch bei sonstiger guter Pflege eine reiche Ernte, wenn sie wenigstens den halben Tag Sonne bekommen. Wenn die reifenden Früchte in der vollen Sonne hängen, können empfindliche Sorten sogar durch Sonnenbrand geschädigt werden.

Der Boden sollte möglichst lehmig und nährstoffreich sein. Trockene, sandige Böden werden deshalb vor der Pflanzung mit reichlich Kompost verbessert, weil sonst die Blattfallkrankheit stark auftritt.

Die Blüten sind gegen Spätfröste empfindlich, und es gibt dann eine geringe Ernte. Werden die Sträucher dagegen während der frühen Blüte einmal überraschend von Schnee bedeckt, so hat dies auf den Behang kaum einen nachteiligen Einfluß. Hochstämmchen sollte man bei viel Schnee, der im April meist naß und schwer ist, abschütteln, damit sie nicht abbrechen. Außerdem: Pfahl überprüfen!

Pflanzung

Hier gilt das gleiche wie bei Johannisbeeren. Wenn einreihig gepflanzt wird, soll der Abstand von Strauch zu Strauch gut 1,50 m betragen. Bei Hochstämmchen, die sich durch Schnitt in ihrem Umfang begrenzen lassen, sollte ein Abstand von 1,20–1,30 m eingehalten werden. Wer allerdings genügend Platz hat, pflanzt die Hochstämmchen 1,80–2 m auseinander. Dann können die jungen Triebe lang bleiben und sich die Krone voll entwickeln. Bei guter Pflege erreicht sie nämlich einen Durchmesser von 1,80 m.

Schnitt

Der Pflanzschnitt und der Aufbau erfolgt wie bei der Johannisbeere. Der fertige Strauch soll aus nicht mehr als 8–12 ein- und zweijährigen Trieben bestehen. Dies gilt auch für den Hochstamm. Triebe, die älter als 3 Jahre sind – erkenntlich am dunkleren Holz – werden möglichst entfernt und an ihre Stelle wieder Jungtriebe nachgezogen. Diese entstehen bei Sträuchern aus dem Wurzelstock, bei Hochstämmchen aus der Kronenbasis.

Das Auslichten geschieht am besten gleich nach der Ernte, denn zu diesem Zeitpunkt sind uns die »stachligen Erfahrungen« noch in »bester Erinnerung« und wir sind dann beim Ausschneiden nicht gar so zimperlich.

Sollte »Amerikanischer Mehltau« vorhanden sein, kürzen wir im Winter sämtliche Triebspitzen bis auf das gesunde Holz ein. Sind die Jungtriebe dagegen gesund, so erübrigt sich

Ein Stachelbeerhochstämmchen vor und nach dem Schnitt, sowie im April nach dem Austrieb.

Stachelbeer-Hochstämmchen sehen hübsch aus; wir können von ihnen im Vorbeigehen naschen.

ein Einkürzen. Die Beeren hängen dann an den Jungtrieben wie an einer Perlenkette bis zur Spitze hin.

Heckenerziehung, Hochstämmchen

Stachelbeeren können ebenso wie Johannisbeeren auch als Hecke gezogen werden. Man baut dazu ein ca. 1,20 m hohes Drahtgerüst, verteilt daran die aus dem Boden kommenden Triebe im Abstand von 20–25 cm locker nach rechts und links, und heftet sie mit Bast an den Drähten an.

Sehr beliebt ist bei Stachelbeeren der Hochstamm und das zu recht. Wir können sozusagen im Vorbeigehen an den reifen Früchten naschen und das Beet läßt sich im Parterre zusätzlich mit Sommerblumen oder Gemüse nutzen.

Ebenso wie Rosenhochstämmchen erinnert auch die in dieser Form gezogene Stachelbeere an die »gute alte Zeit«. Mit Hochstämmchen bringen wir einen Hauch Romantik in unseren Garten und gliedern gleichzeitig den Gartenraum. Dabei kann sich der Ertrag überall sehen lassen, denn 5 kg Ernte von einem gut gepflegten Hochstämmchen sind durchaus möglich.

Die Lebensdauer ist allerdings kürzer als beim Strauch, denn die Hochstämmchen sind auf die Goldjohannisbeere (*Ribes aureum*) aufveredelt. Von dieser gibt es Auslesen, wie z. B. 'Brechts Erfolg', die lange gerade Triebe – die Stämmchen – entwickeln. Sie werden in der Baumschule in der gewünschten Höhe mit Stachelbeersorten veredelt. Veredelungen mit nur 30 cm hohen Stämmchen bezeichnet man als Fußstamm, solche mit 1,20 m als Hochstämmchen.

Wichtig ist bei der Pflanzung von Hochstämmchen, daß sie einen imprägnierten Pfahl bekommen, der in die Krone hineinragen muß. An diesem wird nicht nur das Stämmchen, sondern auch ein kräftiger Trieb, der sich möglichst in der Mitte der Krone befindet, angebunden. Wird nur das Stämmchen befestigt, so besteht die Gefahr, daß eine umfangreich entwickelte Krone bei reichem Behang, Sturm, starkem Regen oder nassem Schneefall genau an der Bindestelle abbricht. Dies ist dann sehr ärgerlich. Aus dem gleichen Grunde überprüfen wir auch immer einmal wieder durch leichtes Dagegendrücken, ob der Pfahl noch in Ordnung oder bereits abgefault ist. In diesem Fall sollte er schleunigst ersetzt werden.

Eine andere Möglichkeit: Wir umgeben Stachelbeerstämmchen mit 3 Pfählen (Dreieck), die oben mit Latten verbunden werden. Die fruchtbeladene Krone kann auf dem Lattendreieck sicher aufliegen, auch bei stärkerem Sturm. Das Stämmchen braucht nur an einem der 3 Pfähle angebunden zu werden.

Der Schnitt des Hochstämmchens ist ähnlich

wie beim Strauch. Nach einem kräftigen Rückschnitt bei der Pflanzung ist in den kommenden Jahren dafür zu sorgen, daß die Krone licht bleibt und sich stets lange Jungtriebe entwickeln, an denen die köstlichen Beeren hängen.

Pflege, Düngung

Die Bodenbearbeitung erfolgt in der gleichen Weise wie bei Johannisbeeren, denn auch die Stachelbeeren wurzeln sehr flach. Eine Mulchdecke fördert auch bei dieser Beerenobstart das Wachstum und den Ertrag.

Auch bezüglich Düngung gilt das bei den Johannisbeeren gesagte, also 70–100 g/m^2 Blau-Volldünger pro Jahr. Ein Drittel dieser Menge geben wir bereits im zeitigen Frühjahr, ein Drittel zur Blüte und das letzte Drittel im Mai bis Anfang Juni. Das letzte Drittel braucht allerdings nur gegeben zu werden, wenn die Sträucher oder Hochstämmchen reich mit Früchten behangen sind.

Blüte, Frucht, Ernte

Die im April erscheinenden Blütenglöckchen sind unscheinbar gelbgrün. Sie stehen meist einzeln, zu zweit oder in kleinen Büscheln zusammen. Botanisch interessant ist, daß der männliche Blütenstaub bereits vorhanden ist und keimen kann, ehe die weibliche Narbe empfängnisbereit ist. Aus diesem Grunde sollten mehrere Sorten mindestens 2 – gepflanzt werden, die unterschiedlich blühen.

Wenn in der weiteren Umgebung Bienen vorhanden sind, summt es in blühenden Stachelbeersträuchern und in den Kronen der Hochstämmchen den ganzen Tag über, aber auch schwerfällige Hummeln lieben die Stachelbeerblüten und tragen zur Bestäubung bei.

Von reichtragenden Sträuchern oder Stämmchen können bereits ab Mitte Mai ein Drittel bis zur Hälfte der noch unreifen Beeren herausgepflückt und in der Küche verwertet werden. Man spricht von Grünpflücke. Selbstverständlich sind diese Beeren nur zum Einkochen oder zur Kompottbereitung geeignet, immer mit verhältnismäßig viel Zucker. Bei der Grünpflücke nehmen wir vorwiegend die mangelhaft ausgebildeten Beeren weg und lassen die schönsten hängen. Die verbleibenden Früchte werden dadurch besonders gut ausgebildet.

Die Haupternte liegt im Juli. Man muß aber nicht alle Beeren auf einmal pflücken, sondern kann dies bei jeder Sorte über 2–3 Wochen hinweg ausdehnen. Wir pflücken dann jeweils nur die vollreifen und schönsten Früchte heraus. Ein gut gepflegter Stachelbeerstrauch kann 5–10 kg bringen, ein Hochstämmchen 5 kg und darüber.

Sorten

'Hönings Früheste' – reift ab Mitte Juni; altbekannte gelbe Frühsorte; starkwachsend; reichtragend; süß und wohlschmeckend, deshalb vorzüglich zum Essen vom Strauch oder Hochstämmchen; wenig mehltauanfällig; geeignet für jeden Standort.

'Grüne Kugel' – reift ab Ende Juni; starkwachsend; bildet große, breite Sträucher; sehr reichtragend; Geschmack mild, jedoch ohne besonderes Aroma; kann von Mehltau befallen werden.

'Weiße Triumph' – reift ab Anfang Juli; wird in Deutschland seit 1848 angebaut, kräftiger Wuchs.

'Lauffener Gelbe' – reift ab Anfang Juli; starkwachsend; Ertrag nicht gleichmäßig; sehr

Nicht vergessen: Pfahl und Bindematerial prüfen!

wohlschmeckend, deshalb vorzüglich für den Frischgenuß; allerdings frost- und mehltauanfällig, deshalb nur geschützten Standort pflanzen und wenn man bereit ist, den Mehltau zu bekämpfen.
'Rote Orleans' – reift im Juli, wächst mittelstark bis stark; Beeren dunkelrot und sehr groß; wertvolle, wohlschmeckende Sorte, vor allem zum Frischgenuß geeignet.
'Rote Triumph' – reift ab Mitte Juli; seit 1888 in Deutschland angebaut; trägt reich und regelmäßig; Geschmack angenehm süßsäuerlich; robust, kann jedoch Mehltau bekommen; wichtigste rote Sorte, geeignet für Grünpflükke und Verarbeitung.

Die Jostabeere

Mit Josta wurde eine völlig neue Beerenobstart gezüchtet, eine Kreuzung zwischen Schwarzer Johannisbeere und Stachelbeere. Daher auch der Name: Jo(hannisbeere) und Sta(chelbeere). Die Schwarze Johannisbeere war die Mutter, die mit dem Blütenstaub der Stachelbeere bestäubt bzw. befruchtet wurde. Nahezu 60 Jahre ist es her, seit die ersten Kreuzungsversuche unternommen wurden, aber erst vor 30 Jahren begann das praxisreife Stadium dieser Neuheit, die nach 1975 in den Handel kam.

Jostabeeren – unten: Stachel- und Johannisbeere.

Im äußeren Erscheinungsbild herrscht eindeutig die Schwarze Johannisbeere vor, deshalb wird diese Neuheit auch bei dieser Beerenobstart vorgestellt. Stacheln fehlen an den Trieben. Die Josta-Sträucher wachsen außerordentlich kräftig, stärker als jede Sorte von Schwarzen Johannisbeeren. Die Büsche sollten deshalb mindestens 2,50 m, noch besser 3 m voneinander entfernt stehen. Geizen wir also nicht mit Platz, sonst wachsen die Triebe bald ineinander. Blätter und Beeren befinden sich dann zu sehr im Schatten und können ihr typisches Aroma nicht entwickeln.
Schwarze Johannisbeeren und Stachelbeeren blühen und tragen bereits am einjährigen Holz. Diese gute Eigenschaft können wir auch bei der Josta beobachten. Der Strauch trägt also über Jahre hinweg in allen Teilen Beeren und kahlt nicht so leicht auf wie die Schwarze Johannisbeere.
Die Beeren selbst sehen wie übergroße Schwarze Johannisbeeren oder wie etwas klein gebliebene Stachelbeeren aus. Meist sitzen 2–3, verschiedentlich aber auch bis zu 5 oder sogar 7 Beeren in einer Traube zusammen. Da die Beeren nicht gleichzeitig reifen, muß mehrmals durchgepflückt werden. Nur die bereits sehr dunklen, beinahe schwarzen Beeren sind vollreif. Die Ernte zieht sich innerhalb eines Strauches über 2 Wochen hin.
Etwa 2–3 Jahre nach der Pflanzung gibt es den ersten kleinen Ertrag, der sich in den folgenden Jahren rasch steigert. Ein vollentwickelter Strauch kann unter besten Bedingungen bis zu 10 kg Beeren bringen, der Durchschnittsertrag liegt bei etwa 5 kg.
Auch geschmacklich ist die Jostabeere etwas neues. Wir haben hier eine Mischung von Stachelbeeraroma mit dem typischen Geschmack der Schwarzen Johannisbeere. Der herbe Geschmack der Schwarzen Johannisbeere ist also abgemildert. Im Vitamin C-Gehalt kommt die Jostabeere mit 90–100 mg bei 100 g Beeren nahe an die Schwarze Johannisbeere heran und zählt damit zu unseren Vitamin-C-reichsten Obstarten.
Ein paar Hinweise zum Schnitt: Ein Pflanzschnitt wie bei Johannis- und Stachelbeere ist bei der Jostabeere nicht nötig; sie wächst auf

allen Böden gut an und entwickelt sich kräftig. Später genügt ein jährliches, mäßiges Auslichten, damit an die Blätter genügend Luft und Licht herankönnen. Der Auslichtungsschnitt kann gleich nach der Ernte vorgenommen werden. Wer um diese Zeit nicht dazu kommt, holt die Arbeit im Winter nach. Störende überhängende Triebe können ohne Nachteil eingekürzt werden.
Gedüngt braucht nur zu werden, wenn die Triebbildung deutlich nachläßt. In diesem Fall düngen wir wie bei schwarzen Johannisbeeren.
Wertvoll an dieser Neuheit ist auch ihre Unempfindlichkeit gegen Krankheiten und Schädlinge. So konnte bisher weder Befall durch den Amerikanischen Stachelbeermehltau, noch durch die Blattfallkrankheit beobachtet werden.
Sehr widerstandsfähig scheint die Jostabeere auch gegen die Johannisbeergallmilbe zu sein, die bei Schwarzen Johannisbeeren die Rundknospigkeit hervorruft.
Selbstverständlich können wir die Jostabeeren im Vorbeigehen gleich vom Strauch essen, so wie wir dies auch bei den anderen Beerenobstarten tun. Sobald die Sträucher aber reichlich tragen, wird man einen Teil der Ernte zu Gelee verarbeiten, das ganz vorzüglich schmeckt. Die Beeren werden dabei wie üblich entsaftet und mit der gleichen Menge Zucker eingedickt. Ebenso läßt sich Marmelade herstellen; dabei sollte allerdings der Zuckeranteil verringert werden. Vorzüglich schmeckt auch der Saft der Beeren. Wem die Arbeit auf einmal zuviel ist, kann sie erst tiefgefrieren und sie zu einem späteren Zeitpunkt verarbeiten.

Himbeere

Himbeeren zeichnen sich durch einen hohen Gehalt an Mineralstoffen (Kalium, Eisen, Phosphor) aus. Durch die enthaltene Äpfel- und Zitronensäure schmecken die Beeren angenehm säuerlich. Sie wirken erfrischend und blutreinigend. Im eigenen Garten angebaut, können wir die Beeren bis zur letzten Reife an den Pflanzen belassen. Allerdings, an das köstliche Aroma der kleineren Waldhimbeeren kommen auch die besten Sorten von Gartenhimbeeren nicht heran.

Besondere Ansprüche
Himbeeren wachsen am besten auf einem mittelschweren, lockeren und humosen Gartenboden in möglichst windgeschützter, sonniger Lage. Sie lieben leicht sauren Boden; ein pH-Wert von 5,5–6 wäre ideal, doch auch wenn dieser etwas geringfügig höher liegt, kann man reichlich ernten, sofern die sonstigen Kulturansprüche beachtet werden. Ein zu hoher pH-Wert hat allerdings Eisen- und Manganmangel zur Folge; die Blätter färben sich dann ungesund-gelblich (Chlorose).
Ist der vorhandene Boden leicht und sandig, verbessern wir ihn mit organischen Düngemitteln, also mit Kompost oder verrottetem Stallmist. Wenn dann gemulcht und zusätzlich bei Trockenheit während des Wachstums und der Fruchtreife gewässert wird, ist auch unter solchen von Haus aus ungeeigneten Böden der Anbau von Himbeeren lohnend.

Pflanzung
Himbeeren pflanzen wir, wie auch das übrige Strauchbeerenobst, am besten im Herbst. Der Start im Frühjahr ist dann ein besserer. Können wir erst im Frühjahr pflanzen, dann so früh wie möglich. Im Garten werden Himbeeren

Ein bewährtes Latten/Drahtgerüst für Himbeeren.

meist nur in einer Reihe gepflanzt, vielfach entlang des Zaunes oder als Abgrenzung des Gemüsegartens. Als Pflanzabstand genügen 40–50 cm und 1,50 m Reihenabstand, wenn mehrere Reihen gepflanzt werden sollen.
Die grundlegende Bodenvorbereitung nehmen wir wie bei den Johannisbeeren oder Stachelbeeren vor (siehe S. 126). Da die Wurzeln der Himbeeren empfindlich sind, werden die Pflanzen bei Ankunft der Sendung gleich eingeschlagen oder sofort gepflanzt. Jedenfalls muß verhindert werden, daß sie austrocknen. Beim Pflanzen selbst geben wir um die Wurzeln herum ein paar Handvoll feuchten Torf; dies fördert das Anwachsen.
Wichtig ist, daß die an der Basis sitzenden Triebknospen nicht beschädigt werden, denn die sich daraus entwickelnden Triebe bringen die erste Ernte im Jahr nach der Pflanzung. Wir setzen die Pflanzen so tief, daß die Bodenknospen etwa 5 cm hoch mit Erde bedeckt sind. Dann gießen wir an und decken den Boden mit kurzem Stroh, verrottem Stallmist, grobem Kompost oder Rindenmulch ab. Schließlich werden die Triebe auf etwa 30 bis 40 cm Länge eingekürzt. Würde man sie belassen, so entstünden im selben Jahr zwar einige Seitentriebe und vereinzelt auch Früchte, aber kaum ein Neutrieb für das kommende Jahr.
Entscheidend für den Erfolg ist auch hier die Sorte und die Herkunft des Pflanzmaterials.

Wichtig: Abgetragene Ruten nach der Ernte entfernen.

Es muß vor allem gesund sein, denn viele Himbeerkulturen leiden unter Mosaikvirus: gelblich-grüne Marmorierung und leichte Kräuselung der Blätter. Mit Himbeerausläufern, die man vom Nachbarn oder einem sonstigen guten Bekannten geschenkt bekommt, sollte man deshalb vorsichtig sein.

Schnitt

Der Schnitt ist einfach: Gleich nach der Ernte werden die abgetragenen Ruten dicht über dem Boden abgeschnitten. Gleichzeitig entfernt man alle schwachen, zu dicht stehenden Neutriebe. Je laufenden Meter sollten nur an die 8–12 Ruten verbleiben. Diese tragen im kommenden Jahr. Zusätzlich können wir im zeitigen Frühjahr die besonders langen Ruten auf etwa 2 m Länge einkürzen. Sie bringen dann zwar ein paar Beeren weniger, die verbleibenden werden dafür umso größer.
Triebe, die zu weit von den Mutterpflanzen entfernt entstanden sind, gräbt man mit dem Spaten aus. Dadurch sieht die Pflanzung ordentlich aus und die eigentliche Himbeerreihe bekommt genügend Licht. Wurden mehrere Himbeerreihen gepflanzt, so werden auch die Triebe, die zwischen den Reihen aus dem Boden kommen, entfernt.
Bei den zweimaltragenden Sorten werden im Winter bzw. zeitigen Frühjahr alle Triebe abgeschnitten. Man kann sie abmähen. Nachdem sich neue Ruten entwickelt haben, entfernen wir gegen Mitte Juni alle schwachen Jungtriebe, so daß nur noch 8–12 kräftige Triebe je laufenden Meter verbleiben. Wenn wir so vorgehen, beginnen wir bei remontierenden, also zweimal tragende Sorten, erst dann mit der Ernte, wenn diese bei den normalen Sorten bereits beendet ist, d. h., die Ernte zieht sich bis in den Spätherbst hin. Wenn es im Oktober kälter wird, spannen wir eine Folie darüber und können auf diese Weise noch lange weiter ernten, denn Himbeeren erfrieren erst bei etwa −5–6° C.

Spaliergerüst

Himbeeren benötigen ein einfaches Drahtgerüst: In Abständen von etwa 5 m werden imprägnierte Holzpfähle 50 cm tief in den Boden geschlagen; ihre Höhe über dem Boden sollte etwa 1,30 m betragen. Nach 70 cm und nach weiteren 50 cm werden Drähte gespannt, an denen wir die Ruten mit Bast befestigen. Eine andere Möglichkeit ist es, an den Pfählen in 70 und 120 cm Höhe je ein Querholz anzubringen, und diese durch Doppeldrähte miteinander zu verbinden. Die Ruten wachsen dann zwischen den Drähten hoch und fallen nicht auseinander. Bei dieser Methode ersparen wir uns das Anbinden der Ruten.

Pflege, Düngung

Gerade bei der Himbeere hat sich das Abdekken des Bodens mit organischen Stoffen bestens bewährt. Die bis dicht an die Oberfläche reichenden feinen Saugwurzeln sind dadurch ständig von Humus umgeben, vor Sonnenstrahlen geschützt, haben es feucht und gleichzeitig luftig. Die Pflanzen fühlen sich unter einer solchen Mulchdecke sichtlich wohl, denn auch an ihrem natürlichen Standort, in Waldlichtungen, ist die Himbeere bedeckten Boden gewohnt. Gleichzeitig ist das Mulchen mit die wichtigste Vorbeugungsmaßnahme gegen die gefürchtete Rutenkrankheit. Der Boden sollte bei Himbeeren überhaupt nicht gelockert werden. Die Wurzeln wachsen so sehr in die Mulchdecke, daß auch eine ganz flache und vorsichtige Bodenbearbeitung zu einer Wachstumsstörung führen kann. Vorhandenes Unkraut kann leicht von Hand aus der Mulchdekke entfernt werden.

Auch zur Düngung haben sich organische Stoffe bewährt. Um die verbrauchten Nährstoffe zu ersetzen, geben wir verrotteten Stallmist, Kompost, Hornspäne, Rizinusschrot u. a. Daneben bekommen die Pflanzen 70–100 g/m^2 Blau-Volldünger, der auch Magnesium enthalten sollte. Himbeeren leiden nämlich leicht an Magnesiummangel, wobei die Blätter zwischen den Rippen vergilben. Nachdem Himbeeren gegen eine zu hohe Salzkonzentration im Boden empfindlich sind, geben wir den Dünger nicht auf einmal: Zwei Drittel davon streuen wir im zeitigen Frühjahr, ein Drittel gegen Ende der Blüte im Bereich der Himbeerwurzeln aus. Selbstverständlich kann anstelle des Blau-Volldüngers auch einer der im Handel befindlichen organisch-mineralischen Volldünger in entsprechender Aufwandmenge – siehe Aufdruck auf der Packung – verwendet werden. Nachdem solche Dünger auf Horn-Knochenmehl-Basis langsam wirken, gibt man die gesamte Menge im zeitigen Frühjahr gleich auf einmal.

Blüte, Frucht, Ernte

Himbeeren sind selbstfruchtbar. Doch empfiehlt sich die Pflanzung von mehreren Sorten, denn auch bei dieser Beerenobstart bringt Fremdbestäubung besonders hohe und regelmäßige Erträge, sowie große Beeren.

Die Früchte hängen an den im Vorjahr entstandenen Ruten und reifen im Juli. Gleichzeitig wachsen aus den Wurzelstöcken neue Triebe, die den Ertrag für das nächste Jahr liefern.

Geerntet wird erst, wenn die Beeren völlig rot sind. Dabei zieht man sie einfach vom Zapfen (Fruchtboden) ab. Nachdem die Beeren rasch überreif werden, pflücken wir sie alle 2–3 Tage durch, bei heißem Wetter sogar möglichst täglich.

Sorten

'Preußen' – frühreifend ab Mitte Juni, stark aufrecht wachsend, kräftige Triebe, ausgezeichnet im Geschmack deshalb besonders zum Frischgenuß aber auch zur Saftbereitung und zum Einmachen sehr gut geeignet; alte in vielen Gärten vertretene Sorte, die allerdings rasch und stark abbaut; deshalb Jungpflanzen nur von einer zuverlässigen Baumschule beziehen, die eine Auslese dieser Sorte anbietet; anfällig gegen Himbeerrutenkrankheit, deshalb die Pflanzung nach spätestens 8 Jahren erneuern.

'Schönemann' – spätreifende, bewährte Hauptsorte; kräftige, stark aufrechtwachsende Triebe; überaus reichtragend; Beeren dunkelrot, von angenehm süß-säuerlichem Geschmack; robust wachsend mit reichlich Wurzelschossen, wenig krankheitsanfällig.

'Himbostar' – spät reifend, mittelstark wachsend mit wenig Jungtrieben, deren Anzahl jedoch für Vollertrag ausreicht; ertragreich, braucht ausreichend Niederschläge bzw. genü-

Wer möchte hier nicht gerne naschen?

gend feuchten Boden; Beeren leuchtendrot, aromatisch; wertvolle Neuzüchtung.
'Zefa 1' – reift mittelfrüh, kräftiger Wuchs und zahlreiche Neutriebe; Früchte wohlschmekkend; sehr winterhart, deshalb auch für rauhe, niederschlagsreiche Höhenlagen geeignet.
'Zefa 2' – mittelfrüh reifend und wie die vorgenannte eine Schweizer Züchtung; kräftige Neutriebe; hoher Ertrag an dunkelroten, aromatischen Früchten; auch für etwas leichtere und weniger feuchte Böden geeignet.
'Zefa Herbsternte' – in den Katalogen auch unter 'Zefa 3' geführt – Schweizer Züchtung, wohl die besten zweimaltragende Himbeere für warmen, sonnigen Standort; mäßiger Wuchs, Ruten werden nur bis etwa 1 m lang; Haupternte im September, Früchte reifen jedoch bis zu den ersten stärkeren Frösten; Beeren kräftig rot und wohlschmeckend.
'Korbfüller' – eine zweimaltragende deutsche Sorte, die der oben genannten ähnelt.
'Shaffers Colossal' – Kreuzung von Purpurhimbeere mit der gewöhnlichen Himbeere; ausgesprochene Liebhabersorte mit gelblichrosafarbenen Beeren; schwachwüchsig, geringer Ertrag aber besonderes Aroma.

Brombeere

Bei Himbeeren sind es die Ausläufer, die so manchen Gartenfreund von der Pflanzung abhalten, bei den Brombeeren ist es das Gewirr von stachligen Trieben. Dabei zählen die aromatischen, besonders bei Kindern beliebten Brombeeren zu den gesündesten Früchten. Von allen Beerenobstarten weisen sie den höchsten Gehalt an Vitamin A (Karotin) auf und eignen sich wegen ihres niedrigen Eiweiß- und Zuckergehalts für die Diät bei Magen-, Zucker-, Nieren- und Rheumaleiden. Von besonderer Bedeutung ist der Gehalt an Mineralstoffen und Fruchtsäuren. Brombeeren eignen sich vorzüglich als Naschfrüchte, man kann sie zu wohlschmeckenden Marmeladen, zu Kompott und Gelee verarbeiten oder aber zu Saft und sogar zu Likör.
Loganbeere, Boysenbeere, Youngbeere und Marionbeere sind Kreuzungen von Brombeeren mit Himbeeren. Sie werden in den USA in vielen Sorten angebaut, haben aber bei uns trotz ihres interessanten Aussehens und vorzüglichen Geschmacks keine Bedeutung. Wer eine der genannten Hybriden (Kreuzungen) trotz ihrer geringen Frosthärte und des geringen Ertrags pflanzen möchte, sollte dafür einen besonders geschützten Platz auswählen.

Besondere Ansprüche
Ideal für Brombeeren ist ein sonniger Platz, der möglichst wind- und frostgeschützt sein sollte. Dagegen sind die Ansprüche an den Boden sehr gering. Diese Beerenobstart ist selbst mit einem leichten, sandigen Boden zufrieden, der sich für andere Obstarten nur wenig eignet. Nur bei schwerem, feuchtem Boden ist Vorsicht geboten, weil hier besonders häufig winterliche Frostschäden auftreten.
Damit sind wir bei einem kleinen Schönheitsfehler: In sehr kalten Wintern, in denen die Temperatur unter −15° C absinkt, erfrieren häufig die Ranken. Das letztemal war dies nach dem kalten Januar 1985 in vielen Gärten der Fall. In einem solchen Jahr gibt es dann keine Ernte. Ähnlich wie bei Kletterrosen, treiben aus dem Stock zahlreiche Jungtriebe aus, die im kommenden Jahr ganz normal blühen und fruchten.
Wegen der Kälteempfindlichkeit eignen sich Höhenlagen über 600 m nicht mehr besonders für den Brombeeranbau. Hier kann es bereits im September Frostnächte geben, also bereits

zu einer Zeit, zu der die Beeren noch bei weitem nicht alle abgeerntet sind. Pflanzt man die Brombeeren allerdings an eine sonnige geschützte Hauswand oder an einen Holzschuppen, so gibt es auch in höheren Lagen noch eine annehmbare Ernte.

Pflanzung

Um Ausfälle während des Winters zu vermeiden, pflanzen wir Brombeeren am besten erst im Frühjahr. Nachdem die Pflanzen im Container also mit Topfballen, angeboten werden, brauchen wir uns damit nicht zu beeilen. Die Bodenvorbereitung erfolgt, wie beim übrigen Strauchbeerenobst. Obwohl anspruchslos, wollen wir auch bei Brombeeren darauf achten, daß vor der Pflanzung alle Wurzelunkräuter entfernt werden. Andernfalls würden diese vom Wurzelstock der Brombeere ausgehend immer wieder in den Garten hineinwachsen.

Bei den rankenden, mit Stacheln bewehrten Sorten sollte 3,50–4 m Pflanzabstand eingehalten werden, während bei den stachellosen Brombeeren 2 m Abstand genügen. Aufrechtwachsende Sorten werden mit 50 cm Abstand in der Reihe und mit 1,50–2 m Reihenabstand gepflanzt, sofern mehrere Reihen angelegt werden.

Beim Pflanzen darf das meist nur schwache Wurzelwerk nicht beschädigt werden, das gleiche gilt für die am Wurzelhals sitzenden Triebknospen. Wir pflanzen so tief, daß diese bodennahen Knospen anschließend etwa 5 cm hoch mit Erde bedeckt sind. Dann wird angegossen, der Boden um die Pflanzstelle mit organischem Material abgedeckt und die Triebe auf 20–30 cm Länge zurückgeschnitten.

Spaliergerüst

Auch bei Brombeeren ist ein Spaliergerüst erforderlich. Wir schlagen etwa alle 5 m einen imprägnierten Pfahl mit 10 cm oberem Durchmesser in den Boden oder betonieren ein Eisenrohr ein. Das Spaliergerüst soll 1,80 m hoch sein. Höhere mit Ranken bewachsene Drahtgerüste machen den Garten optisch kleiner. Der erste Draht wird 50 cm über dem Boden gespannt, in Abständen von je 25 cm folgen 5 weitere. Auf diese Weise haben wir

Brombeeren am Spaliergerüst.

die Möglichkeit bei jeder Pflanze 6 Tragruten und 6 Jungtriebe anzuheften.

Wer will kann aber auch nur 3 Drähte in 0,60, 1,20 und 1,70 m Höhe spannen und an diesen die Tragruten und Jungtriebe in geschlungener Form anbinden. Dies ergibt eine grüne Wand, die zudem dekorativ aussieht. Auch bei dieser Methode werden die Ruten im Herbst zu Boden gelegt und erst im Frühjahr hochgebunden.

Schnitt

Bei der Pflanzung im Frühjahr wird an den ein- oder zweijährigen Pflanzen mit Topfballen weder an den Wurzeln noch an den Ruten etwas zurückgeschnitten, vielmehr binden wir die sommerlichen Jungtriebe an den Drähten des Spaliergerüsts an. Geiztriebe, die sich ab Ende Juni in deren Blattachseln entwickeln, werden auf 2–4 Augen zurückgeschnitten, sobald sie 30–40 cm lang geworden sind. Dies geschieht bis zum Herbst mehrmals, ebenso wie das laufende Anbinden der Jungtriebe an den Drähten.

Durch das Einkürzen der Geiztriebe entwikkeln sich aus deren verbleibenden Augen (2–4) im nächsten Jahr große Blütenstände und große Beeren, die rasch gepflückt werden können, ohne daß die Hände zerkratzt werden.

Dieser Sommerschnitt ist die wichtigste Arbeit. Unterbleibt er, so entsteht in kurzer Zeit

ein Triebgewirr, in dem wir uns kaum mehr zurechtfinden.
Im Winter nach der Pflanzung entfernen wir alle Triebe bis auf 3 besonders kräftige, die bis zur Hälfte eingekürzt werden. Im 2. Jahr nach der Pflanzung entsteht daraufhin aus dem Wurzelstock eine große Anzahl junger Triebe, von denen wir nur die 6 kräftigsten stehen lassen und diese an den Drähten links und rechts festbinden.
Der sich jährlich wiederholende Winterschnitt wird erst nach der Frostperiode, also im zeitigen Frühjahr durchgeführt. Dabei werden alle abgetragenen Ranken weggeschnitten, während man die 6 im letzten Sommer belassenen Jungtriebe gleichmäßig verteilt an den Drähten anbindet. Wegen der Frostgefahr sollten sie im Spätherbst zusammen mit den abgetragenen Ranken auf den Boden heruntergelegt und wenn möglich mit Fichtenzweigen, Stroh oder Laub locker bedeckt werden.
Zu lange Ranken – bei der bekannten Sorte 'Theodor Reimers' können sie 8–10 m lang werden – schneiden wir im zeitigen Frühjahr um etwa ein Drittel zurück. Wir können sie dann leichter am Drahtgerüst anbinden, ferner kommt dieser Rückschnitt den an den verbleibenden Ranken angesetzten Blüten und Früchten zugute.
Wurde der so wichtige Sommerschnitt versäumt, so kann er im Nachwinter nachgeholt werden, wenn auch mit erheblich mehr Arbeitsaufwand als im Sommer. In diesem Fall kürzen wir die in den Blattachseln entstandenen Geiztriebe auf 1–2 Knospen, also auf kurze Stummel ein.

Pflege, Düngung
Auch Brombeeren sind wie alle Strauchbeerenobstarten für ein Bedecken des Bodens mit organischem Material dankbar, vor allem, wenn sie auf einem leichten, sandigen Boden stehen. Wer die Pflanzen im Spätherbst gegen winterliche Kälte mit Stroh bedeckt hat, kann dieses im Frühjahr gleich als Mulchdecke liegenlassen.
Düngung wie bei Himbeeren, also 70–100 g/m^2 Blau-Volldünger, am besten in 2 Gaben ausbringen: zwei Drittel im zeitigen Frühjahr, ein

Geerntet wird erst, wenn die Beeren schwarz sind.

Drittel nach der Blüte. Für die Zufuhr organischer Stoffe als Grundlage jeder mineralischen Düngung gilt das bereits bei den Himbeeren Gesagte; auch Brombeeren entwickeln sich auf humusreichem Boden besonders gut.

Blüte, Frucht, Ernte
Brombeeren sind selbstfruchtbar, es genügt also eine Sorte. Die Bestäubung erfolgt durch Bienen und Hummeln während der gesamten Blütezeit vom Mai bis in den August hinein. Blüten und mehr oder weniger reife Früchte sind während dieser Zeit gemeinsam an den Ranken zu finden.
Geerntet wird erst, wenn die Früchte gut ausgereift sind, weil sie erst dann ihre Inhaltsstoffe und ihr köstliches Aroma voll entwickelt haben. Die Ansatzstelle des Fruchtbodens ist dann bläulich bis violett gefärbt, die Beeren bekommen meist einen matten Schimmer und lassen sich bei Vollreife leicht vom Fruchtboden lösen. Je nach Witterung und Sorte reifen die Früchte von Mitte Juli bis Ende September. Je laufenden Meter Pflanzreihe kann man mit 3–4 kg Ertrag rechnen.

Sorten
'Theodor Reimers' – altbekannte, bewährte Sorte, die bereits um 1890 aus den USA eingeführt wurde; anspruchslos an Boden, entwikkelt sie selbst auf leichten, mageren Böden bis zu 10 m lange Ranken; sehr stachelig, reift ab Anfang August bis in den Oktober hinein; sehr reichtragend; Beeren vollreif saftig, sehr süß und aromatisch, wertvoll für Frischgenuß und Verarbeitung; Ranken frostempfindlich, deshalb im Herbst auf den Boden legen und abdecken.

'Black Satin' – eine neuere rankende aber stachellose Sorte; starkwachsend; reift 2 Wochen früher als die meisten anderen Sorten; sehr guter Ertrag; Früchte glänzend schwarz mit typischem Brombeeraroma; eine sehr interessante Sorte!
'Thornless Evergreen' – ebenfalls rankend aber ohne Stacheln (Brombeeren habe keine Dornen, sondern Stacheln!); Wuchs mittelstark; reift ab Mitte August; hoher Ertrag aber nicht so hoch und Früchte nicht so saftig und aromatisch wie 'Theodor Reimers'; Frostschutz geben!
Ähnlich ist 'Thornfree', vor allem für Frischgenuß; ebenfalls stachellos; reift ab Ende August; feines Brombeeraroma; wertvoll für Frischgenuß und Verarbeitung, sehr saftreich.
'Hull Thornless' – absolute Neuheit; Verfasser konnte damit noch keine eigenen Erfahrungen sammeln; nach zuverlässigen Angaben jedoch besser im Geschmack als 'Black Satin', Reife gleichmäßiger und einheitlicher; reift zur gleichen Zeit wie die alte 'Theodor Reimers', bzw. 8 Tage nach 'Black Satin'; Bezugsquelle siehe S. 204).
'Wilsons Frühe' – einzige aufrechtwachsende Sorte; Wuchs mittelstark; wie Himbeeren behandeln; Pflanzabstand von 50 cm genügt; wenig Stacheln; Reife ab Ende Juli; Beeren klein bis mittelgroß, süßlich, mit vielen Samen; z. Zt. der Fruchtreife viel Wasser geben, damit Beeren nicht zu klein bleiben. Anschließend wird dann wieder mehr Trockenheit vertragen.

Tayberry

Es handelt sich hier um eine Kreuzung aus Himbeere und Brombeere, die allerdings vom Wuchs her der Brombeere viel näher steht als der Himbeere. Die Ranken werden 3–4 m lang und sind stark mit Stacheln besetzt, so daß man bei den erforderlichen Schnitt- und Bindearbeiten Handschuhe tragen muß. Die Ranken erscheinen wie bei der Brombeere aus der Basis des Strauches und entwickeln in ihrem unteren Bereich Geiztriebe.
Die Tayberry ist keine Frucht für den Frischgenuß, denn sie schmeckt auch im vollreifen Zustand recht sauer. Ideal eignet sich die Frucht dagegen für die Zubereitung von Gelee, Marmelade oder Konfitüre. Wenn die Beeren frisch püriert und gezuckert werden, bekommt man eine Fruchtsoße, die zu Eis oder Pudding köstlich schmeckt. Sehr gut läßt sich Tayberry auch tiefgefrieren. Nachdem die weichen Früchte nicht transportfähig sind, dürfte diese Neuheit kaum am Markt angeboten werden.

Besondere Ansprüche

Tayberry wächst in jedem normalen Gartenboden. Selbst ein leichter Boden eignet sich, wenn bei Trockenheit genügend gegossen wird. Lediglich schwere, verdichtete Böden scheiden aus, da hier Wurzelkrankheiten auftreten können und der Trieb spät abschließt. Dadurch nimmt die Frostempfindlichkeit zu. Bei winterlichen Temperaturen unter −15° C erfrieren die Ranken, wenn sie nicht wie bereits bei der Brombeere empfohlen, heruntergelegt und durch Schnee, Fichtenzweige oder Stroh geschützt sind. Die Frosthärte ist allerdings größer als bei der bereits erwähnten 'Loganbeere' oder 'Boysenbeere'.

Pflanzung

Wegen der Frostgefährdung wird erst im Frühjahr gepflanzt. Meist genügen 1 oder 2 Pflanzen, die im Abstand von 2–2,50 m gesetzt werden. Wird Tayberry vor die Hauswand gepflanzt, so ist – ähnlich wie bei Brombeeren – ein Rankgerüst nötig bzw. für eine freistehende Hecke ein Drahtgerüst. Es genügen 4 Drähte, von denen der unterste etwa 60 cm über dem Boden verläuft, während die anderen im Abstand von 40 cm folgen.

Pflege, Düngung, Schnitt

Was bereits bei der Brombeere gesagt wurde, gilt auch hier. Im Frühjahr genügt neben reichlich Kompost eine Gabe von 50 g/m^2 Blau-Volldünger oder die entsprechende Menge eines organischen Düngers. Es kommt vor allem auf eine ausreichende Kali- und Magnesiumversorgung an, da diese Nährstoffe für eine gute Fruchtqualität wichtig sind.

Zum Schnitt: Die jungen Ranken läßt man am untersten Draht oder am Boden entlangwachsen, während die tragenden Ranken an den übrigen Drähten angebunden werden. Im Frühjahr schneidet man die alten, abgetragenen Ranken über dem Boden weg und befestigt die im letzten Jahr entstandenen Jungranken an den Drähten. Während des Sommers verbleiben je Pflanze höchstens 6 Ranken. In den Blattachseln entstehende Geiztriebe werden auf 2–4 Augen eingekürzt.

Blüte, Frucht, Ernte
Die leicht rosa gefärbten Blüten mit vielen Stempeln erscheinen im Mai an kurzen Seitentrieben, meist 5–7. Die sich daraus entwickelnden Früchte sind fast walzenförmig, weinrot und etwa doppelt so schwer wie Himbeeren, allerdings samt Zapfen, denn dieser bleibt bei der Ernte – im Gegensatz zur Himbeere – in der Frucht.
Die Ernte beginnt wie bei Himbeeren etwa Anfang Juli und zieht sich über 3 Wochen hin. Man sollte unbedingt die Vollreife abwarten, denn nur dann erreicht Tayberry ihr typisches Aroma. Trotz der dornigen Triebe lassen sich die Früchte rasch ernten, weil sie frei hängen. An einem freistehenden Spalier kann man bei Pflanzen im Vollertrag mit 3 kg Beeren je laufenden Meter rechnen.

Gartenheidelbeere

Die köstlich schmeckenden Kultursorten finden unter den Gartenfreunden zunehmend Liebhaber. Sie reifen, je nach Sorte, von Mitte Juli bis Mitte September und haben im allgemeinen mehr Zucker und weniger Säure als unsere Waldheidelbeeren.
Am besten schmecken die fast kirschgroßen Beeren (14–18 mm Durchmesser), wenn man sie frisch vom Strauch pflückt und gleich ißt. Aber auch für Kuchen, Kompott oder Saft sind sie geeignet; sie lassen sich aber ebenso konservieren und einfrieren. Die Früchte haben nichtfärbenden Saft, die Haut aber ist je nach Sorte hellblau bzw. ebenso tiefblau wie bei der gewöhnlichen Waldheidelbeere. Übrigens, zur Blütezeit im Mai sind Heidelbeeren besonders attraktiv. Man kann die bis zu 2 m hoch werdenden Sträucher durchaus als Zierpflanzen am Gartenrand mit einpflanzen und später noch die Früchte ernten.

Besondere Ansprüche
Nicht immer tragen die Sträucher so reich, wie dies auf Abbildungen in Katalogen und Gartenbüchern zu sehen ist. Der Hobbygärtner ist dann sehr enttäuscht und schimpft auf den schuldlosen Pflanzenlieferanten. Der Grund für den Mißerfolg ist in beinahe allen Fällen eine unzureichende Bodenvorbereitung.
Wichtigste Voraussetzung für den Erfolg mit Kulturheidelbeeren ist nämlich ein saurer Boden mit einem pH-Wert von etwa 4–5; dies entspricht dem pH-Wert eines Hochmoor- oder eines humusreichen Waldbodens.
Die meisten Gartenböden zeigen dagegen eine nur schwach saure bis neutrale Reaktion (pH 6–7) und müssen deshalb speziell für die Pflanzung von Heidelbeeren vorbereitet werden. Andernfalls würden die Pflanzen kümmern und kaum Neutriebe entwickeln. Heidelbeeren unter nicht zusagenden Bodenverhältnissen bekommen außerdem meist gelbliche Blätter, wachsen eher rückwärts als vorwärts und gehen schließlich ganz ein. Wenn allerdings die speziellen Wünsche an sauren Boden berücksichtigt werden, ist es durchaus möglich, auch auf von Natur aus ungeeigneten Böden erfolgreich Heidelbeeren anzubauen.
Wir heben deshalb vor der Pflanzung für jeden Strauch eine Grube von mindestens 1 × 1 m und 0,50 m Tiefe aus und füllen diese mit einer Mischung, bestehend aus saurem Torf, saurem humusreichen Waldboden und ein wenig normaler Gartenerde. Wer kann, sollte die Pflanzgruben sogar 1,50 × 1,50 m groß und 0,50 m tief ausheben und sie mit dem genannten Substrat füllen. In Gegenden mit besonders kalkreichen Böden können wir zusätzlich die Innenwände der Pflanzgrube mit Folie auskleiden, damit von den Seiten her möglichst kein Kalk eingewaschen wird.
Und noch etwas: Die im Garten gepflanzten Sorten wollen im Gegensatz zur Waldheidelbeere in voller Sonne stehen.

Pflanzung

Die Pflanzung erfolgt im Herbst oder zeitigem Frühjahr. Schön sieht es aus, wenn die Sträucher in einer Gruppe zusammenstehen, die dann gleichzeitig Zierwert hat. Es kann aber auch eine Reihe gepflanzt werden. In all diesen Fällen sollte der Abstand von Strauch zu Strauch etwa 1,50–2 m betragen. Als Reihenabstand bei größeren Pflanzungen haben sich 3 m bewährt.

Als Pflanzmaterial kaufen wir 2–3jährige Sträucher, die möglichst gut bewurzelt sein sollen. Ähnlich wie bei Johannisbeeren sollten die Sträucher bei der Pflanzung etwas tiefer in den Boden kommen als sie vorher in der Baumschule gestanden haben; dadurch wird eine spätere Jungtriebbildung aus dem Wurzelstock gefördert. Anschließend treten wir die Sträucher leicht an und gießen kräftig, damit die Erde an die Wurzeln geschwemmt wird. Dann wird der Boden um die Sträucher mit Grasschnitt, kurzem Stroh, verrottetem Stallmist oder Rindenmulch abgedeckt, also gemulcht.

Pflege

Ebenso wie Johannis- und Stachelbeeren sind die Kulturheidelbeeren ausgesprochene Flachwurzler. Deshalb darf zwischen den Sträuchern auf keinen Fall mit dem Spaten gegraben werden. Wir nehmen zur Bodenbearbeitung nur die Grabgabel, lockern flach und ziehen das Unkraut heraus.

Besonders wüchsig zeigen sich die Heidelbeeren, wenn der Boden unter den Sträuchern gemulcht wird. Dazu bringen wir jedes Jahr eine 10–15 cm hohe Schicht aus Rasenschnitt, kurzem Stroh oder Stallmist auf. Zum Gießen wird möglichst kalkarmes Wasser, am besten also Regenwasser verwendet.

Düngung

Um den Humusgehalt und damit das Bodenleben zu fördern, bringen wir jedes Frühjahr unter den Sträuchern organische Stoffe aus, also Kompost oder verrotteten Stallmist.

Bezüglich Nährstoffe sind Kulturheidelbeeren recht genügsam. Es genügt meist, wenn im April 50 g/m^2 eines Blau-Volldüngers oder die

In der Blüte wirkt die Heidelbeere wie ein Zierstrauch. Dieser übermannshohe Strauch steht auf kalkhaltigem Boden, der aber wie beschrieben vorbereitet wurde.

entsprechende Menge eines organischen Volldüngers gegeben wird.

Schwacher Neutrieb und gelblichgrüne Blätter sind Anzeichen von Stickstoffmangel. In diesem Fall gibt man in der Zeit von März bis Mai 20–50 g/m^2 Schwefelsaures Ammoniak, am besten in 2 Gaben in 4wöchigem Abstand. Dieser Stickstoffdünger wirkt physiologisch sauer und trägt deshalb zur Senkung des pH-Wertes bei.

Schnitt

Ein scharfer Pflanzschnitt, wie er bei anderen Beerensträuchern anzuraten ist, braucht nicht durchgeführt zu werden. Die Kulturheidelbeeren kommen mit wenig Schnitt aus. Erst nach etwa 5 Jahren werden überalterte und zu sehr am Boden aufliegende Triebe herausgeschnitten. Der Schnitt erfolgt entweder dicht über dem Boden oder aber über einem Jungtrieb, der aus einem älteren Trieb entstanden ist. Als Ersatz läßt man einige gut verteilte kräftige Jungtriebe stehen, die sich aus dem Wurzelstock entwickelt haben. Die Triebe sollen möglichst nicht älter als 4–5 Jahre sein und dann durch junge ersetzt werden.

Blüte, Frucht, Ernte

Die 1,50–2 m hoch werdenden Sträucher sind im Mai mit weiß bis rosa gefärbten glockenförmigen Blüten besetzt. Sie sind zwittrig und selbstfruchtbar. Trotzdem empfiehlt es sich, mindestens 2 Sträucher verschiedener Sorten zu pflanzen. Durch Fremdbestäubung bringen die Sträucher höhere Erträge und größere Beeren. Bienen und Hummeln tragen das ihrige zu einer reichen Ernte bei.

Fruchtbehang an dem Strauch von S. 143.

Anfangs müssen wir uns zwar etwas gedulden, aber vom 3.–4. Jahr ab gibt es bereits recht erfreuliche Erträge. Ein voll entwickelter Strauch kann 2,5–5 kg Beeren bringen, unter besonders günstigen Verhältnissen sogar bis zu 10 kg und mehr. Die in Neuseeland angebaute Sorte 'Dixi' soll unter optimalen Bedingungen nach neuesten Berichten sogar bis zu 14 kg je Strauch bringen.
Je nach Sorte reifen die Früchte von Mitte Juli bis in den September hinein. Mit der Ernte warten wir, bis die Beeren richtig blau sind; erst dann haben sie ihr köstliches Aroma voll entwickelt. Beeren, die nicht sofort verwertet werden können, lassen sich ohne Nachteile einige Tage lang im kühlen Keller oder im Kühlschrank aufbewahren.
Nachdem die Beeren nacheinander reifen, werden sie gerne von Vögeln heimgesucht. Wir müssen sie deshalb unbedingt schützen, da sonst kaum eine Beere richtig reif wird. Scheinbar finden die Amseln um diese Zeit in den Gärten nichts Verlockenderes. Einzelne Sträucher oder eine kleine Gruppe umgeben wir deshalb am besten mit einem Käfig aus engmaschigem Drahtgeflecht oder Kunststoffnetz.

Sorten
Bereits kurz nach 1900 begann in den USA die systematische Züchtung großfrüchtiger Kulturheidelbeersorten. Heute gibt es davon an die fünfzig.
In Deutschland war es Dr. W. Heermann, Grethem/Lüneburger Heide, der nach 1930 Sorten züchtete, die sich für unsere Verhältnisse eignen. Wertvoll ist vor allem 'Blauweiß-Goldtraube', anfangs ein formenreiches Gemisch, aus dem schließlich die geschützten Sorten 'Ama' und 'Herma' ausgelesen wurden.
Empfehlenswerte amerikanische Sorten, die von deutschen Baumschulen bezogen werden können, sind ihrer Reifezeit nach geordnet:
'Bluetta' – sehr früh, dunkelblaue gleichmäßig reifende Beeren.
'Bluecrop' – mittelfrüh, reichtragend, große Fruchttrauben; sehr frosthart und widerstandsfähig gegen Trockenheit.
'Berkeley' – mittelspät, sehr große schön hellblau beduftete Beeren.
'Herbert' – spät, große Fruchttrauben und große dunkelblaue aromatische Beeren.
'Jersey' – spätreifend, Strauch sehr starkwachsend, winterhart und reichtragend; große hellblaue Beeren von gutem Geschmack.
'Coville' – spätreifend und starkwachsend; attraktive lichtblaue Beeren, platzfest und von ausgezeichnetem Geschmack.

Preiselbeere

Aus einer wilden Pflanze durch züchterische Bearbeitung eine »zahme« zu machen, die auch im Garten befriedigt, ist nicht immer ganz einfach. Dies gilt auch für die Preiselbeere, die deshalb erst neuerdings dem Hobbygärtner zu versuchsweisem Anbau empfohlen werden kann. Preiselbeeren sind bekanntlich nicht nur vielseitig verwertbar, sie haben auch einen vorzüglichen Geschmack und gelten deshalb zu Recht als Delikatesse, die Feinschmekker zu schätzen wissen.

Besondere Ansprüche
Preiselbeeren wachsen von Natur aus in sandigen Böden Norddeutschlands, in den Mittelgebirgen – z. B. Bayerischer Wald – und in den Alpen bis zu 3000 m Höhe, vor allem aber sind sie in Finnland zuhause. Sie kommen als Unterwuchs trockener Wälder, vor allem in lichten Kieferwäldern vor. Der Boden ist an diesen Stellen sandig, kiesig oder humusreich, in jedem Fall aber nährstoffarm und sauer.
Diese Voraussetzungen müssen wir auch den züchterisch bearbeiteten Pflanzen bieten. Überspitzt ließe sich sagen, daß Kultur-Preiselbeeren da wachsen, wo sonst nichts mehr wächst. Guter Boden bekommt ihnen schlecht. Sie lieben es humusreich, sandig, durchlässig, nährstoffarm. Sind solche Verhältnisse in unserem Garten nicht gegeben, bereiten wir den Boden wie zur Pflanzung von Rhododendren und Azaleen, bzw. wie bei Kultur-Heidelbeeren (siehe S. 142) vor. Wir vermischen ihn mit viel saurem Torf, Waldhumus, Sägespänen und eventuell Sand. Der pH-Wert sollte 5–6 betragen, der Platz sollte möglichst frei und sonnig bis halbschattig sein.
Die Eingewöhnung von Preiselbeeren in den Garten fällt jedenfalls leichter als die von Kultur-Heidelbeeren. Auch später sind sie weniger heikel, weil sie ein geringeres Wurzelwachstum haben und deshalb nicht aus der vorbereiteten Bodenschicht herauswachsen.

Pflanzung, Pflege, Düngung
Gepflanzt wird am besten im Herbst oder zeitigen Frühjahr. Auf einem Beet normaler Breite, so wie vom Gemüsegarten her gewohnt, haben je nach Sorte 2–4 Reihen Platz, also Reihenabstand 25–50 cm und gleicher Abstand innerhalb der Reihen. Wenn wir die Pflanzen etwas tiefer setzen, treiben sie reichlich Ausläufer und bedecken bald das ganze Beet.
Wir können die Preiselbeeren aber auch im Ziergarten unterbringen, etwa als Bodendekker zwischen Rhododendren und Azaleen, denn sie gedeihen sowohl in voller Sonne als auch in leichtem Schatten und sind wintergrün. Auch für einen Heidegarten sind sie geeignet.
Zusätzliches Wasser brauchen Preiselbeeren sogar auf leichtem Boden selten, es sei denn, es wird einmal über eine längere Zeit hinweg trocken.
Gedüngt werden die Kultur-Preiselbeeren nur sehr vorsichtig mit allenfalls 20 g/m^2 eines Blau-Volldüngers, der auch Magnesium enthalten sollte. Hierzu liegen noch zu wenig Erfahrungen vor, um genaue Empfehlungen geben zu können. Als idealer Dünger zeigte sich im erwerbsmäßigen Preiselbeeranbau Plantosan. Bei stärkerer Düngung werden die sonst vollkommen gesunden Pflanzen anfällig für Phytophtora-Fäule. Das Mulchen mit Sägespänen, Torfmull oder Nadelstreu ist dagegen in jedem Fall vorteilhaft für die Entwicklung der Pflanzen.

Blüte, Frucht, Ernte
Die Preiselbeeren blühen meist zweimal, im Mai/Juni und nochmals im Juli/August. Die Reife der Beeren erfolgt ebenfalls in zwei Schüben. Der erste ist im Juli dran, der zweite im September/Oktober. Die erste Ernte bringt nicht viel, aber es reicht meist zu einer Kostprobe. Die Haupterntezeit ist also der Herbst. Die dann geernteten Beeren sind auch größer und von besserer Qualität.

Preiselbeerpflanze im Fruchtschmuck.

Die glöckchenförmigen Blüten stehen dicht an dicht in mehrblütigen Trauben; sie sind weiß und rötlich getönt. Die Bestäubung der zwittrigen Blüten wird wie bei anderen Beerenobstarten auch, überwiegend von Bienen und Hummeln übernommen. Ebenso wie die Blüten hängen auch die Früchte in dichten Trauben. Sie sind kugelig, erst weiß glänzend, dann scharlachrot. Einige Jahre nach der Pflanzung können je m^2 etwa 0,5 kg geerntet werden.
Im Garten ernten wir mit der Hand, in norddeutschen Erwerbsbetrieben benützt man dazu einen finnischen Pflückkamm.

Sorten
'Koralle' – sie wird von Wilhelm Dierking in Nienhagen vegetativ, also ungeschlechtlich vermehrt, so daß einheitliches Pflanzenmaterial zur Verfügung steht; bei einem Pflanzabstand von 50 × 50 cm können je Pflanze Höchsterträge von 300 g erzielt werden.
'Erntedank' und 'Erntekrone' – diese Sorten bleiben kleiner, können also auch enger gepflanzt werden; sie können vom Gartenbaubetrieb Albert Zillmer in Uchte bezogen werden (siehe Bezugsquellen S. 204). 'Erntesegen' – ebenfalls von A. Zillmer in den Handel gebracht, ist eine sehr wüchsige Auslese mit über 40 cm langen Trieben, also entsprechende Pflanzabstände einhalten; sehr große, hellrote Beeren mit z. T. über 1 cm Durchmesser; Abstand bei den drei letztgenannten Sorten: 25 × 25 cm.

Kiwi

Diese Obstart ist in subtropischen Regionen zu Hause; dort wachsen Kiwis üppig. Bei uns gedeihen sie dagegen nur in Weinbaugebieten oder an sehr geschützten Stellen, wobei die Früchte aber deutlich kleiner bleiben. Gute Erfahrungen habe ich mit Kiwis an der geschützten Westseite einer Holzhütte gemacht und dies sogar im Voralpenraum.

Besondere Ansprüche
Kiwis brauchen sauren Boden, d. h. der pH-Wert muß bei 5,5–6,5 liegen. Ist der Boden zu kalkreich, so tritt Chlorose auf, ähnlich wie bei Rhododendron u. a. Die großen Blätter bleiben dann nicht sattgrün wie beim Austrieb, sondern werden gelblich, bekommen braune Blattränder und fallen vorzeitig ab.
Da Kiwis zweihäusig sind, d. h. weibliche und männliche Blüten befinden sich auf verschiedenen Pflanzen, muß unbedingt ein Pärchen zusammenstehen; andernfalls gibt es keine Früchte. Bei einer größeren Pflanzung versorgt ein »Männchen« die Blüten von 6–7 weiblichen Pflanzen mit Blütenstaub.
Ebenso wesentlich für den Erfolg ist eine sehr windgeschützte, sonnige, warme Lage. Das Holz verträgt Temperaturen bis etwa – 12° C. Wird es im Winter kälter, kommt es zu Frostschäden wie im Januar 1985 mit Temperaturen bis – 25 °C und noch darunter.
In den Jahren davor hatten wir verhältnismäßig milde Winter, so daß mancher Gartenbesitzer nicht so recht an die Frostempfindlichkeit der Kiwis glauben wollte. Vor allem junge Kiwipflanzen sind gegen Kälte sehr empfindlich, während ältere stärker verholzt sind und deshalb etwas mehr aushalten können.

Pflanzung
Wegen ihrer Frostempfindlichkeit werden Kiwis nur im Frühjahr gepflanzt. Die Pflanzen werden von den Baumschulen im Container angeboten. Wir stellen sie kurz in einen Eimer mit Wasser, damit sich der Wurzelballen gut vollsaugen kann, und pflanzen dann mit viel feuchtem Torf.
Ist der Boden nicht sauer genug, wird reichlich Torf zugesetzt. Außerdem wird der Boden vor der Pflanzung tief gelockert.
Man zieht die Kiwi-Schlingpflanzen am besten an der Hauswand oder an einer Mauer, bzw. an einem bis zu 2 m hohen Holz- oder Drahtspalier. Aber auch eine Pergola kann damit berankt werden. Der Abstand von Pflanze zu Pflanze sollte 3–4 m betragen.

Pflege, Düngung, Schnitt
Während der Vegetationszeit brauchen Kiwis viel Wasser, sonst stoßen sie die Früchte leicht ab. Eine Mulchdecke fördert das Triebwachstum. Ab dem 2. Jahr nach der Pflanzung wird

Kiwi: Weibliche Blüten in strahlendem Weiß.

Kiwi: Die männlichen Blüten sind gelblich.

Kiwis sind dekorative Kletterpflanzen.

erstmals leicht gedüngt und nach dem 5. Jahr, wenn der Vollertrag einsetzt, werden die Gaben erhöht: Im März gibt man 20–30 g/m² eines Blau-Volldüngers, zur Blütezeit im Juni je nach Blütenansatz 50–70 g/m², und im August bei gutem Fruchtansatz nochmals 20 g/m².
Beim Schnitt kommt es darauf an, daß sich die Pflanzen gut mit Fruchtzweigen garnieren und licht bleiben. Beim Winterschnitt im Februar/März wird deshalb das abgetragene Holz entfernt. Zusätzlich empfiehlt sich ein Sommerschnitt im Juli/August, wenn die Früchte walnußgroß sind. Dabei wird jeder Trieb über dem 5.–6. Blatt oberhalb der Früchte gekappt.

Blüte, Frucht, Ernte
Die aparten weißen, bei den männlichen Pflanzen etwas gelblichen Blüten öffnen sich erst im Juni. Damit die Kiwi-Früchte ihre volle Süße und ihr typisches Aroma entwickeln, sollte man sie bis Anfang November an den Pflanzen hängen lassen – sie halten bis zu −3° C aus –, werden nicht ganz hühnereigroß, und haben eine hellbraune Haut mit vielen kurzen Haaren. Das grünliche Fruchtfleisch ist mit zahlreichen kleinen, aber nicht störenden Kernen durchsetzt. Der Geschmack ist angenehm säuerlich, ähnlich wie bei Stachelbeeren. Kiwis werden meist roh gegessen oder zu köstlichen Nachspeisen zubereitet.

Sorten
'Hayward' – Wuchs mäßig, blüht spät, im Herbst früher Triebabschluß; sehr ertragreich; Früchte groß, süß und aromatisch; Fruchtreife Anfang–Mitte November; meist angebaute Sorte.
'Tomuri' – als männliche Pflanze dazu nehmen; Blütezeit deckt sich mit der von 'Hayward'.

Weinstock

Von Weinbaugebieten abgesehen, paßt der Weinstock am besten an die Süd- oder Südwestseite des Hauses, denn eine Mauer strahlt auch nachts noch Wärme ab. Ebenso eignet er sich zur Bekleidung einer Laube. Selbst in etwas rauheren Gebieten gedeiht die Weinrebe, wenn nur die Pflanzstelle kleinklimatisch begünstigt ist. Ein Weinstock am Haus ist ebenso wie ein Obstspalier eine Zierde. Wenn dann der Hobbygärtner auch noch vollreife Trauben ernten kann, ist er zu Recht stolz.

Wir haben einen Weinstock seit etwa 50 Jahren an der Westseite des Hauses stehen, und das im Voralpenland zwischen München und den Bergen. Er bedeckt die gesamte Hauswand, hat alle Frostwinter überstanden und trägt jedes Jahr. Die Beeren sind klein, schmecken aber köstlich und wir ziehen sie den gekauften Trauben entschieden vor, obwohl diese für das Auge mehr hermachen, beim Essen aber oft enttäuschen.

Im Herbst leuchtet der Weinstock farbenfroh auf.

Besondere Ansprüche

Der Weinstock hat von allen Obstarten zwar das größte Wärmebedürfnis, er sollte auch möglichst windgeschützt stehen, sonst aber ist er geradezu bescheiden. Wo er sich wohlfühlt, wächst er eigentlich von selbst und trägt ziemlich regelmäßig. Wichtig ist nur, daß wir ihn alljährlich im Spätwinter und im Sommer schneiden. Die Trauben hängen nämlich nur an Jungtrieben, die aus dem 2jährigen Holz entstehen.

Der Boden sollte möglichst kräftig, locker, warm und tiefgründig sein. Staunässe wird nicht vertragen. Vor der Pflanzung heben wir deshalb ein 40 cm tiefes und 1 m^2 großes Loch aus und geben kohlensauren Kalk oder alten lockeren Bauschutt zu, denn der Weinstock ist kalkliebend. Anschließend wird die Sohle mit der Grabgabel oder bei festem Boden mit dem Pickel nochmals 20 cm tief gelockert, so daß die Pflanzstelle auf etwa 60 cm Tiefe vorbereitet ist.

In Böden, die nicht ohnehin genügend Phosphorsäure und Kali enthalten, empfiehlt es sich, die Erde der Pflanzgrube, vor allem im unteren Bereich mit 1–2 kg Thomasmehl und der gleichen Menge Kalimagnesia zu vermischen. Diese Nährstoffe verbleiben nämlich weitgehend in der Tiefe, in der sie eingebracht wurden, sie wandern kaum abwärts. Wenn möglich, sollte auch die Umgebung der Pflanzstelle gelockert werden, denn der Weinstock besitzt weitreichende Wurzeln.

Pflanzung

Gepflanzt wird im Frühjahr, Topfreben können aber auch noch bis in den Sommer hinein gepflanzt werden. Wir beziehen dazu von einer Baumschule veredelte starke Pflanzen im Topf und lassen vorher den Ballen voll Wasser saugen. Die Pflanzen kommen etwas schräg in das gut vorbereitete Pflanzloch, d. h., der Wurzelballen sollte etwa 40 cm von der Hauswand entfernt gesetzt und der Trieb zur Wand hingeleitet werden. Es wird so tief gepflanzt, daß die Veredlungsstelle gerade noch über dem Boden zu sehen ist. Anschließend kräftig angießen und die Veredlungsstelle anhäufeln. Der Trieb braucht nicht zurückgeschnitten zu werden; wir lassen ihn hochwachsen und binden ihn laufend an. Lediglich überzählige Triebe werden weggeschnitten. Die Weinrebe, ursprünglich ein Schlinggewäschs, braucht für das erste Jahr einen Pfahl, für die weiteren Jahre ein Spaliergerüst, an dem in Abständen von 40–50 cm Querlatten angebracht oder Drähte gespannt sind.

Schnitt

Im kommenden Spätwinter (Ende Februar/Anfang März) – nicht zu spät, sonst blutet der Weinstock – wird der hochgewachsene junge Trieb auf etwa die Hälfte eingekürzt. Beim Rückschnitt bleibt, im Gegensatz zu den übrigen Obstarten, über der Knospe, auf die wir zurückschneiden, ein kleiner Zapfen von 2 cm Länge stehen. Dadurch wird ein Austrocknen der empfindlichen Knospen verhindert.

Aus der obersten Knospe dieses vorjährigen Triebes entsteht im Frühsommer ein kräftiger Jungtrieb, den wir immer wieder anbinden, um eine gerade Mitte zu erhalten. Aus den übrigen Knospen sollen im Abstand von etwa 20 cm seitliche Triebe entstehen.

Ist eine größere Fläche zu bekleiden, so lassen wir im Abstand von 1 m Seitentriebe nach links und rechts vom Mitteltrieb weiterwachsen und binden sie an das Spaliergerüst an. Es sollen daraus stärkere Äste (= Schenkel) werden, an denen ebenso wie am Mitteltrieb, Fruchtholz entsteht. Die Verlängerungen sowohl der seitlichen Äste als auch der Mitte werden alljährlich im Frühjahr eingekürzt.

Ähnlich wie bei den Obstbäumen bauen wir also auch beim Weinstock erst ein Gerüst aus stärkeren Ästen auf, an denen zahlreiche seitliche Triebe (Fruchtholz) entstehen. Diese Seitentriebe, die im Abstand von etwa 20 cm aufeinander folgen sollen, werden nach dem Austrieb an das Spaliergerüst gebunden. Beim nächsten Winterschnitt, der nach Beendigung der stärksten Kälte (Ende Februar/Anfang März) vorgenommen wird, kürzen wir diese Seitentriebe auf 2 Knospen ein, wobei über der äußeren Knospe wieder ein Zapfen verbleibt. Aus den beiden Knospen entwickeln sich 2 junge Triebe, die einer Sommerbehandlung bedürfen.

Beim Sommerschnitt werden die tragenden Triebe 2–4 Blätter über der äußeren Traube eingekürzt.

Ab Anfang Juni werden sämtliche zu dicht stehenden Jungtriebe ausgebrochen, besonders Wasserschosse, die aus dem alten Holz entstanden sind. Je Zapfen verbleiben nur die 2 kräftigsten Triebe mit noch geschlossenen Blütenständen (Gescheine).

Kurz nach der Blüte, also Ende Juni/Anfang Juli, wenn der junge Fruchtansatz etwa hanfkorngroß geworden ist, kürzen wir tragende Triebe auf 2–4 Blätter über dem äußeren Geschein (Blüten- bzw. Fruchttraube) ein und entspitzen die übrigen Triebe. Geiztriebe, die aus den Blattachseln entstanden sind, nehmen wir bis auf 1 Blatt zurück.

Zapfenschnitt im Spätwinter. Wie's gemacht wird zeigt das Bild.

Anschließend binden wir alle Triebe mit Bast gut verteilt an das Spaliergerüst, so daß die Wandfläche möglichst gleichmäßig bedeckt ist und alle Blätter und Trauben viel Licht und Sonne bekommen. Diese Arbeit wird, wenn nötig, den Sommer über fortgesetzt.
Beim darauffolgenden Winterschnitt wird von den jeweils beiden Jungtrieben, die aus den vorjährigen Zapfen entstanden und inzwischen verholzt sind, der äußere mit dem alten Zapfenteil abgeschnitten. Der andere Trieb bleibt stehen und wird erneut auf 2 Augen zurückgeschnitten. Dies wiederholt sich Jahr für Jahr.

Blüte, Frucht, Ernte
Die Blüten wachsen in Rispen, den Blättern gegenübergestellt, und zwar nur an 1jährigen Trieben, die am 2jährigen Holz sitzen. Die Blütezeit liegt im Juni, während die Trauben, je nach Sorte, im September/Oktober reifen.
Der Ertrag eines Weinspaliers an der Hauswand schwankt von Jahr zu Jahr. Je nach Größe der Mauerfläche kann man pro Stock mit 7–10 kg Trauben rechnen, vorausgesetzt Amseln und Wespen richten kurz vor der Reife nicht noch großen Schaden an.

Sorten
frühreifend:
'Perle von Czaba' und 'Königin der Weingärten', beides aus Ungarn stammende Sorten, zeichnen sich durch Muskataroma aus.
'Augusta Luise', ist eine Würzburger Kreuzung von betont vornehmer, nicht aufdringlicher Muskatellerart.
'Ortega', ebenfalls eine Würzburger Züchtung, bringt zwar keine Höchsterträge, reift aber auch unter schwierigsten Bedingungen und besticht durch feines Traubenaroma.
'Blauer Portugieser', hat große Trauben mit wohlschmeckenden dunkelblauen Beeren, die im September reifen; nur für warme Lagen geeignet; günstig für große Wände, da kräftiger Wuchs.
'Früher blauer Burgunder' mit schwarzblauen süßen Trauben, Reife bereits im August; eine recht anspruchslose Sorte, mit kleinen aber zahlreichen Trauben.

mittelfrüh reifend:
'Früher Malinger' (auch 'Frühe Malingre'), eine altbekannte Sorte, die sich auch in rauhen Gegenden noch gut bewährt; wegen des sehr süßen Geschmacks auch »Zuckertraube« genannt; die Trauben sind von mittlerer Größe; wegen der großen Fruchtbarkeit und der sicheren Reife ist diese Sorte sehr zu empfehlen.
'Weißer Gutedel', 'Roter Gutedel' (Beeren rot) und 'Muskat Gutedel' zählen zu den ältesten Tafeltrauben; sehr guter Ertrag auf gutem, nicht zu trockenem Boden; an die Lage stellen sie keine besonderen Ansprüche, doch sollten sie in rauheren Gegenden an die wärmende Hauswand gepflanzt werden.
Wo keine näheren Angaben gemacht sind, handelt es sich um weiße Sorten; im allgemeinen hat man mit diesen außerhalb von Weinbaugebieten mehr Erfolg als mit roten bzw. blauen Sorten, es sei denn, der Sommer ist sehr heiß.

Holunder

Es ist hier ähnlich wie beim Löwenzahn: Nur, weil der Holunder überall vorkommt und praktisch von selbst wächst, wird er nicht allzuhoch geschätzt. Dabei handelt es sich um einen prächtigen Blütenstrauch, der auch in einem vornehmen Villengarten als attraktives Ziergehölz gepflanzt würde, wenn er nur selten wäre und die Baumschulen einen hohen Preis verlangten.
In so manchem Dorf wurden die Holunderbüsche, die so gut in die bäuerliche Umgebung passen, in den zurückliegenden Jahren herausgehackt und durch steife Serbische Fichten oder gar protzige Rhododendren ersetzt. Man glaubte, ein Holunderbusch sei nicht mehr »in« und man müsse es den Städtern gleichtun.
Erfreulicherweise hat inzwischen ein Umdenken eingesetzt und der Holunder kommt wieder zu Ehren. Er bedarf keiner Pflege; wo er aufgeht, weil Amseln die Samen »fallengelassen« haben, entwickelt er sich ganz von selbst zu einem mächtigen Strauch. Meist wird er 4–5 m hoch, er kann aber auch eine Höhe bis

Blühender Hollerbusch . . .

Holunder

Die Blüten schneiden wir mit einer Schere ab und zwar jeweils die ganze Dolde knapp beim Ansatz. Anschließend werden sie an einem schattigen, luftigen Platz getrocknet, sofern sie nicht gleich zu »Sekt« oder Hollerkücherl verwertet werden.

Verwendung im Garten
Wir bauen den Holunder in die Rahmenpflanzung um das Grundstück mit ein, am besten aber pflanzen wir ihn in eine Gartenecke, da er im Laufe der Jahre doch ziemlich mächtig wird. Vorzüglich eignet er sich als Schattenspender für den Kompostplatz, wo er sich besonders wohlfühlt. Im Dorf hat er seinen angestammten Platz unmittelbar am Haus oder am Rande der Straße. Von besonderer Wirkung ist ein Holunderbusch, wenn sich die Blütendolden von einer dunklen Holzwand abheben.

. . . und dekorativer Fruchtschmuck im Herbst.

zu 10 m und einen Durchmesser von 6 m erreichen.
Schön und nützlich sind nicht nur die weißen Blütenteller im Juni/Juli. Wir können sie zu »Hollerkücherl« (gebackene Holunderdolden) im schwimmenden Fett herausbacken oder zu »Sekt« ansetzen. Ebenso schön und nützlich ist der Strauch im Herbst, wenn er mit glänzend schwarzen Beerendolden behangen ist. Aus den Beeren macht man Mus, Gelee und Sirup; für Konfitüre läßt sich Holunder gut mit anderen Früchten mischen. Außerdem ist Holunder heilkräftig: Die Blätter, Blüten, Beeren, Rinde und Wurzeln haben eine blutreinigende, harn- und schweißtreibende Wirkung und werden als Abführmittel verwendet.

Pflege
Wie schon erwähnt: Holunder ist denkbar anspruchslos. Schnitt wird gut vertragen, so daß sich zu umfangreich werdende Sträucher ohne Schwierigkeit verkleinern lassen. Wenn man den Strauch regelmäßig auslichtet, gibt es Fruchtstände mit besonders großen Beeren.
Die Ernte zieht sich 2–4 Wochen hin. Ein Strauch bringt je nach Größe 5–20 kg Beeren.

Pflanzenschutz im Obstbau

Die überwiegende Zahl von Anfragen, die bei gartenbaulichen Zeitschriften eingehen oder bei Fachvorträgen gestellt werden, haben mit Krankheiten und Schädlingen zu tun. Deshalb kommt dem Kapitel »Pflanzenschutz« besondere Bedeutung zu. Krankheiten und Schädlinge, die immer wieder an zahlreichen Obstarten auftreten, wurden ausführlicher behandelt, andere finden Sie in Tabellen. Bevor dort nachgeschlagen wird, sollten die einleitenden Abschnitte gelesen werden, denn gerade im Liebhaberobstbau können wir bereits durch Kulturmaßnahmen, Sorten- und Standortwahl, also vielfach ohne chemische Mittel, dazu beitragen, daß die Bäume und Sträucher gesund bleiben.

Vorbeugen ist besser als heilen

Der Erwerbsobstbauer ist zu häufigen Spritzungen gezwungen, denn auch der umweltbewußte Verbraucher will überwiegend lupenrein sauberes Obst; er will Äpfel wie bei »Schneewittchen«: wohlgeformt und rotbakkig, frei von Maden und »Würmern«. Dies zwingt ihn zu intensiven Pflanzenschutz. Anders im Liebhabergarten, wo sich kleine Einbußen leicht hinnehmen lassen. Hier arbeiten wir möglichst wenig mit chemischen Mitteln und beugen vor, damit es erst gar nicht zu einem stärkeren Auftreten von Krankheiten und Schädlingen kommen kann.

- Obstbäume und Beerensträucher, die am richtigen Platz stehen, werden nicht so leicht und nicht so stark von Krankheiten und Schädlingen befallen wie von Haus aus schwächlich wachsende Pflanzen. Deshalb: Kulturansprüche der einzelnen Obstarten studieren und diese berücksichtigen. Auf ungeeignete Obstarten und -sorten besser ganz verzichten!
- In gut ausgelichteten Obstbäumen trocknen die Blätter nach Regenfällen rasch wieder ab; die Kronen sind gut durchlüftet. Dadurch bleibt ein Pilzbefall (z. B. Schorf) wesentlich geringer als in zu dichten Kronen und wir können uns manche Spritzung ersparen. Also: Säge und Schere häufig gebrauchen!
- Ausreichende Pflanzabstände einhalten! So bekommen alle Teile der Baumkrone viel Licht und können sich kräftig entwikkeln. Die Früchte werden gut ausgebildet und gefärbt und Pilzkrankheiten haben keine so günstigen Entwicklungsmöglichkeiten. Lieber weniger Bäume und Sträucher, diese aber im richtigen Abstand pflanzen!
- Widerstandsfähige Sorten bevorzugen! Von jeder Obstart gibt es mehrere Sorten, bei Apfel und Birne geht deren Zahl – Lokalsorten mitgerechnet – weit in die Tausende. Die Sorten unterscheiden sich nicht nur im Aussehen, in der Reifezeit und im Geschmack, sondern auch in ihrer Anfälligkeit gegen Krankheiten. Siehe Hinweise bei den Sortentabellen!
- Mit Stickstoff nicht überdüngen! Die Pflanzen wachsen dann zwar sehr rasch und die Früchte bekommen Übergröße, ebenso aber werden alle Teile weich und damit anfällig gegen Krankheiten und Schädlinge. Also: immer harmonisch düngen, d. h. auch die übrigen Haupt- und Spurennährstoffe berücksichtigen! Düngung bleiben lassen, wenn der Boden gut versorgt ist, bzw. wenn die Bäume und Sträucher gut im Trieb sind, reich tragen und gleichzeitig genügend Blütenknospen für das kommende Jahr ansetzen.
- Boden den Sommer über mulchen! Die Pflanzen fühlen sich dann sichtlich wohl, denn auch in der Natur bleibt kein offener Boden lange unbedeckt. Unter einer Mulchdecke erhält sich der Boden gleichmäßig feucht und krümelig, es entwickelt sich ein reiches Bakterienleben, und wir haben nur noch wenig Arbeit mit Unkrautbekämpfung.

Nützlinge im Garten

Es gibt eine ganze Reihe von Nützlingen, die uns im Obstgarten so manche Spritzung einsparen helfen. Wir wollen sie fördern und ihre Hilfe in Anspruch nehmen. Da sind vor allem einmal verschiedene Vögel, die besonders während der Brutzeit eifrig damit beschäftigt sind, ihre Jungen mit allerlei Insekten aus dem Garten zu füttern. Selbst an milden Wintertagen ist den quicklebendigen Meisen gut zuzuschauen, wie sie flink von Baum zu Baum, von Ast zu Ast fliegen und hüpfen und dabei Futter suchen. Zweifellos sind viele überwinternde Schädlinge darunter.

Nach Untersuchungen besteht die Nahrung von Kohlmeise, Blaumeise und Kleiber zu 60% aus Schädlingen. Feldlerche, Fitislaubsänger und Gartengrasmücke bringen es auf 70%, Tannenmeise und Gartenrotschwanz sogar auf 77%. Schade, daß wir keinen Kuckuck im Garten haben, denn mit 90% Schädlingsnahrung ist er einsame Spitze! Vogelschutz hat also nichts mit Sentimentalität zu tun, er ist nützlich. Deshalb: Nistkästen aufhängen, Vo-

geltränken aufstellen und an die Winterfütterung denken!
Daneben kennen wir viele kleine Nützlinge, die besonders den Blattläusen den Garaus machen. Dazu zählen vor allem die verschiedenen Marienkäfer und ihre Larven; sie vernichten den Sommer über eifrig Blattläuse, aber auch Schild- und Wolläuse. Die Lieblingsspeise der Florfliege und deren Larven sind ebenfalls Blattläuse. Dieser Nützling ist leicht zu erkennen: hellgrüner Körper, durchsichtige, grünlich schimmernde Flügel und lange Fühler. Im Herbst zieht sich die Florfliege in unsere Wohnungen zurück, wo wir ihr des öfteren begegnen können.
Auch die Larven von Schwebfliegen sind häufig in Blattlauskolonien anzutreffen. Eine einzige ausgewachsene Larve kann täglich bis zu 40 Blattläuse vernichten. Ohrwürmer, die ebenfalls über Blattläuse herfallen, können wir »ködern«, indem wir mit Holzwolle gefüllte Blumentöpfe in die Baumkronen hängen. Dort suchen sie untertags Unterschlupf und gehen nachts auf Jagd. Daneben gibt es Raubwanzen, die Raupen aussaugen, Laufkäfer, die sich über Erdraupen und Schnecken hermachen und flinke, kleine Raubmilben, die der »Roten Spinne« gefährlich werden. Schließlich sind auch unter den Schlupfwespen und Raupenfliegen nützliche Parasiten, die ihre Eier in oder an Raupen ablegen. Sobald die Larven geschlüpft sind, fressen diese ihre Wirte bei »lebendigem Leib« von innen her auf. Für diese grausam, für uns nützlich.

Schwebfliege

Schutz der Bienen

Obwohl die Bestäubung der Obstbäume und Beerensträucher auch durch andere Insekten erfolgt, so sind die Bienen doch unentbehrlich. Sie haben den Hauptanteil an einer guten Obsternte. Bienen sind vor allem in großer Zahl an den Bäumen, sobald zwischen Regenschauern während der Blütezeit auch nur für ein paar Stunden die Sonne scheint. Deshalb ist es wertvoll, wenn starke Bienenvölker in der Nähe unseres Obstgartens stehen. In größeren Kleingartenanlagen oder Siedlungen sollte nach Möglichkeit ein Randgarten als Bienengarten vorgesehen werden. Die Bestäubungstätigkeit der Bienen kommt dann allen Gartenfreunden zugute. Bedenken wegen Bienenstichen sind selbst in den Nachbargärten meist unbegründet, wenn der Bienengarten mit Bienennährgehölzen umgeben ist, da die Bienen erst hoch fliegen, bevor sie sich in der Luft verteilen.
Aus genannten Gründen muß uns der Schutz der Bienen am Herzen liegen. Bienengefährliche Präparate dürfen deshalb auf keinen Fall an blühenden Pflanzen verwendet werden, wobei eine Pflanze bereits als blühend gilt, wenn sich die erste Blüte öffnet. Aber auch für Bienen nicht gefährliche Präparate sollten nur außerhalb der Hauptflugzeit gespritzt werden, weil Bienen bereits unterkühlt und dadurch flugunfähig werden können, wenn sie nur mit bloßem Wasser besprüht werden. Sind blühende Unkräuter vorhanden, so werden diese vor einer unbedingt notwendigen Spritzung abgemäht und als Mulch belassen. Auf dies alles sei hingewiesen, gehen doch alljährlich bei den Pflanzenschutzämtern Schadensmeldungen ein, nur weil die Vorschriften zum Schutz der Bienen nicht beachtet wurden. Auf den Packungen bienengefährlicher Pflanzenschutzmittel steht: »Achtung! Bienengefährlich«.

Mit Pflanzenschutzmitteln vorsichtig umgehen!

Soviel steht fest: Unglücksfälle durch Pflanzenschutzmittel sind bisher nur bei unsachgemäßem Umgang vorgekommen. Doch selbst dies ist selten der Fall. So werden im Bundesgebiet im Bereich der gesamten Landwirtschaft und des Gartenbaues jährlich nur 2 bis 3 Fälle bekannt, in denen Menschen bei der Anwendung von Pflanzenschutzmitteln unvorsichtig waren und Schäden erlitten haben.
Richtig verwendet können Pflanzenschutzmittel von Nutzen sein, ebenso wie etwa Elektrizität, Gas, Verkehrsmittel und viele andere Dinge, ohne die unser tägliches Leben nicht mehr zu denken ist, die aber bei leichtsinnigem Umgang gefährlich werden. Sollte trotzdem durch ein Versehen oder in selbstmörderischer Absicht einmal ein Vergiftungsfall eintreten, so muß sofort ein Arzt benachrichtigt werden. Notfalls kann sich dieser Auskünfte beim nächstgelegenen Pflanzenschutzamt (siehe S. 205) einholen.
Im Interesse unserer eigenen Gesundheit, der Gesundheit unserer Kinder und anderer Familienangehörigen sollten folgende Punkte beachtet werden:

- Spritzmittel nicht in bewohnten Räumen aufbewahren!
- Niemals aus Originalpackungen in andere Behälter (Tüten, Flaschen, Dosen) umfüllen!
- Mittel unbedingt in einem verschlossenen, Kindern nicht zugänglichen Behälter aufbewahren!
- Spritzbrühen nicht in bewohnten Räumen vorbereiten, und für diesen Zweck eigene Behälter verwenden!
- Angesetzte Spritzbrühe auf keinen Fall unbeabsichtigt stehen lassen (Kinder!).
- Spritzbrühreste nur dort ausschütten, wo sie weder Mensch noch Tier oder andere Pflanzen gefährden können!
- Beim Spritzen Schutzkleidung tragen, also alte Kleidungsstücke, Gummistiefel, Handschuhe anziehen, bzw. sich einen Schutzanzug kaufen. Auf keinen Fall nur mit Badehose bekleidet spritzen.
- Nicht gegen den Wind spritzen. Bei stärkerem Wind auf Spritzung ganz verzichten, da sonst das Mittel auf erntereife Kulturen im eigenen oder im Nachbargarten abtriften könnte.
- Auch bei Windstille erntereife Kulturen unter oder in unmittelbarer Nähe der Bäume oder Sträucher vorsichtshalber mit Folie abdecken, bzw. gleich unmittelbar nach der Behandlung mit dem Gartenschlauch abspritzen.
- Nicht während des Bienenflugs spritzen, auch wenn das verwendete Mittel bienenungefährlich ist! Spritzungen also nur morgens oder abends vornehmen.
- Während der Arbeit nicht rauchen, essen oder trinken. Vor allem Alkoholgenuß vor, während oder nach der Arbeit kann gefährlich werden.
- Nie verstopfte Spritzdüsen mit dem Mund ausblasen! Nach der Arbeit gründlich waschen!

Pflanzenschutzmittel richtig dosieren und ausbringen

- Flüssige Spritzmittel (Emulsionen) sind in einem Meßbecher mit cm^3- bzw. ml-Einteilung genau abzumessen. Viele Firmen liefern solche Becher mit bzw. die Maßeinteilung ist auf der Verschlußkappe des Präparates angebracht. Auf keinen Fall Überdosieren nach dem Motto »Viel hilft viel«! Andernfalls können Pflanzenschäden auftreten, aber auch gesundheitliche Nachteile (Wartezeiten beziehen sich auf »normal«). Wird dagegen gespart, so ist keine oder eine zu geringe Wirkung vorhanden. Richten Sie sich also nach den Angaben in den Bekämpfungstabellen ab S. 164 bzw. nach den Angaben auf den Packungen.
- Für die genaue Dosierung pulverförmiger Mittel verwenden wir am besten Plastikbecher, für jedes Präparat einen eigenen. Nachdem von jedem der vorhandenen Mittel die Menge für 10 l Spritzbrühe auf der Briefwaage abgewogen wurde, bringen wir am Becher eine Bleistiftmarkierung an und

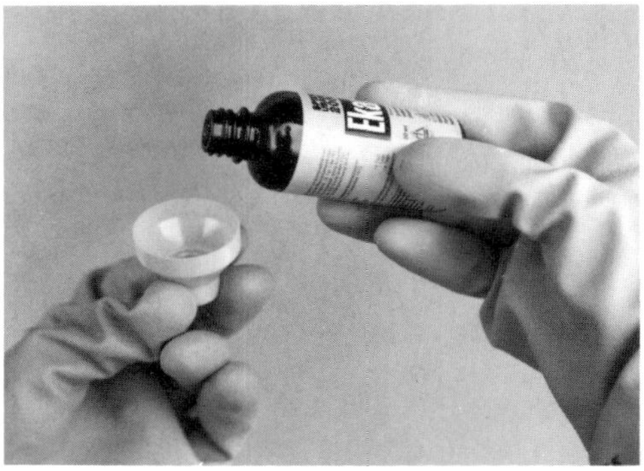

Sehr wichtig: Flüssige und pulverförmige Mittel...

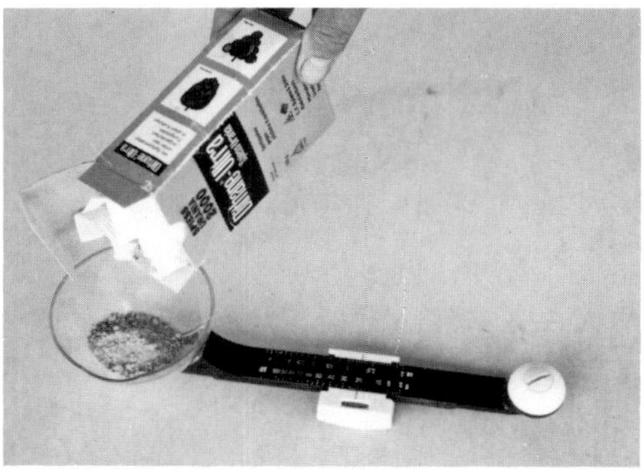

...immer genau abmessen bzw. abwiegen.

ein Etikett mit dem Namen des betreffenden Mittels. Auf diese Weise brauchen wir nicht bei jeder Spritzung mit der Briefwaage zu hantieren.

- Jedes Pflanzenschutzmittel, vor allem wenn es pulverförmig ist, wird erst in einem Eimer mit wenig Wasser angerührt bzw. angeteigt. Anschließend wird es im Eimer oder gleich in der Spritze mit der nötigen Wassermenge verdünnt. Dabei achten wir auf eine gleichmäßige Durchmischung, damit nicht anfänglich Wasser und zum Schluß konzentrierte Brühe gespritzt wird.
- Bei einer Austriebsspritzung, also zur Zeit des Knospenschwellens und kurz danach, verwenden wir eine grobe Spritzdüse. Die Bäume müssen »gewaschen« werden. Das gleiche gilt für die empfohlenen Blattfallspritzungen. Anders dagegen, wenn wir Pilzkrankheiten (Schorf, Birnengitterrost usw.) während der Vegetation bekämpfen wollen. Hierzu eignet sich nur eine möglichst feine Düse. Grund: Je feiner die Spritztröpfchen sind, desto gleichmäßiger wird die Oberfläche von Blättern und Früchten bedeckt und desto besser ist der Schutz.

Geräte für die Ausbringung von Pflanzenschutzmitteln

Spritzgerät und Zubehör – Leider befallen Krankheiten und Schädlinge vor allem die Obstarten und Sorten, die auch uns am besten schmecken. Ich habe zwar in den vorangegangenen Abschnitten immer wieder darauf hingewiesen, wie wir im eigenen Garten vorbeugend und durch biologische Maßnahmen einen Befall weitgehend verhindern oder zum mindesten gering halten können, doch wer glaubt, es geht ganz »ohne«, macht sich selbst etwas vor.

Ein Spritzgerät gehört deshalb zur Grundausstattung für jeden, der möglichst regelmäßig halbwegs gesundes Obst ernten will. Auch hier bitte nicht sparen, denn die ohnehin unangenehme Arbeit würde durch ein »billiges« Gerät noch wesentlich unangenehmer. Gut bedient ist der Gartenfreund mit einer Druckkesselspritze für 5 oder 10 Liter Spritzbrühe, Stahlblechbehälter, innen und außen feuerverzinkt, 2 Tragriemen und Rückenstütze, einschließlich Druckablaßventil, Manometer und Sicherheitsventil. Der Arbeitsdruck ist 6 bar. Man pumpt auf diesen Druck auf und kann dann bis zum Schluß ohne zusätzlichen Kraftaufwand spritzen. Für solche Geräte gibt es zusätzliche Verlängerungsrohre, so daß sich auch höhere Bäume behandeln lassen. Das TÜV- und GS-Zeichen bürgt für Sicherheit. Solche Geräte sind von den Firmen Gloria, Mesto, Zumpe u. a. im Handel. Es gibt diese Spritzen aus rostfreiem Edelstahl, allerdings teurer, sowie als besonders preiswerte 5-Liter-Ausführung aus Kunststoff.

Im eigenen Garten verwende ich seit etwa 15 Jahren die ZUWA-Rückenkolbenspritze für

Ein federleichter Schutzanzug, der sich rasch anziehen läßt. Nicht gerade schön, aber praktisch.

10 Liter Inhalt, Momentabsteller, doppelt wirkender Kolbenpumpe, Rückenkissen. Ein hervorragend funktionierendes Gerät, dazu verhältnismäßig leicht und mit auswechselbarem Kunststoffbehälter. Die linke Hand pumpt, in der rechten liegt das Spritzrohr. Die Arbeit mit diesem gekonnt durchkonstruierten Gerät strengt nicht an.

Nicht ganz die Hälfte kostet die ZUWA Universal-Hochdruckspritze (ca. 180 DM), eine Handspritze mit besonders langem Hub und großer Leistung. Unverwüstlich und unkompliziert, mit wahlweise verschiedenen Düsen und langem Spritzrohr erhältlich. Man braucht nur den Schlauch in einen beliebigen Behälter mit Spritzbrühe zu hängen und schon kann die Arbeit beginnen. Spritzhöhe maximal 10 m.

Wer einen größeren Obstbaumbestand besitzt, dem sei die elektrisch betriebene mixi Förder- und Druckpumpe der gleichen Firma empfohlen, die nicht nur das Spritzen von Obstbäumen rasch und ohne Kraftaufwand ermöglicht, sondern darüber hinaus zum Beregnen des Gartens, Auspumpen von Keller, Schwimmbecken usw. verwendet werden kann. Prospekt auch über Geräte zur Wühlmausvergasung, Unkrautstab u. a. auf Anforderung. Adresse siehe S. 205.

Sehr praktisch, weil federleicht, bequem und rasch über die Normalkleidung zum Darüberziehen ist der Schutzanzug der Firma Mesto. Zusammen mit Kapuze, Schutzhandschuhen und Gesichtsmaske kostet er etwas über 30 Mark. Nicht unbedingt nötig, da auch alte Kleidung genügt.

Ebenso praktisch, aber durch eine Briefwaage u. a. ersetzbar, ist ein Wiege- und Mischbesteck, mit dem selbst geringe Mengen an Pflanzenschutzmitteln zuverlässig abgewogen bzw. – bei Flüssigkeiten – gemessen werden können.

Düngelanze – Mit diesem Gerät kann man die Düngerlösung im Rasenobstbau bequem in den Wurzelbereich bringen. Jedoch nicht unbedingt nötig, da dies bei wenigen Bäumen auch mit der Grabgabel möglich ist.

Wartezeiten beachten!

Unter Wartezeit versteht man den Zeitraum, der zwischen der letzten Behandlung einer Kultur mit einem Pflanzenschutzmittel und der Ernte der betreffenden Kultur eingehalten werden muß. Statt »Wartezeit« wird auch das Wort »Karenzzeit« gebraucht.

Die Wartezeiten liegen für die einzelnen Mittel verschieden und sind auf den Packungen aufgedruckt. Sie werden durch die Biologische Bundesanstalt in Zusammenarbeit mit dem Bundesgesundheitsministerium nach umfangreichen Prüfungen und großem Sicherheitsspielraum festgelegt. Sie können sich aufgrund neuer Forschungsergebnisse ändern.

Im eigenen Interesse wollen wir die vorgeschriebenen Wartezeiten lieber über- als unterschreiten, zumal eine zu späte Bekämpfung von Schädlingen, vor allem aber von Pilzkrankheiten, ohnehin nicht mehr viel nützt. Alle Terminangaben in diesem Buch sind darauf ausgerichtet.

Bei der Wahl der Mittel bevorzugen wir solche, die möglichst ungiftig und nützlingsschonend sind sowie eine kurze Wartezeit haben. Auf den folgenden Seiten habe ich vor allem Mittel genannt, die sich im eigenen Garten bewährt haben und mit denen sich möglichst mehrere Krankheiten und Schädlinge bekämpfen lassen. Auf diese Weise läßt sich die Pflanzenschutzapotheke klein halten.

Krankheiten und Schädlinge

Die wichtigsten Krankheiten und Schädlinge und ihre Bekämpfung

Auf den folgenden Seiten werden nur solche Krankheiten und Schädlinge vorgestellt, die erfahrungsgemäß in vielen Gärten und häufig auftreten. Zuerst folgt ein kurzer »Steckbrief« von einigen Krankheiten und Schädlingen, deren Biologie man kennen sollte, um das »Wann« und »Wie« einer Bekämpfung besser verstehen zu können, dann in Tabellenform nochmals eine Gesamtübersicht. Damit kann auch der eilige und noch wenig erfahrene Gartenfreund ein auftretendes Schadbild zuordnen und sich rasch über die zweckmäßige Bekämpfung informieren.
Bei den meist im eigenen Garten erprobten Bekämpfungsvorschlägen werden vorbeugende und biologische Möglichkeiten vorangestellt, dann aber auch Tips gegeben, was man tun kann, wenn es »brennt«.

Allerweltschädlinge und -krankheiten an verschiedenen Obstarten

Blattläuse
Die durch Blattläuse verursachten Schäden wie verkrüppelte, zusammengerollte Blätter und gestauchte bzw. korkenzieherartig gedrehte Triebe sind jedem Gartenfreund hinlänglich bekannt.

Befall durch Schwarze Kirschblattlaus

Bei ihrer Saugtätigkeit scheiden die Blattläuse den überschüssigen, zuckerhaltigen Pflanzensaft aus, der dann als klebriger Belag (Honigtau) sowohl Blätter als auch Triebe und Früchte überzieht. Ameisen und Bienen werden von diesen »Süßigkeiten« angelockt. Wenn also Ameisen an Obstbäumen oder Beerensträuchern zu sehen sind, so sind meist auch Blattläuse vorhanden. Wir brauchen dann nur noch genau hinzuschauen, um die ersten Kolonien, vorwiegend an jungen Triebspitzen, zu finden. Auf dem Honigtaubelag siedeln sich im Laufe des Sommers meist Schwärze- oder Rußtaupilze an. Die Folge ist, daß sich die Blätter und auch die Früchte mit einem schwarzen Belag überziehen. Dadurch wird die Assimilationstätigkeit der grünen Teile stark eingeschränkt. Einige Blattlausarten können auch gefährliche Viruskrankheiten übertragen.
Grüne und schwarze Blattläuse treten an den verschiedensten Pflanzen auf. Manche Arten sind mit Wachs weißlich bepudert wie die mehlige Pflaumenlaus, andere rufen an den Blättern von Apfel und Johannisbeeren blasige, gelblich-rötliche Auftreibungen hervor. Näheres siehe bei den einzelnen Kulturen.
Blattläuse vermehren sich im Sommer durch Jungfernzeugung weiter, d. h., sie können lebende Junge ohne Befruchtung zur Welt bringen. Besonders bei warmer Witterung vermehren sich Blattläuse sehr rasch. Für eine weitere Verbreitung sorgen geflügelte Stadien. Im Herbst legen die meisten Arten Eier ab, die überwintern.
Bekämpfung: Grundsätzlich erst einmal beobachten, ob sich beginnender Blattlausbefall weiter ausbreitet oder ob sich bereits Marienkäfer und deren Larven, Schwebfliegen- und Florfliegenlarven an den befallenen Pflanzen befinden, sich über die Blattläuse hermachen und sie fressen oder aussaugen. Manche Blattlausarten wandern bald wieder auf andere Pflanzen ab, so daß sich eine Bekämpfung erübrigt. Nur bei sehr starker Vermehrung, bzw. wenn die Pflanzen bereits erste Schäden zeigen und der Befall durch Nützlinge nicht in Schach gehalten werden kann, sollte mit einem zugelassenen Mittel gespritzt werden, dann allerdings möglichst rasch.

Spinnmilben (Rote Spinne)
Die sehr kleinen, nur mit der Lupe genauer erkennbaren Tiere, sind rötlich gefärbt. Ähnlich wie Blattläuse schädigen sie die Pflanzen durch Saugen. Dabei entstehen auf den Blättern kleine weißliche Flecken. Bei rasanter Vermehrung in trockenen, warmen Sommern wird der Befall oft so stark, daß die Blätter ein bleigraues bis bronzefarbenes Aussehen bekommen. Die Bäume leiden darunter, die Früchte werden oft nicht reif. Dies ist verständlich, denn stark befallene Pflanzen können nur noch schlecht assimilieren, weil die Spinnmilben viele Blattzellen zerstören, die Zuckerbildung wird stark eingeschränkt.
Die Rote Spinne schädigt vorwiegend Zwetschen und Mirabellen, doch kann es ebenso an Apfel- und Birnbäumen zu einer Massenvermehrung kommen. Auch an Erdbeeren, Gemüsearten und zahlreichen Zierpflanzen kommt dieser Schädling vor.
Im Winter können wir an den Obstbäumen die kleinen, rötlichen Eier in den Rindenfalten des Fruchtholzes finden. Beim Obstbaumschnitt darauf achten! Man meint, die Bäume seien an diesen Stellen von einem roten, punktförmigen Ausschlag befallen. Die Tiere schlüpfen meist während oder gleich nach der Blüte aus den Wintereiern. Von den Wintereiern her kann jedoch nicht auf den zu erwartenden Befall geschlossen werden. Bei diesem Schädling ist vielmehr die Witterung nach dem Schlüpfen dafür entscheidend, ob es zu einem starken Befall kommt und ob etwas dagegen unternommen werden sollte. Unter günstigen Bedingungen können sich bis zum Herbst mehrere Generationen entwickeln.
Bekämpfung: Vorbeugend gute Kulturbedingungen schaffen. Dazu gehört vor allem auch ein geeigneter Standort und eine vernünftige Düngung. Nur bei Befall, nie aufs Geradewohl spritzen! Der Schlupf erfolgt meist zwischen Mitte April und Anfang Mai. Da zu dieser Zeit vielfach recht niedrige Nachttemperaturen auftreten, kann sich eine Bekämpfung erübrigen. Die Junglarven der Spinnmilben sind nämlich sehr kälteempfindlich. Am besten, wir kontrollieren die jungen Blätter nach der Blüte mit der Lupe hin und wieder. Zeigen sich dann, vor allem auf den Blattunterseiten viele kleine, zum Teil bewegliche rötliche Punkte und nimmt der Befall zu, können speziell gegen Spinnmilben zugelassene Präparate eingesetzt werden.

Chlorose: keine Krankheit, sondern Eisenmangel

Raupen
Als Raupen bezeichnet man die aus dem Ei schlüpfenden Larven von Schmetterlingen. Sie kommen an vielen Pflanzen, so auch an Obstbäumen und Beerensträuchern, vor und fressen Löcher in Knospen und Blätter bzw. sorgen für »wurmige« Früchte. Bei starkem Raupenbefall kann es sogar zu Kahlfraß kommen.
Als Wicklerraupen bezeichnet man kleine Räupchen, die sich bei Berührung abspinnen (abwickeln). Hierzu gehört der Apfelwickler (»wurmige« Äpfel), der alljährlich größere Schäden verursacht.
Afterraupen nennt man die Larven von Blattwespen. Sie ähneln zwar den Schmetterlingsraupen, haben aber stets mehrere Bauchfüße und sind besonders gefräßig, wie z. B. die Stachelbeerblattwespe oder die schneckenähnliche Kirschblattwespe.
Als Spannerraupen kommen an Obstbäumen die hellgrünen Raupen des Kleinen Frostspanners und die bräunlichen des Großen Frostspanners vor. Letztere sieht man sehr selten; sie sehen wie kleine dürre Zweige aus, weil sie erstarren, sobald sich etwas bewegt. Typisch

für Spannerraupen: sie machen beim Fortbewegen einen Katzenbuckel.
Bekämpfung: Bei geringem Befall Raupen an kleinen Bäumen absammeln bzw. einzelne Raupennester abschneiden und vernichten. Das gleiche gilt für Raupennester oder Eigelege, die wir im Winter beim Ostbaumschnitt vorfinden. Spritzung mit einem Insektizid nur bei starkem Befall.

Wühlmaus, Schermaus

Schadbild: In Ermangelung anderer Futterquellen frißt dieser Schädling im Februar/März die Obstbaumwurzeln samt Stumpf und Stiel ab. Die Bäume treiben im Frühjahr nur noch schwach aus und lassen sich leicht aus dem Boden ziehen. Besonders Apfelbäume auf schwachwachsender Unterlage werden geschädigt. Wo Wühlmausgefahr besteht, sollte man deshalb Jungbäume am besten in einen »Korb« aus Drahtgeflecht mit 1 cm Maschenweite pflanzen, der anschließend oben bis zum Stamm hin mit dem gleichen Geflecht geschlossen wird.

Baumschwamm – Solch ein Baum ist nicht mehr zu retten. Das Pilzgeflecht hat bereits das Holz zerstört.

Erdauswürfe, unterirdisch angefressene Pflanzen sowie große Gänge, die man bei der Gartenarbeit findet, zeigen an, daß Wühlmäuse vorhanden sind. Die Erdhaufen sind flach und unregelmäßig und mit Gras- und Wurzelresten durchsetzt. Sie unterscheiden sich deutlich von den hohen, runden Maulwurfshügeln. Der Ausgang befindet sich neben dem Erdhaufen. Die unterirdischen Gänge sind hochoval, d. h. höher als breit.
Bekämpfung: Bevor etwas unternommen wird, sollte man den Wühlmausgang öffnen, um zu sehen, ob er noch »befahren« ist. Oft schon nach 10 Minuten wird er von der Wühlmaus mit Erde von innen verstopft, denn sie duldet keinen offenen Gang. Diese Verwühlprobe erleichtert es auch, den Wühlmausgang von dem des Maulwurfs zu unterscheiden. Die Wühlmaus stopft nämlich den Gang oft 10–20 cm weit und fest zu, während der Maulwurf nur etwas Erde lose an die Gangöffnung schiebt.
Die »klassische« Bekämpfungsmethode ist das Fangen mit der Falle. Sie ist die sicherste und gleichzeitig die billigste Methode, erfordert aber einige Erfahrung. Die Falle nur mit Handschuhen anfassen, da die Wühlmaus eine sehr feine Witterung hat. In sehr lockerem Gartenboden den Gang soweit aufreißen, bis er in dichtere Bodenschichten führt, z. B. unter einen Gartenweg. Die Falle – gut bewährt hat sich z. B. die Augsburger Kippbügelfalle auch unter dem Namen »Bayerische Drahtfalle« bekannt – wird mindestens 30 cm weit in den geöffneten Gang gebracht und stets fein gestellt. Dies sollte man sich beim Kauf zeigen lassen, damit nicht die eigenen Finger »gefangen« werden.
Anschließend wird die Öffnung lichtdicht aber nicht luftdicht abgeschlossen; es genügt, wenn ein großes Blatt oder ein Stück Pappkarton daraufgelegt wird. Da die Wühlmaus den Luftzug nicht vertragen kann, versucht sie, die Öffnung zuzuwühlen und gelangt dabei in die Falle. Oft hat man das Tier schon nach 10 oder 15 Minuten gefangen, ein Erfolgserlebnis für jeden Gartenfreund.

Eine andere ungiftige und billige Methode: Nachdem man die Wühlmausgänge ermittelt hat, die sich oft entlang von Gartenwegen, Betonsockeln und Gartenhausfundamenten dahinziehen, wird ein Eimer mitten in einen solchen Gang so tief eingegraben, daß die obere Kante desselben mit der Erdoberfläche abschließt. Dann wird der Eimer zu einem Viertel mit Wasser gefüllt. Bei starkem Befall sollten mehrere Eimer in die Hauptgänge eingegraben werden. Mit dieser Methode fing ein mir bekannter Gartenfreund in fast regelmäßigen Abständen 87 Wühlmäuse, und das in einem nur 500 m^2 großen Garten.
Andere Hobbygärtner halten Wühlmäuse mit Erfolg vom Eindringen ab, indem sie entlang der Gartengrenze 50 cm breite Blechstücke o. a. Materialien senkrecht in den Boden eingraben; oben sollte nur ein schmaler Rand sichtbar bleiben. Diese Methode ist arbeitsaufwendig, könnte aber ratsam sein, wenn das Grundstück an die freie Flur angrenzt und immer wieder die Gefahr der Zuwanderung von Wühlmäusen besteht.
Des weiteren gibt es Begasungsmittel oder Wühlmausköder, die nach Gebrauchsanweisung eingesetzt werden. Letztere werden besonders im Frühjahr angenommen.
Übrigens, über eingegrabene Flaschen, in die Gänge geschobene, mit Petroleum getränkte Lappen, über Wolfsmilchpflanzen oder Knoblauch »lachen« nach meinen Erfahrungen die Wühlmäuse. Bestenfalls werden sie durch solche Hausmittelchen in den Nachbargarten vertrieben. Ja, die Wühlmaus ist ein ärgerlicher Schädling, geheimnisumwittert und schlecht faßbar, weil man sie kaum zu sehen bekommt. Wer ein einfach anzuwendendes, absolut sicher wirkendes und dabei preiswertes Mittel erfindet, könnte schnell Millionär werden.

Vogelfraß

Im Winter: Die Knospen von Johannisbeeren, Kirschen und Pfirsichen werden häufig von Spatzen, Dompfaffen (Gimpel) und Grünfinken herausgepickt. Größere Schäden können vor allem dann auftreten, wenn infolge milder Winterwitterung die Knospenentwicklung vorzeitig einsetzt. Beerensträucher mit Netzen schützen oder zwischen den Trieben dünne Fäden spannen. Die leichten Kunststoffnetze lassen sich von zwei Personen aber auch über niedrige, gefährdete Bäume ausbreiten. Eine andere Möglichkeit: Sträucher und Bäume bereits zu Jahresbeginn mit einem der im Handel erhältlichen Präparate auf Branntkalk-Basis spritzen. Man kann sich die Lösung auch selbst herstellen: In 10 Liter Wasser 150 g Branntkalk verrühren und wegen der besseren Haftfähigkeit etwas Tapetenkleister zugeben.
Im Sommer: Amseln und Stare können bei Kirschen, aber auch bei Erdbeeren, Himbeeren, Johannisbeeren, Heidelbeeren und Weintrauben mehr »naschen« als uns bei aller Tierliebe recht ist. Es kann zu erheblichen Ernteverlusten kommen, denn der Überfall der Stare auf Kirschbäume erfolgt oft so schlagartig und in solchen Massen, daß in kurzer Zeit kaum noch Früchte an den Bäumen hängen. Der beste Schutz sind Kunststoffnetze, die über die niedrig gehaltenen Kronen gebreitet werden. Wer ernten will, sollte deshalb Süß- und Sauerkirsche möglichst nur als niedrige Baumform pflanzen!

Wespen

Sie machen sich über alle reifen Früchte her. Vor allem die schönsten, saftreichsten unter ihnen werden durch Wespenfraß wertlos, weil an diesen Stellen bald die Fruchtmonilia (Fruchtfäule) auftritt. Besonders gefährdet sind süße Pflaumen und Renekloden, Birnen und Weintrauben.
Bekämpfung: Wespen sind vorwiegend Nützlinge, weil sie zur Aufzucht ihrer Brut viele schädliche Insekten verfüttern. Nachdem sie aber bei den ersten Frösten ohnehin absterben, können wir sie mit gutem Gewissen bekämpfen. Lediglich die Königin überwintert, doch sie verläßt zur Fruchtreife das Nest nicht. Bewährt haben sich gegen Wespen seit langem Fangflaschen, die zu einem Drittel mit Bier oder Fruchtsaft gefüllt sind und in die gefährdeten Bäume bzw. an den Weinstock gehängt werden. Zuckerwasser darf man dazu nicht verwenden, weil dadurch Bienen angelockt und in den Flaschen gefangen würden.

Krankheiten und Schädlinge

Schorf

Dies ist die wichtigste Krankheit bei Apfel und Birne, die jedes Jahr mehr oder weniger stark auftritt. Nach der Blüte zeigen sich auf den Blättern rundliche, erst olivgrüne, später dunkle Flecken, die sich mehr und mehr vergrößern. Wenn die Blätter stark von diesen dunkelbraunen, filzigen Flecken bedeckt sind, fallen sie vorzeitig ab. Auf den Früchten entstehen ähnliche runde dunkle Flecken; die Schale wird schorfig, sie reißt auf.

Der Pilz überwintert in den schorfkranken Blättern, die im letzten Herbst von den Bäumen gefallen sind. Bei günstiger Frühjahrswitterung, also bei Regen und Wärme, platzen die überwinternden Sporenschläuche und »schießen« die Sporen in die Luft, wo sie vom Wind erfaßt und auf die jungen, zarten Obstbaumblätter getragen werden. Auf einem mit den winterlichen Sporenlagern reichlich besetzten Blatt können bis zu 2 Millionen Sporen produziert werden.

Je wärmer es ist, desto weniger Feuchtigkeit bedarf es, damit Schorf auftritt. So kommt es z. B. bei einer mittleren Tagestemperatur von 8° C dann zu einer Infektion, wenn vom Beginn des Regens bis zum Abtrocknen der Blätter mehr als 17 Stunden vergehen. Bei 11° C müssen die Blätter dagegen nur 12 Stunden lang feucht sein, und bei 16–24° C gar nur 9 Stunden. Diese von Wissenschaftlern erforschten Zusammenhänge bestätigen die Beobachtungen des Gartenbesitzers, daß feuchte warme Jahre auch Schorfjahre sind. So war 1985 eines der herausragendsten Schorfjahre seit Jahrzehnten.

Grob gesagt ist in den Monaten April, Mai und Juni nach jedem längeren Regen mit Infektionen zu rechnen. In den einmal befallenen Blättern entstehen die Sommersporen, die mit jedem Wassertropfen auf Blätter und Früchte gelangen und so für die innere Verseuchung des Baumes sorgen. Je stärker die Blätter befallen sind, desto mehr werden auch die Früchte geschädigt. Schorfige Äpfel halten auf Lager wesentlich schlechter als gesunde, weil durch die Befallsstellen verschiedene Fäulniserreger eindringen. Leider sind viele wertvolle Sorten auch schorfempfindlich.

Bekämpfung: Um die Früchte schorffrei zu halten, werden im Erwerbsobstbau, z. T. 20 und mehr Spritzungen durchgeführt! Sobald sich an den Bäumen grüne Spitzen zeigen, also vom Knospenaufbruch an, wird der fungizide Schutzbelag während der Zeit des raschen Blattzuwachses alle 8–10 Tage erneuert. Kommt es zwischen zwei normalen Spritzterminen zu starkem, den Schutzbelag abwaschendem Regen, also von 25–30 mm und mehr, so ist eine sofortige, zusätzliche Behandlung fällig.

Im eigenen Garten kommt es uns dagegen nicht darauf an, völlig schorffreie Äpfel und Birnen zu ernten, das wäre viel zu aufwendig. Wir wollen nur den ärgsten Befall vermeiden. Den größten Wert sollten wir deshalb auf eine vorbeugende Bekämpfung legen. Reichliche Pflanzabstände und lichte Kronen sind dabei besonders wichtig. Das Laub trocknet dann nach Regenfällen rasch ab, d. h., die für eine Infektion erforderliche Feuchtigkeitsdauer wird nicht erreicht. Zusätzlich kann das Falllaub im Herbst unter den Bäumen weggenommen und kompostiert werden. Übrigens, auch die Regenwürmer sind Nützlinge bezüglich Schorf: Sie ziehen die abgefallenen Blätter, auf denen der Pilz überwintert, in ihre Erdröhren und fressen sie.

Bei empfindlichen Sorten reichen aber diese Maßnahmen allein nicht aus, vor allem nicht bei feuchtwarmer Witterung. Wie wir anhand der Lebensweise des Schorfpilzes gesehen haben, sind Spritzungen mit einem organischen Fungizid besonders nach längeren Regenfällen in den Monaten April, Mai und Juni empfehlenswert. Wir können bereits mit 2–3 solcher Spritzungen viel erreichen, wenn diese im genannten Zeitraum durchgeführt werden. Näheres hierzu S. 167 und S. 170.

Obstbaumkrebs

Bei Auftreten entstehen am Stamm oder an den Ästen Wucherungen, die sich immer weiter ausdehnen. Über den Krebsstellen stirbt der Zweig oder Ast ab, weil die Wasser- und Nährstoffzufuhr unterbrochen ist. An jungen Trieben stirbt die Rinde vielfach um ein Auge herum ab. Der Erreger ist ein Pilz, die Krank-

heit hat also nichts mit Krebs zu tun, wie er beim Menschen auftritt.
Im Winter entstehen kugelig rote Pilzfrüchte. Darin befinden sich die Sporen, durch die sich der Pilz vermehrt. Die Erreger, also die Sporen, dringen durch Wunden in den Baum ein; dies können Schnittstellen sein, aber auch Wunden wie sie durch Frost, Hagelschlag oder durch das Reiben von Ästen entstehen. Im Herbst sind es vor allem die Blattnarben, durch die der Pilz sich Zugang verschafft.
Vorbeugend sollten Apfelbäume nur an einen zusagenden Standort gepflanzt werden. Kalte Lagen und feuchter, schwerer Boden begünstigen das Auftreten. Einseitige Stickstoffdüngung oder gar Überdüngung wirkt sich ebenfalls krebsfördernd aus. Deshalb tritt Baumkrebs häufig in Bauerngärten auf, in denen einseitig mit Jauche gedüngt wird.
Größere Schnittwunden, wie sie beim Obstbaumschnitt entstehen, sollten aus diesem Grunde mit einem Wundverschlußmittel verstrichen werden.
Von den bekannten Apfelsorten können nahezu alle befallen werden. Einige sind aber besonders anfällig: 'Gloster', 'Cox', 'Idared', 'Klarapfel' und 'Berlepsch'.
Bekämpfung: Ist Obstbaumkrebs vorhanden, so schneiden wir befallene Zweige bzw. Äste gut handbreit unterhalb der krebsigen Stelle ab. Krebsstellen am Stamm und stärkeren Ästen werden mit dem Messer, evtl. auch mit der Säge, bis in das gesunde Holz hinein ausgeschnitten. Anschließend behandelt man die Schnittflächen mit einem speziellen Wundpflegemittel wie Santar SM, Bayleton u. a. Zur Zeit des Blattfalls, also im Herbst, wirken Mittel wie Delan gegen den Pilz. Am besten werden 2 Spritzungen durchgeführt, 1. wenn erst ein Teil der Blätter von den Bäumen gefallen ist und ein 2. Mal nachdem die Bäume ganz ohne Laub dastehen. Dabei werden die Blattnarben, durch die der Pilz eindringt, mit dem Schutzbelag überzogen. Besonders wirkungsvoll wäre Gründkupfer. Dieses Präparat sollte aber nicht mehr verwendet werden, weil es nach neuesten Erkenntnissen im Boden nicht abgebaut wird und den Regenwürmern schadet.

Birnengitterrost
Diese Pilzkrankheit betrifft zwar nur die Birne. Sie soll aber trotzdem etwas ausführlicher besprochen werden, nachdem sie in vielen Gärten stark auftritt (siehe Abb. S. 169), ins Auge springt und den Gartenfreund alarmiert. Auf den Blättern entstehen ab Frühsommer leuchtende orangerote, runde Flecke, die sich kontrastreich vom Grün des Blattes abheben. Vom Spätsommer an bis in den Herbst hinein bilden sich auf den Unterseiten der befallenen Blätter gelbliche Anschwellungen: die Sporenlager. Sie reißen schließlich auf und entlassen eine große Zahl mikroskopisch kleiner Sporen.
Diese richten jedoch am Birnbaum keinen weiteren Schaden mehr an. Sie überwintern an einem Zwischenwirt, dem Sadebaum (*Juniperus sabina*) und anderen Wacholderarten, die entweder im eigenen Garten oder in der Nachbarschaft stehen. Auf dem Zwischenwirt entstehen dabei keulenförmige Verdickungen, die Sporenlager, aus denen die Verbreitung auf die Birnbäume durch Wind im nächsten Frühjahr erneut einsetzt.
In den letzten Jahren ist diese Krankheit in vielen Gärten sehr stark aufgetreten. Es gab sogar Fälle, das Gartenbesitzer ihre Birnbäume gerodet haben. Sicher, an den Befallsstellen wird die Assimilationsfläche zerstört, doch der Schaden ist nicht größer als bei Schorfbefall, der häufig vernachlässigt wird.
Bekämpfung: Durch Entfernen der als Wirtspflanzen dienenden Wacholderarten könnte man den Pilz »aushungern«, doch sind uns die Nadelgehölze im Garten meist zu wertvoll, um dies übers Herz zu bringen. Außerdem können die Sporen auch aus den Nachbargärten zufliegen, auf die wir keinen Einfluß haben.
In neuesten Versuchen (1984 und 1985) haben sich die Präparate Baycor und Saprol als wirksam gegen Birnengitterrsot gezeigt. Nachdem 3mal im 12tägigem Abstand, beginnend 3 Wochen nach Blühbeginn, mit den genannten Mitteln bespritzt wurde, blieben die Bäume ohne Befall. Nach den gemachten Beobachtungen scheint es auch zu genügen, wenn erst nach den ersten Befallsanzeichen 3 mal im 12tägigem Abstand gespritzt wird.

Krankheiten und Schädlinge

Schädlinge und Krankheiten, die an mehreren Obstarten auftreten können

Schadbild	Krankheit	Vorbeugende bzw. biologische Bekämpfung	Chemische Bekämpfung*
Blätter gekräuselt oder bereits zusammengerollt, Triebe gestaucht bzw. korkenzieherartig gedreht, kleine Früchte verkrüppelt; Honigtaubildung, Rußtau.	**Blattläuse**	Marienkäfer und deren Larven, Schlupfwespen- und Schwebfliegenlarven sowie Ohrwürmer gehen auf Blattlausjagd; beobachten, ob solche Nützlinge vorhanden oder ob Spritzung erforderlich.	Mit Insektizid spritzen, wenn größerer Schaden zu befürchten ist. Zur Mittelwahl siehe spezielle Angaben bei den einzelnen Obst-, bzw. Blattlausarten.
Napf- oder kommaförmige Schilde auf Zweigen und Ästen; unter den Schilden sitzen fuß- und augenlose Tiere, die ebenso wie Blattläuse vom Pflanzensaft saugen.	**Napf-, bzw. Kommaschildlaus**	Auftreten meist nur an schlecht gepflegten Obstbäumen und Beerensträuchern, bzw. wenn diese an ungeeignetem Platz stehen; für gute Pflege und Ernährung von Bäumen und Sträuchern sorgen.	Bei sehr starkem Befall Austriebsspritzung mit Folidol-Öl (50 ml) u. a. Nach dem Austrieb wirken Spritzungen mit Unden-Spritzpulver (10 g), E 605 (3,5 ml) u. a.
Auf der Rinde der Triebe grauer, krustiger Belag; rotgefleckte Früchte bei Apfel und Birne, besonders in der Kelch- und Stielgrube; Befall aber auch an Ästen und Stämmen von Kern- und Steinobst.	**San-José-Schildlaus**	Von diesem gefährlichen Schädling können sämtliche Obstgehölze befallen werden; besonders gefährdet sind Johannisbeeren, sie gelten geradezu als Fangpflanzen.	Befallsverdacht sofort dem nächsten Pflanzenschutz- oder Landwirtschaftamt melden; außer der oben genannten Austriebsspritzung ist gegen San-José-Schildlaus eine zusätzliche Spritzung mit E 605 forte in erhöhter Konzentration (5 ml/10 l Wasser) erforderlich.
Auf den Früchten anfangs kleine Faulstellen, bald ringförmiger graubrauner Polsterschimmel; Früchte gehen in Fäulnis über und sind nicht mehr zu verwerten.	**Monilia-Fruchtfäule**	Einsammeln und Vernichten der befallenen Früchte; beim winterlichen Obstbaumschnitt die noch am Baum befindlichen kranken Früchte entfernen, da von den Fruchtmumien im nächsten Jahr gesunde Früchte angesteckt werden.	Keine chemische Bekämpfung!
Dürre Äste und Zweige von Johannisbeere, Walnuß aber auch anderer Obstarten mit kleinen roten Warzen besetzt.	**Rotpustelkrankheit**	Wenn der Pilz günstige Lebensbedingungen vorfindet, kann er auch gesundes Holz befallen; deshalb: altes, abgeschnittenes Holz nicht so lange liegen lassen, bis sich Pusteln bilden; erkrankte Triebe sofort bis reichlich ins gesunde Holz hinein zurückschneiden; Wunden verstreichen, damit die Sporen nicht ins gesunde Holz eindringen können.	Keine chemische Bekämpfung!

* Die Präparatmengen beziehen sich auf 10 Liter Wasser.

Schädlinge und Krankheiten, die an mehreren Obstarten auftreten können

Schadbild	Krankheit	Vorbeugende bzw. biologische Bekämpfung	Chemische Bekämpfung*
Auf den Blättern kleine weißliche Flecke, bei starkem Befall bekommen Blätter bleigraue bis bronzefarbene Färbung; Blattfall möglich.	**Spinnmilben (Rote Spinne)**	Gute Kulturbedingungen schaffen, vor allem geeigneten Standort wählen und harmonisch düngen.	Beobachten! Nur bei Befall, nie aufs Geratewohl spritzen; warten, bis die Masse der Larven aus den Wintereiern geschlüpft ist (gegen Ende der Blüte); dann bei starkem Befall mit einem bienenungefährlichen Akarizid wie Kelthane, Plictran u. a. spritzen.
Wenn Ameisen auftreten, sind meist Blattläuse, Schilddrüse oder Blattsauger in unmittelbarer Nähe; beobachten!	**Ameisen**	Die ab Mitte Oktober angelegten Raupenleimringe gegen Anfang Februar erneuern; am Leim bleiben dann auch Ameisen hängen, die den Stamm hochkrabbeln.	Chemische Bekämpfung nicht nötig!
Lochfraß an Knospen, Blättern und jungen Früchten.	**Raupen**	Es gibt eine große Zahl schädlicher Raupen, von denen die wichtigsten bei den einzelnen Kulturen genannt sind; einzelne Raupen an kleinen Obstbäumen absammeln, Raupennester wegschneiden und vernichten.	Nur bei sehr starkem Befall mit Ekamet (10 ml), E 605 (3,5 ml) u. a. gegen Raupen zugelassenen Präparaten spritzen. Gegen viele Raupen ist auch *Bacillus thuringiensis,* ein biologisches Präparat, z. B. Neudorff's Raupenspritzmittel (10 ml), oder Dipel (10 ml) u. a. zugelassen.
Wespenfraß an reifenden Birnen, Pflaumen, Weintrauben u. a.	**Wespen**	Fangflaschen, die zu einem Drittel mit gärendem Fruchtsaft oder Bier gefüllt sind in die Bäume hängen; kein Zuckerwasser, da damit Bienen gefangen würden!	Keine chemische Bekämpfung!

* Die Präparatmengen beziehen sich auf 10 Liter Wasser.

Monilia-Fruchtfäule

Fraß durch Amseln, dann durch Wespen

Krankheiten und Schädlinge

Schädlinge und Krankheiten, die an mehreren Obstarten auftreten können

Schadbild	Krankheit	Vorbeugende bzw. biologische Bekämpfung	Chemische Bekämpfung*
Wurzelhals von Obstbäumen den Winter über angenagt.	**Feldmaus**	Völlig »geringelte« Bäume sind meist nicht mehr zu retten; Neupflanzung von Bäumen bei Mäusegefahr erst im Frühjahr; Mulchdecke im Herbst unmittelbar um die Baumstämme herum entfernen (Unterschlupf); Fallobst lockt Feldmäuse an, deshalb nach der Ernte restlos aufsammeln.	Giftkörner im Herbst tief in die Mauslöcher legen, nicht oberflächlich ausstreuen, damit Vögel, Wild und Haustiere nicht gefährdet werden.
Wurzeln junger Bäume samt Stumpf und Stiel abgefressen, Wurzelschäden auch an älteren Bäumen möglich, wenn diese auf schwachwachsender Typenunterlage stehen.	**Wühlmaus**	Fang mit Falle; vor allem die Bayerische Drahtfalle hat sich gut bewährt; zahlreiche »Hausmittel« bekannt, mit denen z. T. sehr erfolgreich Wühlmäuse gefangen werden können (siehe S. 160).	Mit Zinkphosphid vergiftete Köder wie Rumetan-Wühlmausköder u. a. in die Gänge einbringen; Begasungspatronen.
Den Winter über stärkere Fraßschäden an den Baumstämmen, vor allem im Außenbereich von Ortschaften und in schneereichen Wintern.	**Feldhasen**	In gefährdeten Gebieten für dichte Zäune und geschlossene Tore sorgen; das beim Obstbaumschnitt angefallene Holz bis zum Frühjahr unter den Bäumen liegen lassen; Jungbäume ab Spätherbst mit Draht- oder Wildschutzspiralen aus Plastik schützen.	Wildverbißschutz- und Verwitterungsmittel anbringen. Gebrauchsweisung genau lesen! Bei AAprotect wird 1 Teil Mittel mit 2 Teilen Wasser verdünnt und damit die Bäume gespritzt, oder das Mittel wird unverdünnt auf die Pflanzenteile gestrichen. Andere Präparate sind unter den Handelsnamen Arbin und Cunitex erhältlich.
Knospen von Johannisbeeren, Kirschen und Pfirsichen werden im Winter herausgepickt.	**Dompfaffen (Gimpel), Grünfinken, Spatzen**	Sträucher und kleine Bäume mit Netzen schützen oder zwischen den Trieben Bindfäden spannen.	Gefährdete Gehölze mit Präparaten auf Branntkalk-Basis spritzen, im Handel erhältlich oder selbst herstellen (siehe S. 161).
Schäden an reifenden Früchten bei Kirschen, Erdbeeren, Himbeeren, Johannisbeeren, Heidelbeeren und Weintrauben.	**Amseln, Stare**	Sträucher und niedrige Bäume mit Netzen schützen; Staniolfolien, kleine Glocken, weiße Tücher bereits in die Bäume hängen, bevor die Früchte rot zu werden beginnen, denn: wenn Amseln und Stare die köstlichen Früchte einmal »erschmeckt« haben, sind sie durch nichts mehr abzuhalten.	Keine chemische Bekämpfung!

* Die Präparatmengen beziehen sich auf 10 Liter Wasser.

Schädlinge und Krankheiten am Apfel

Schadbild	Krankheit	Vorbeugende bzw. biologische Bekämpfung	Chemische Bekämpfung*
Auf den Blättern erst olivgrüne, später dunkle Flecken; auf den Früchten ähnliche runde, dunkle Flecken; die Schale reißt auf: schorfig.	**Schorf**	Wichtigste Krankheit bei Apfel und Birne; durch reichliche Pflanzabstände und lichte Kronen läßt sich der Befall verhältnismäßig gering halten.	Vor allem ab Ende April–Juni 2–3mal in Abständen von 14–21 Tagen mit einem organischen Fungizid spritzen: (Dithane-Ultra (20 g), Baycor (5 g), Euparen (15 g), Antracol (15 g) u. a.
Nach dem Austrieb auf Blättern, Blütenknospen und Blüten, weißer, mehliger Belag; Blüten kränklich blaßgrün.	**Apfelmehltau**	Beim Winterschnitt Mehltautriebe entfernen, nach Austrieb erkrankte Triebe abschneiden und vernichten.	Im Erwerbsanbau mehrere Spritzungen mit Schwefelpräparaten, Saprol u. a., im Liebhabergarten wie nebenstehend empfohlen.
Am Stamm oder an den Ästen Krebswucherungen, die sich ausdehnen; über diesen stirbt der Trieb oder Ast meist ab.	**Obstbaumkrebs**	Bodenansprüche beachten, nicht mit Stickstoff überdüngen, größere Schnitt- u. a. Wunden verstreichen; befallene Zweige und schwächere Äste gut handbreit über Krebsstelle abschneiden.	Krebsstellen an Stamm und stärkeren Ästen gut ausschneiden und mit Wundpflegemittel (Santar SM, Bayleton u. a.) verstreichen; herbstliche Blattfallspritzungen mit Delan.
Kleine Faulstellen am Stammgrund, dehnen sich rasch aus und umgeben dann den Stamm kragenförmig.	**Kragenfäule**	Boden gut mit Humus versorgen; Fallobst aufsammeln, da daran die Sporen überwintern.	Abgestorbene Bäume roden.
Auf der Frucht bräunlich verfärbte Dellen, darunter Fruchtfleisch gebräunt.	**Stippigkeit**	Vielfach sortentypisch; nicht einseitig mit Stickstoff und Kali düngen; Boden gut mit Humus versorgen und auf Wasserabzug achten.	Im Erwerbsobstbau wird während der Fruchtreife mit Calcium gespritzt, im Garten nicht praktikabel.
»Wurmige« Äpfel; auf den Früchten krümelige, braune Häufchen, darunter der Fraßgang; im Innern rötliche Raupe.	**Apfelwickler, (Obstmade)**	Anfang Juli an den Stämmen der Obstbäume Wellpappgürtel anlegen, nach der Ernte abnehmen und verbrennen; geringen Befall in Kauf nehmen, da sich »wurmige« Stellen ausschneiden lassen.	Im Erwerbsanbau 2 Spritzungen, Terminangabe durch Pflanzenschutzwarndienst, meist Mitte – Ende Juni und 4 Wochen später; Mittel: Gusathion MS (20 ml), Rogor (10 ml) u. a.; im Garten: selbst entscheiden, ob Aufwand und Gefährdung lohnen!
Blätter rollen und kräuseln sich.	**Grüne Apfelblattlaus, Mehlige Apfelblattlaus**	Beobachten, ob genügend Nützlinge am Baum sind (Marienkäfer und deren Larven u. a.), so daß sich eine Bekämpfung erübrigt.	Bei Jungbäumen genügt es meist, nur die befallenen Triebspitzen mit einem Insektizid: Unden-Spritzpulver (10 g), Ekamet (10 ml) u. a. zu behandeln.

Krankheiten und Schädlinge

Schädlinge und Krankheiten am Apfel

Schadbild	Krankheit	Vorbeugende bzw. biologische Bekämpfung	Chemische Bekämpfung*
Blätter kräuseln sich, Blattfalten intensiv gelb bis leuchtendrot gefärbt.	**Apfelfaltenlaus**	Bekämpfung erübrigt sich, da Schaden nur gering; dies gilt auch für die Apfelgraslaus, die um die gleiche Zeit auftritt; beide Blattlausarten sind die erste Nahrung für Marienkäfer und Florfliege.	Keine chemische Bekämpfung!
Rotbraune Räupchen fressen im Frühjahr an oder in den Knospen, die dann nicht austreiben.	**Knospenwickler**	Bekämpfung nur, wenn Räupchen beobachtet werden oder wenn erfahrungsgemäß mit stärkerem Befall zu rechhen ist.	Späte Austriebsspritzung mit Folidol-Öl (50 ml) u. a. oder Spritzung vor der Blüte mit einem Insektizid (Unden Spritzpulver (10 g), Ekamet (10 g) u. a.
In der Baumkrone weißliche Gespinste, in denen es von Raupen wimmelt; Kahlfraß möglich.	**Gespinstmotten**	Einzelne Gespinste mitsamt Zweig abschneiden und vernichten.	Nur bei sehr starkem Befall mit einem Insektizid spritzen, dann aber, wenn die Gespinste noch klein und durchlässig sind.
Grüne Raupen, die beim Fortbewegen einen Katzenbuckel machen.	**Kleiner Frostspanner**	Mitte Oktober Leimringe an die Baumstämme anlegen, Anfang Februar erneuern; einzelne Raupen an kleinen Bäumchen absammeln.	Spritzung kaum nötig, nur bei überraschendem, starken Befall (Ekamet (10 ml) u. a.).
An den Blättern geschlängelte oder rundliche Fraßgänge, in denen kleine Räupchen fressen.	**Obstbaumminiermotte**	Kommt auch an Süß- und Sauerkirsche vor.	Bekämpfung nicht nötig, da Schaden gering!
An den Zweigen wollige Wachsausscheidungen, an Trieben und Ästen auffallende Wucherungen (Blutlauskrebs).	**Blutlaus**	Einzelne Befallsstellen herausschneiden und vernichten; Blutlauszehrwespe einsetzen.	Nester mit Ekamet (10 ml), Unden-Spritzpulver)15 g) u. a. bepinseln, bei Befall des ganzen Baumes mit gleichen Mitteln und scharfem Strahl spritzen; reichlich Spritzbrühe verwenden.
Blatt- und Blütenbüschel entfalten sich nicht, sie sind mit klebrigen, wachsartigen Kottröpfchen verschmiert; Rußtau.	**Frühlings-Apfelblattsauger**	Gefährdet sind Gärten in Waldnähe, kommt an gepflegten Apfelbäumen kaum vor.	Austriebsspritzung mit Folidol-Öl (50 ml), aber nur, wenn im Winter viele winzige gelbe Eier vorgefunden wurden bzw. wenn mit Auftreten zu rechnen ist.
Verkrüppelte Blätter, die klebrig und mit Rußtau überzogen sind, verunstaltete Triebspitzen.	**Sommer-Apfelblattsauger**	Auf erste Anzeichen die Rußtauflecken auf den Blattunterseiten achten.	Nur bei starkem Befall mit einem Insektizid (Metasystox R (10 ml), Unden-Spritzpulver (15 g) u. a.) spritzen.

* Die Präparatmengen beziehen sich auf 10 Liter Wasser.

Schorfbefall an Apfel ('Golden Delicious')

Schorf bei Birnen, auch an Trieben (Zweiggrind)

Apfelmehltau

Birnengitterrost

Schaden durch Apfelwickler (Obstmade)

Kleiner Frostspanner

Obstbaumkrebs

Frostschaden an jungen Apfelblättern

Krankheiten und Schädlinge

Schädlinge und Krankheiten an der Birne

Schadbild	Krankheit	Vorbeugende bzw. biologische Bekämpfung	Chemische Bekämpfung*
Auf den Blättern erst grünliche, später dunkle Flecken, die immer größer werden, an den Früchten ebenfalls dunkle Flecken; Schale reißt häufig auf.	**Schorf**	Wichtigste Krankheit, wie beim Apfel; Pflanzabstände genügend weit wählen, lichte Kronen aufbauen? dadurch Befall sichtlich geringer.	Ab Ende April–Juni 2–3 mal in 2–3wöchigen Abständen mit organischem Fungizid (Dithane-Ultra (20 g), Euparen (15 g), Baycor (5 g), Antracol (15 g) u. a. spritzen.
Auf den Blättern ab Frühsommer leuchtende orangerote, runde Flecke; ab Spätsommer auf den Blattunterseiten gelbliche Anschwellungen.	**Birnengitterrost**	Sobald Krankheit sichtbar wird, an kleinen Bäumen die befallenen Blätter entfernen und vernichten.	Beginnend 3 Wochen nach Blühbeginn 3 mal im 12tägigem Abstand mit Baycor (5 g) oder Saprol (12,5 ml) spritzen (= gleichzeitig vorbeugenden Schorfbekämpfung) oder nach ersten Befallsanzeichen 3 mal im 12tägigen Abstand spritzen.
Blütenknospen von Birnen (auch Apfel) treiben aus, ohne sich zu entfalten, sie werden schwarz und vertrocknen; Triebe und Zweige bräunen sich oft ganz plötzlich.	**Feuerbrand**	Befallene Teile großzügig herausschneiden.	Bei starkem Befall den ganzen Baum roden; Auftreten dem nächsten Pflanzenschutz- oder Landwirtschaftsamt melden.
Kleine, blattlausähnliche, platte, erst gelblich-, später dunkelbraune Tiere sitzen kolonienweise am Grunde junger Triebe; Honigtau und Rußtau.	**Birnenblattsauger**	Birnbäume im Frühjahr gelegentlich mit der Lupe kontrollieren.	Der günstigste Zeitpunkt für eine Bekämpfung liegt nach dem Schlüpfen der Larven aus den gelben Eiern; bei starkem Befall spritzen mit Unden-Spritzpulver (10 g), Ekamet (10 ml), Metasystox R (10 ml) u. a.
Kleine Früchte schwellen auffallend an, verfärben sich schwarz und fallen meist ab; in ihrem Innern viele kleine Larven.	**Birnengallmücke**	Befallene Früchte entfernen und vernichten; weiße Leimtafeln aufhängen, weiblichen bleiben kleben; mit Beginn der Blüte Tafeln abnehmen.	Wenn vorbeugende Maßnahmen nicht ausreichen und Befall regelmäßig und stark ist, kurz vor dem Öffnen der Blüten mit einem bienenungefährlichen Insektizid wie Thiodan 35 (10 ml) spritzen.
Auf den Blättern im Frühjahr zahlreiche flache, blasenförmige Auftreibungen, anfangs rötlich, später schwarzbraun.	**Birnenpockenmilbe**	Befall wird von winzigen mit dem bloßen Auge nicht sichtbaren Milben hervorgerufen.	Bei erfahrungsgemäß starkem Befall gründliche Austriebsspritzung mit Folidol-Öl (50 ml) o. a. durchführen.

* Die Präparatmengen beziehen sich auf 10 Liter Wasser.

Schädlinge und Krankheiten an Pflaume und Zwetsche

Schadbild	Krankheit	Vorbeugende bzw. biologische Bekämpfung	Chemische Bekämpfung*
Napfförmige Schilde an Ästen und Zweigen, bei starkem Befall »Kruste« aus unzähligen Schildchen, Honigtau, Rußtaubildung.	**Zwetschen- oder Napfschildlaus**	Gute Pflege und Ernährung der Bäume; dieser Schädling tritt fast ausschließlich an ungepflegten Bäumen auf.	Austriebsspritzung mit Folidol-Öl (50 ml) oder später mit Unden-Spritzenpulver (15 g), E 605 forte (5 ml) u. a.
Die jungen Früchte fallen bald nach der Blüte ab, jede Frucht weist ein kleines Loch auf.	**Pflaumensägewespe**	Schädling kann mehrere Früchte hintereinander befallen.	Sofort nach Abfallen der Blütenblätter bis 5 Tage danach mit einem Insektizid wie Ekamet (10 ml), Metasystox R (5 ml) (= halbe Konzentration, wenn nur Sägewespe zu bekämpfen ist) u. a. spritzen.
Früchte »wurmig«, vorzeitiger Fruchtfall.	**Pflaumenwickler**	»Wurmige« Pflaumen in Kauf nehmen, da meist erntereife Unterkulturen vorhanden und Mittel giftig.	Wichtig ist der Spritztermin, meist letztes Junidrittel, Pflanzenschutzwarndienst beachten; wirkungsvolle Präparate: Rogor, Roxion (10 ml), E 605 forte (3,5 ml) u. a.
Auf den Blättern kleine weißliche Flecken, bei starkem Befall färben sich Blätter bleigrau bis bronzefarben.	**Spinnmilben (Rote Spinne)**	Gute Kulturbedingungen schaffen, vor allem geeigneten Standort wählen und harmonisch düngen; nie vorbeugend spritzen!	Nur bei beginnendem starkem Befall mit einem speziellen Mittel (Akarizid) wie Kelthane (15 g), Plictran 25 W (10 g) u. a. spritzen.
In der Baumkrone weißliche Gespinste, in denen es von Raupen wimmelt; evtl. Kahlfraß.	**Gespinstmotten**	Einzelne Gespinste mitsamt Zweig abschneiden und vernichten.	Bei sehr starkem Befall bereits mit einem Insektizid spritzen, wenn die Gespinste noch klein und durchlässig sind.
Auf der Oberseite der Blätter kleine gelbe Flecken, auf der Blattunterseite dunkelbraune Pusteln, vorzeitiger Laubfall.	**Zwetschenrost**	Kronen licht halten.	Nach der Blüte im Abstand von 3 Wochen 2mal mit organischem Fungizid, z. B. Dithane-Ultra (20 g) u. a. spritzen.
Auf jungen Blättern kleine rötliche Flecken, die später herausfallen.	**Schrotschußkrankheit**	Kronen licht halten.	Bäume, die erfahrungsgemäß jedes Jahr stärker befallen werden, sofort nach der Blüte mit organischem Fungizid, Dithane-Ultra, 20 g, spritzen.

* Die Präparatmengen beziehen sich auf 10 Liter Wasser.

Krankheiten und Schädlinge

Schädlinge und Krankheiten an Pflaume und Zwetsche

Schadbild	Krankheit	Vorbeugende bzw. biologische Bekämpfung	Chemische Bekämpfung*
Früchte flachgedrückt, anfangs gelblichgrün, dann braun mit mehligem Überzug, größer als normal.	**Narren- oder Taschenkrankheit**	Befallene Früchte frühzeitig pflücken und vernichten.	Bei Blühbeginn, bzw. in die Blüte spritzen mit einem bienenungefährlichen organischen Fungizid, Dithane-Ultra, 20 g.
Früchte auffallend marmoriert und gummiartig zäh, fallen vorzeitig ab, auf den Blättern hellgrüne, unscharfe Flecken.	**Scharka-Krankheit**	Viruskrankheit, kann auch an Pfirsich, Aprikose, Mandel, Ziermandelstämmchen und Schlehe auftreten.	Befallene Bäume roden; bei Auftreten oder Verdacht Landwirtschafts- oder Pflanzenschutzamt verständigen.
Blätter bald nach Austrieb eingerollt und gekräuselt.	**Kleine Pflaumenlaus**	nicht bekannt	Bei stärkerem Auftreten mit Insektizid, Unden-Spritzpulver (10 g), Metasystox R (10 ml), Ekamet, (10 ml) u. a. spritzen.
Unterseite der Blätter mehlig bestäubt (Wachsausscheidungen), Blätter werden schwarz (Rußtau).	**Mehlige Pflaumenlaus**	nicht bekannt	Wie oben.

* Die Präparatmengen beziehen sich auf 10 Liter Wasser.

Befall durch Pflaumensägewespe

Pflaumensägewespe: Gut erkennbare Einbohrlöcher

Zwetschenrost

Narren- oder Taschenkrankheit

Schädlinge und Krankheiten an Süß- und Sauerkirsche

Schadbild	Krankheit	Vorbeugende bzw. biologische Bekämpfung	Chemische Bekämpfung*
Auf jungen Blättern kleine rötliche Flecken, die später herausfallen.	**Schrotschußkrankheit**	Kronen licht halten.	Bäume, die erfahrungsgemäß jedes Jahr stärker befallen werden, sofort nach der Blüte mit organischem Fungizid, Dithane-Ultra (20 g), spritzen.
Triebe welken während und kurz nach der Blütezeit und sterben ab (Spitzendürre).	**Blüten- und Zweigmonilia**	Abgestorbene Triebe sofort bis etwa 20 cm ins gesunde Holz zurückschneiden; bei ›Schattenmorelle‹ jährlicher Fruchtholzschnitt gleich nach der Ernte.	Sobald sich die Blüten öffnen mit einem bienenungefährlichen Fungizid Baycor-Spritzpulver, Dithane-Ultra (20 g), in die Blüte spritzen; bei regnerischem Wetter während der Blüte wiederholen.
Auf den Blättern zahlreiche kleine rotviolette »Sprühflecken«, Blätter werden gelblich und fallen vorzeitig ab.	**Sprühfleckenkrankheit**	Kronen licht halten.	Wenn erfahrungsgemäß mit Befall gerechnet werden muß, dann vorbeugend Anfang–Mitte Juni im Abstand von 14 Tagen 2 mal mit einem organischem Fungizid, Dithane-Ultra (20 g), spritzen.

* Die Präparatmengen beziehen sich auf 10 Liter Wasser.

Schrotschußkrankheit an Kirsche

Sprühfleckenkrankheit an Sauerkirsche

Zweigmonilia an Sauerkirsche

Gummifluß (Harzfluß) an Kirsche

Krankheiten und Schädlinge

Schädlinge und Krankheiten an Süß- und Sauerkirsche

Schadbild	Krankheit	Vorbeugende bzw. biologische Bekämpfung	Chemische Bekämpfung*
Starker Harzfluß (Gummifluß) an Ästen, Zweigen und Stamm.	**Valsa-krankheit**	Befallene Äste rasch bis ins gesunde Holz zurückschneiden, Wunden verstreichen.	Bekämpfungsmöglichkeit mit Pflanzenschutzmittel nicht bekannt.
»Wurmige« Kirschen.	**Kirsch-fruchtfliege**	Frühe Sorte werden nicht befallen; mit leuchtendgelben Leimtafeln kann der Flug beobachtet werden; einen Teil »wurmige« Kirschen in Kauf nehmen.	Wenn sich Früchte gelbrot färben mit Lebaycid (10 ml) spritzen; besser, Termin nach Angaben des Pflanzenschutzwarndienstes einhalten.
Blätter kräuseln sich stark.	**Schwarze Kirschblatt-laus**	nicht bekannt	Mit einem Insektizid, Metasystox R (10 ml), Ekamet (10 ml), Unden-Spritzpulver (10 g) u. a.
An Blättern und halbreifen Früchten fressen hellgrüne Raupen, die sich mit einem Katzbuckel vorwärtsbewegen.	**Kleiner Frost-spanner**	Mitte Oktober Leimringe an die Baumstämme anlegen, Anfang Februar erneuern.	Spritzung kaum nötig, nur bei überraschendem starken Befall, Ekamet (10 ml) u. a.
An den Blättern geschlängelte oder rundliche Fraßgänge, in denen kleine Räupchen fressen.	**Obstbaum-miniermotte**	Kommt auch an Apfelbäumen vor.	Bekämpfung nicht erforderlich, da Schaden gering.
Trotz reichen Blütenansatzes entwickeln sich nur wenige Früchte.	**Kirsch-blütenmotte**	Räupchen fressen sich in die schwellenden Blütenknospen, Fruchtknoten bzw. jungen Früchte ein und zerstören sie.	Wenn stärker Befall festgestellt wurde, dann im nächsten Jahr zu Beginn des Knospenschwellens mit Folidol-Öl (50 ml) spritzen.
Fensterfraß an den Blättern.	**Kirschblatt-wespe**	Der Schaden wird von nacktschneckenähnlichen »Raupen« verursacht; sie sind meist mit schwarzem Schleim bedeckt.	Nur bei starkem Befall mit einem Insektizid, Undenspritzpulver (10 g) u. a. spritzen.
Jüngere und ältere Zweige vertrocknen, es folgen Äste; befallene Knospen verfärben sich dunkel, vertrocknen und fallen bei leisester Berührung ab.	**Grauer Knospen-wickler**	Verschiedene Ursachen, darunter auch Befall durch genannten Schädling; dringt im März in Blatt- und Blütenknospen ein, schädigt aber auch ganze Sprosse.	Austriebsspritzung mit Folidol-Öl (50 ml) u. a. oder vor der Blüte mit Unden (10 g) u. a. spritzen.

* Die Präparatmengen beziehen sich auf 10 Liter Wasser.

Schädlinge und Krankheiten an Pfirsich und Aprikose

Schadbild	Krankheit	Vorbeugende bzw. biologische Bekämpfung	Chemische Bekämpfung*
Blätter im Frühjahr blasig aufgetrieben, weißlichgrün bis rot gefärbt; erkrankte Blätter vertrocknen und fallen ab; bei starkem Befall werden auch Früchte abgestoßen.	**Kräuselkrankheit**	Vereinzelte befallene Blätter entfernen; gelbfleischige Sorten sind besonders anfällig.	Wenn erfahrungsgemäß starker Befall zu erwarten ist, sobald sich die Knospenschuppen lösen, also gegen Anfang März mit Delan (20 ml) bei mildem, feuchtem Wetter spritzen.
Blätter gekräuselt und gerollt, jedoch nicht rötlich gefärbt wie bei Kräuselkrankheit.	**Grüne Pfirsichblattlaus, Mehlige Pfirsichblattlaus**	Erstere ist eine gefährliche Überträgerin von Viruskrankheiten, letztere sitzt oft zu Tausenden an den Blattunterseiten; die Blätter kleben vor Honigtau, es folgt Rußtau.	Sofern nicht Nützlinge den Befall in Schach halten, mit einem Insektizid: Ekamet (10 ml), Metasystox R (10 ml), Unden-Spritzpulver (10 g).
Blätter gelb bis ausgebleicht.	**Chlorose**	Keine Krankheit, sondern Eisenmangel; kommt häufig auf kalkreichem, schwerem, nassem, schlecht durchlüfteten Boden vor; günstige Kulturbedingungen schaffen, Boden mit Kompost oder Torf verbessern.	Mit Fetrilon spritzen; dadurch wird der Eisenmangel kurzfristig beseitigt, Blätter werden wieder grün. Doch dies ist nur »Dreck unter den Teppich gekehrt«, deshalb vorrangig Boden in Ordnung bringen.
Äste welken und vertrocknen ganz plötzlich, Gummifluß tritt auf, manchmal stirbt die ganze Krone ab.	**Aprikosensterben**	Ursache nicht bekannt; einzelne abgestorbene Äste herausschneiden, Wunden verstreichen.	Keine Präparate vorhanden, roden, wenn der ganze Baum abgestorben ist.

* Die Präparatmengen beziehen sich auf 10 Liter Wasser.

Krankheiten und Schädlinge

Erdbeeren

Schadbild	Krankheit	Vorbeugende bzw. biologische Bekämpfung	Chemische Bekämpfung*
Reife und halbreife Früchte überziehen sich häufig sehr rasch mit einem grauen Schimmel; sie beginnen zu faulen, besonders bei Regenwetter; wichtigste Pilzkrankheit bei Erdbeeren.	**Grauschimmel** *(Botrytis)*	Nicht zu eng pflanzen, Kultur möglichst nicht älter als 2 Jahre werden lassen, nicht zuviel Stickstoff geben, vor allem keine Stickstoffgaben im Frühjahr, Früchte mit Stroh unterlegen, während des Fruchtbehangs nicht spätabends gießen, kranke Beeren sofort entfernen, Sortenwahl.	Anfällige Sorten 2–3 mal während der Blüte mit Euparen 25 g spritzen; 1. wenn 10–20% der Blüten geöffnet sind, 2. etwa 8 Tage später (Vollblüte), bei regnerischem Wetter, 3. weitere 8 Tage später, gegen Ende der Blütezeit. Blüten mit 2 Liter Spritzbrühe auf 10 lfm Erdbeerreihe naß spritzen; spätere Behandlungen sind ohne Wirkung; außerdem Wartezeit!
Die roten Beeren verblassen und färben sich braun, ohne daß sie von einem grauen Pilzrasen überzogen sind; Früchte nicht matschig, sondern wie eine Mischung aus Leder und Gummi.	**Lederfäule**	Erkrankte Früchte einsammeln und vernichten; rechtzeitig vor Erntebeginn Stroh u. a. unterlegen.	Vorbeugende Spritzungen mit Euparen gegen Grauschimmel wirken auch gegen Lederfäule.
Auf der Unterseite der Blätter bildet sich ein feiner, weißer, mehliger Belag; die Blattränder rollen sich nach oben ein, die Blattunterseiten färben sich rötlich; Beeren klein, hart und trocken.	**Erdbeermehltau**	Befallene Pflanzen gleich nach der Ernte abmähen; keine anfälligen Sorten pflanzen.	Wirkungsvoll sind mehrmals wiederholte, bereits vor der Blüte beginnende Spritzungen mit Mehltaumitteln; im Garten zu aufwendig und nicht unbedingt nötig.
Die Blätter sind nach der Ernte mit kleinen rotumrandeten Flecken übersät; vertrocknen bei regnerischem Wetter.	**Weißfleckenkrankheit**	Befallenes Laub gleich nach der Ernte abmähen; Boden lockern und düngen; im Frühjahr dürres Laub entfernen.	Chemische Bekämpfung nicht nötig, da Pilzkrankheit kaum gefährlich.
Blattrandvergilbung, Blätter kräuseln oder zeigen mosaikartige Flecken; sie bleiben klein und färben sich im Herbst vorzeitig; Pflanzen kümmern, geringe Ernte.	**Viruskrankheiten**	Befallene Pflanzen entfernen; Meristem-Pflanzgut verwenden.	Spritzungen gegen Blattläuse, von denen die Viren übertragen werden.

* Die Präparatmengen beziehen sich auf 10 Liter Wasser.

Erdbeeren

Schadbild	Krankheit	Vorbeugende bzw. biologische Bekämpfung	Chemische Bekämpfung*
Die Herzblätter sind stark gekräuselt und verkrüppelt; Blüten und Früchte sind mißgestaltet.	**Erdbeermilbe**	Befallene Pflanzen entfernen; gesundes Pflanzgut beziehen.	Schädling tritt besonders auf mehrjährigen Erdbeerbeeten auf; chemische Bekämpfung nicht möglich.
Die Pflanzen beginnen zu kümmern und kränkeln, die Blätter welken, schließlich gehen die Pflanzen ganz ein.	**Rhizom- und Wurzelfäulen**	Gute Kulturbedingungen schaffen, harmonisch düngen, Anbaufläche wechseln, gesundes Pflanzmaterial beziehen.	Chemische Bekämpfung nicht möglich!
Pflanzen kümmern reihenweise; geringer Ertrag, wenig Ausläufer; Blütenstiele kurz und verbreitert; Blüten verkrüppelt und dicht beieinander, sehen wie Blumenkohl aus.	**Älchen (Nematoden)**	Befallene Pflanzen entfernen; auf keinen Fall von einem verseuchten Beet Ausläufer gewinnen.	Chemische Bekämpfung nicht möglich!

* Die Präparatmengen beziehen sich auf 10 Liter Wasser.

Grauschimmel (Botrytis) an Erdbeere

Rhizom- und Wurzelfäulen

Schaden durch Erdbeermilben

Erdbeerstengelstecher

Krankheiten und Schädlinge

Erdbeeren

Schadbild	Krankheit	Vorbeugende bzw. biologische Bekämpfung	Chemische Bekämpfung*
Die Blütenstiele sind abgeknickt.	**Erdbeerblütenstecher**	Vorbeugende Bekämpfung nicht bekannt; 10–20% zerstörte Blüten können hingenommen werden.	Nur bei erfahrungsgemäß starkem Auftreten bereits vor der Blüte 1–2 mal mit Insektizid E 605 (3,5 ml), Ambush (5 ml) u. a. spritzen.
Früchte werden vor allem nachts und bei feuchtem Wetter angefressen; Schleimspuren sichtbar.	**Nacktschnecken**	Zwischen Erdbeerbeete alte Bretter legen, Schnecken können unter tags von der Unterseite abgelesen werden; Schnecken frühmorgens oder bei leichtem Regen einsammeln.	Schneckenkorn auf Metaldehyd-Basis – ohne Wartezeit – zwischen die Reihen streuen.
Längliche Tiere mit vielen Beinen fressen an oder in den Früchten.	**Tausendfüßler**	Fruchstände mit Stroh oder Holzwolle unterlegen; halbierte Kartoffeln als Köder mit der Schnittfläche nach unten auslegen.	Keine chemische Bekämpfung!
Pflanzen kümmern und welken; Wurzelfraß; Befall besonders bei heißem trockenem Wetter sichtbar.	**Engerlinge, Erdraupen u. a.**	Welkende Pflanzen aus dem Boden heben und die an den Wurzeln fressenden Larven, bzw. Raupen zertreten; bei Befallsverdacht einige Salatpflanzen als Köder zwischen die Erdbeerreihen setzen.	Nur bei sehr starkem Befall (neues Gartenland) vor dem Pflanzen Nexion-Streumittel (20 g/m^2) streuen und 5 cm tief einarbeiten.
Pflanzen gehen reihenweise ein; an den Wurzeln fressen fußlose, schmutzigweiß gefärbte, etwa 1 cm lange Larven, die sich schließlich in den Wurzelhals einbohren.	**Dickmaulrüßler**	Vorbeugende Bekämpfung wie bei Engerlingen; Erdbeerbeete alle 2 Jahre neu pflanzen, da der Schädling vorwiegend an älteren Kulturen auftritt, wo sich die Larven ungestört entwickeln können.	Keine chemische Bekämpfung!
Zur Erntezeit feinsäuberlich auf kleine Haufen zusammengetragene Früchte, vor allem von Sorten, deren Samen (Nüßchen) hoch an der Oberfläche sitzen.	**Erdmaus**	Klappfalle aufstellen, Dörrobst als Köder verwenden.	Keine chemische Bekämpfung!

* Die Präparatmengen beziehen sich auf 10 Liter Wasser.

Johannisbeeren

Schadbild	Krankheit	Vorbeugende bzw. biologische Bekämpfung	Chemische Bekämpfung*
Kugelig angeschwollene Knospen an den winterlichen Trieben von Schwarzen Johannisbeeren; noch auffälliger kurz vor dem Austrieb.	**Johannisbeergallmilbe**	Bereits im Winter alle erkennbaren Rundknospen auszwikken und in die Mülltonne geben. Triebe mit nur noch wenigen gesunden Knospen dicht über dem Boden abschneiden.	Eine chemische Bekämpfung scheidet wegen der langen Wartezeit des einzig wirksamen Mittels aus.
Auf den Blattunterseiten von Schwarzen Johannisbeeren im Hochsommer rotbrauner Belag; es kann sehr rasch zu vorzeitigem Blattfall kommen.	**Säulenrost**	Sträucher bei oder gleich nach der Ernte gut auslichten!	Tritt trotzdem starker Befall auf, dann vorbeugend mit einem organischen Fungizid, Dithane-Ultra, (20 g), Delan (20 ml), spritzen; 1. Spritzung gleich nach der Blüte, 2. Spritzung nach der Ernte.
Winzig kleine, nur wenige Millimeter große dunkle Flecken auf den Blättern von Roten und Weißen Johannisbeeren; Blätter rollen sich bei fortschreitendem Befall vom Rand her ein, vertrocknen und fallen ab.	**Blattfallkrankheit**	Sträucher gut auslichten!	Wiederholt sich der Befall trotzdem, dann mehrmals mit einem organischen Fungizid, Dithane-Ultra (20 g), Delan (20 ml) oder Euparen (20 g) spritzen. 1. Spritzung gleich nach der Blüte, 2. Spritzung nach der Ernte; bei sehr starkem Befall zusätzlich bereits vor der Blüte.
Blätter an den Triebspitzen rollen sich ein und verkrümmen.	**Johannisbeertrieblaus**	Schaden ist meist unbedeutend, Bekämpfung kann meist unterbleiben.	Nur bei sehr starkem Befall mit Insektizid spritzen: u. a. Ekamet (10 ml), Metasystox R (10 ml), Unden-Spritzpulver (10 g).
Auf den Blättern gelbliche und rötliche Auftreibungen.	**Johannisbeerblasenlaus**	wie oben	wie oben
Auf der Rinde napfförmige oder anders geformte Schilde.	**Schildläuse**	Befall meist an schlecht gepflegten Sträuchern; günstige Kulturbedingungen schaffen!	Austriebsspritzung mit Folidol-Öl (50 ml) u. a.
Triebe welken und vertrocknen; beim Durchschneiden im Innern ein Fraßgang.	**Johannisbeerglasflügler**	Befallene Ruten abschneiden und vernichten.	Keine chemische Bekämpfung!

* Die Präparatmengen beziehen sich auf 10 Liter Wasser.

Krankheiten und Schädlinge

Johannisbeeren

Schadbild	Krankheit	Vorbeugende bzw. biologische Bekämpfung	Chemische Bekämpfung*
Braune Schwämme am Wurzelhals.	**Brauner Holzschwamm**	Tritt besonders in feuchten Lagen auf; auch wenn mit Abortjauche gedüngt wird; günstige Kulturbedingungen schaffen.	Chemische Bekämpfung nicht möglich!
Blätter vergilben bereits im Juni vom Rand her und rollen sich nach oben ein.	**Blattrandkrankheit**	Das Schadbild kann sich bei Befall durch Säulenrost oder Blattfallkrankheit zeigen; ist dies nicht der Fall können Kalimangel oder Trockenheit die Ursache sein.	Bei Trockenheit gut wässern, zusätzliche Kaligabe (Kalimagnesia 50 g/m^2 = Patenkali) um die Sträucher streuen.
Junge Früchte fallen im Laufe einiger Wochen nach der Blüte ab.	**Rieseln der Beeren**	Keine Krankheit; Ursachen: erbliche Veranlagung, vor allem aber Spätfröste während der Blüte; mangelnde Befruchtung bei kalten regnerischem Wetter (mangelnder Bienenflug); Fehlen von geeigneten Befruchtersorten in der Nähe.	Ursachen beheben!

* Die Präparatmengen beziehen sich auf 10 Liter Wasser.

Säulenrost an Schwarzer Johannisbeere

Befall durch Johannisbeergallmilbe

Blattfallkrankheit bei Roter Johannisbeere

Himbeerrutenkrankheit

Stachelbeeren

Schadbild	Krankheit	Vorbeugende bzw. biologische Bekämpfung	Chemische Bekämpfung*
Blätter, Triebe und Früchte von mehligem, weißem Pilzbelag überzogen, der später braun wird; Früchte zur Ernte fleckig braun und ungenießbar.	**Amerikanischer Stachelbeermehltau**	Sträucher gut auslichten, befallene Triebspitzen im Winter zurückschneiden; während der Vegetation befallene Triebe abschneiden und entfernen; mehltauempfindliche Sorten meiden.	Bei wiederholt starkem Befall Austriebsspritzung mit Gelbspritzmittel; nach dem Austrieb in Abständen von 2–3 Wochen mit Saprol (15 ml) bzw. mit Spezialmitteln Morestan oder Karathane (Konzentration nach Gebrauchsanweisung), Wartezeiten beachten!
Im Sommer braune, runde Flecken auf den Blättern, die bald gelb werden und viel zu früh abfallen.	**Blattfallkrankheit**	Sträucher gut auslichten.	Wie bei Johannisbeeren (Blattfallkrankheit).
Sträucher plötzlich von innen heraus kahlgefressen.	**Stachelbeerblattwespe**	Im Mai ab und zu nachsehen, ob Befall vorhanden.	Bei Auftreten der Raupen sofort mit Insektizid spritzen: Ekamet (10 ml), Unden-Spritzmittel (10 g).
Blätter verfärben sich weißlichgrau, vertrocknen und fallen ab.	**Stachelbeerspinnmilbe**	Für gute Kulturbedingungen sorgen.	Bei ersten Anzeichen des Befalls mit einem Akarizid, Kelthane (15 g), Plictran 25 W (10 g) spritzen.
Blätter rollen und kräuseln sich.	**Blattläuse**	Es treten verschiedene Arten auf, vor allem die Stachelbeertrieblaus; häufig in dichten Kolonien.	Bei beginnendem Befall ein Insektizid mit kurzer Wartezeit, z. B. Unden-Spritzpulver (10 g), anwenden.

* Die Präparatmengen beziehen sich auf 10 Liter Wasser.

Blattfallkrankheit bei Stachelbeere

Amerikanischer Stachelbeermehltau

Himbeeren und Brombeeren

Schadbild	Krankheit	Vorbeugende bzw. biologische Bekämpfung	Chemische Bekämpfung*
Im Frühsommer zeigen sich an den jungen Trieben violette bis graue Flecken; die Rinde reißt auf und blättert ab.	**Himbeerrutenkrankheit**	Abgetragene Ruten sofort nach der Ernte bodeneben entfernen; nicht hacken, sondern zwischen den Pflanzen mulchen, optimal düngen: ⅔ der Gesamtmenge im zeitigen Frühjahr, ⅓ gegen Ende der Blüte.	Organische Fungizide wirken gegen die Krankheit nicht.
Marmorierte Blätter, Vergilbung bzw. Bänderung der Blattadern.	**Viruskrankheiten**	Kranke Pflanzen aus dem Boden nehmen und vernichten; gesundes Meristem-Pflanzgut beziehen.	Gegen Blattläuse mit Insektizid spritzen, da diese die Viruskrankheiten übertragen.
»Wurmige« Himbeeren.	**Himbeerkäfer**	Im eigenen Garten einen Teil befallener Himbeeren in Kauf nehmen, also auf Spritzung verzichten.	Bekämpfung mit einem bienenungefährlichen Insektizid, Thiodan 35 (10 ml), ist möglich; 1. Spritzung kurz vor, 2. Spritzung während der Blüte.
Früchte färben sich vor der Ernte fleckenweise oder vollständig rot; sie werden nur teilweise und sehr spät reif, bzw. bleiben hart, sauer und dadurch ungenießbar.	**Brombeergallmilbe**	Abgetragene, befallene Ranken gleich im Herbst, spätestens vor dem Austrieb, herunterschneiden und entfernen.	Chemische Bekämpfung nicht nötig, bzw. Aufwand lohnt nicht.
Im Sommer auf den jungen Ranken etwa 2 cm große rötliche Flecken; sie färben sich allmählich braun mit typischem roten Rand; Blatt- und Fruchtentwicklung leiden.	**Brombeerrankenkrankheit**	Junge Ranken rechtzeitig hochbinden, kranke Ruten herausschneiden.	Chemische Bekämpfung nicht nötig, bzw. Aufwand lohnt nicht.

* Die Präparatmengen beziehen sich auf 10 Liter Wasser.

Obsternte

Der Höhepunkt im Obstjahr ist zweifellos die Ernte. Beim Beerenobst beginnt sie schon im Frühsommer, bei Apfel, Birne und späten Zwetschen zieht sie sich bis Ende Oktober hin. Beinahe ein halbes Jahr lang können wir also frisches Obst aus dem eigenen Garten essen, das übrige wird eingelagert oder anderweitig haltbar gemacht. Mit zu den schönsten Gartenfreuden gehört es, Beeren und anderes Obst im Vorbeigehen vom Strauch oder Baum zu essen. Ob dabei die Sehnsucht nach dem Paradies mitschwingt, der Traum von der heilen Welt ein bißchen Wirklichkeit wird?

Ernte und Verwertung

Ernte

Wenn wir schon Obst anbauen, wollen wir auch in den Genuß des vollen Aromas kommen. Dazu aber müssen wir den richtigen Erntezeitpunkt kennen. Die Früchte dürfen weder zu füh noch zu spät vom Baum genommen werden, da sonst Färbung, innere Qualität und Haltbarkeit nicht optimal sind.

Kernobst
Frühäpfel reifen unterschiedlich, wir pflücken deshalb die Bäume mehrmals durch. Frühbirnen nehmen wir schon 8–10 Tage vor der eigentlichen Reife vom Baum. Wie alle anderen Birnensorten werden sie nach der Ernte bis zur Genußreife kühl gelagert. Bleiben Äpfel zu lange am Baum, werden sie mehlig, die Birnen teigig.
Herbstäpfel wie 'James Grieve' oder 'Oldenburg' lassen wir bis zur vollen Reife am Baum hängen; wir nehmen sie erst ab, wenn die Farbe gut ausgebildet ist. Herbstbirnen wie 'Gute Luise' werden dagegen schon vor der Genußreife abgenommen und noch etwas gelagert, bis sie ihr köstliches Aroma ausgebildet haben. Die Früchte müssen sich übrigens bei leichtem Drehen oder Anheben mühelos vom Fruchtholz lösen; dann ist der richtige Erntezeitpunkt gekommen.

»Tiroler Steigtanne«, leicht und zerlegbar

Apfelspätsorten wie 'Boskoop', 'Berlepsch', 'Ontario' u. a. werden immer etwas vor der vollen Baumreife abgenommen, weil dies die Lagerfähigkeit verbessert. Das ist meist Mitte Oktober der Fall. Einige späte Birnensorten wie 'Gräfin von Paris' oder 'Madame Verté' nehmen wir sogar erst gegen Ende Oktober ab. Bei zu früher Ernte bilden sie ihr typisches Aroma nicht aus und schmecken rübenartig.
Leichte Nachtfröste schaden den Früchten nicht, nur dürfen wir sie nach einer kalten Nacht nicht gleich mit den Händen anfassen, da es sonst Faulstellen gibt.
Bei Quitten reifen die Früchte am Busch nicht aus. Wir warten mit der Ernte bis zu den ersten Frösten und lassen sie dann in der Wohnung nachreifen.
Bei allen Obstarten wird die Ernte schonend vorgenommen. Schließlich wollen wir uns nicht um den Lohn für unsere Mühe bringen. Empfindliche Apfel- und Birnensorten pflükken wir in Plastikeimer oder in gepolsterte Handkörbe. Auch die Kisten, in die dann die Eimer oder Körbe entleert werden, sollten mit Wellpappe oder anderem weichem Material ausgelegt sein. Andernfalls ist es unvermeidlich, daß ein beträchtlicher Teil der Früchte einige Druckstellen oder Abschürfungen bekommt und bald zu faulen beginnt. Weniger empfindliche Apfel- und Birnensorten können in größeren gepolsterten Weidenkörben in Obstkisten oder Flachsteigen transportiert werden.

Steinobst
Beim Steinobst zeigt uns eine Kostprobe, ob die Ernte beginnen kann. Auch stärkerer Fruchtfall ist bei Zwetschen und anderen Arten ein sicheres Zeichen dafür. Zwetschen und Mirabellen können geschüttelt werden, während wir die empfindlicheren Pflaumen und Renekloden besser von Hand pflücken. Alle Steinobstarten, also auch Kirschen, Pfirsiche und Aprikosen werden in Spankörbe oder Schalen gepflückt.
Die 'Hauszwetsche' und andere späte Sorten sollten möglichst lange am Baum hängen blei-

ben. Erst wenn die ersten Früchte zu schrumpeln beginnen, ist der ideale Zeitpunkt für die Ernte gekommen. Leichte Nachtfröste schaden nicht.
Pfirsiche umfaßt man mit der ganzen Hand. Durch leichtes Drehen und Anheben der Frucht löst sie sich vom Fruchtholz; dies gilt auch für die Aprikose. Nicht zu früh ernten, denn nur bei Vollreife entwickeln Pfirsiche und vor allem Aprikosen ihr köstliches Aroma und den herrlichen Duft.
Süßkirschen werden mit Stiel geerntet. Dabei zwicken wir die Stiele mit den Fingernägeln vom Fruchtholz ab oder drehen sie ab. Für besonders saftige Sorten nimmt man am besten die Schere zu Hilfe. Auch Sauerkirschensorten, die sich schlecht pflücken lassen, ernten wir mit der Schere. Für die häusliche Verwertung können aber die meisten Sorten ohne Stiel gepflückt werden.

Nüsse

Walnüsse werden vollreif geerntet, d. h., wenn sie sich von selbst aus der grünen Hülle lösen. Dazu braucht man nicht auf den Baum zu steigen. Die Nüsse werden aufgesammelt, wenn sie ab September, vor allem aber im Oktober vom Baum fallen. Falsch wäre es, die Nüsse mit Stangen vom Baum zu schlagen, wenn sie noch nicht völlig ausgereift sind.
Die Haselnuß-Ernte fällt ebenfalls in die Monate September/Oktober. Die Nüsse sind reif, sobald die harte Nußschale in der unteren Hälfte ringsum braun gefärbt ist. Die Nüsse lassen sich dann leicht aus den sie umgebenden Hülsen lösen. Wir können die Nüsse zu diesem Zeitpunkt pflücken oder aber den Strauch schütteln und die am Boden liegenden auflesen. Sollen Nüsse gelagert werden, so müssen sie völlig reif sein und sich selbständig aus den Hüllen lösen. Nicht voll ausgereifte Nüsse schmecken nicht!

Lagerung

Während sich Kirschen und viele Beerenobstarten hervorragend zum Tiefgefrieren eignen, bzw. wie auch Pflaumen und Zwetschen entweder vollreif gegessen, zum Backen verwendet, eingeweckt oder zu Marmelade verarbeitet werden, ergeben sich für späte Äpfel und Birnen meist Lagerprobleme.
In zu warmen, trockenen Räumen beginnen die Früchte bald zu schrumpfen, besonders die rauhschaligen. Als günstige Temperatur gelten +3–5 °C, zumindest sollten 8 °C nicht überschritten werden. Die relative Luftfeuchtigkeit sollte 85–90% betragen.
Nachdem wir keinen Obstlagerraum wie im Erwerbsobstbau zur Verfügung haben, müssen wir uns anderweitig behelfen. Meist werden wir die Früchte in den Keller bringen oder in einen anderen möglichst kühlen Raum. Zusätzlich öffnen wir die Fenster, wenn es kalt und neblig ist, bzw. überbrausen in einem sehr trockenen Raum den Boden des öfteren mit Wasser.
Vor dem Einlagern wird der Raum gründlich gereinigt und geweißt. Dabei kann ein Desinfektionsmittel wie Dimanin A der Farbe zugesetzt werden. Auch die Stellagen, Obsthorden usw. sollten mit der Desinfektionslösung gebürstet werden.
Beim Einräumen des Obstes achten wir darauf, daß die Äpfel und Birnen möglichst übersichtlich lagern, damit Früchte, die zu faulen beginnen, gleich entdeckt und entfernt werden können. Gut eignen sich für Äpfel und Birnen richtige Obsthorden oder aber Flachsteigen, die wir in jedem Lebensmittelgeschäft gratis bekommen können. Durch Übereinanderstellen läßt sich der Raum gut ausnutzen.
Wenn wir in einem zu warmen, trockenen Raum wertvolle Spätsorten möglichst lange aufbewahren wollen, so kann dies mit luftfeuchtem Torf geschehen. Wir wickeln die einzelnen Früchte in Seidenpapier, bringen auf den Boden einer Obstkiste eine 5 cm hohe Torfmullschicht auf und legen darauf die erste Schicht Äpfel. Nun folgen abwechselnd je eine Torfmullschicht und eine Schicht Äpfel bzw. Birnen. Selbstverständlich werden wir uns diese Mühe nur mit wirklich erstklassigen, gesunden Früchten einer Spitzensorte machen.
Auch mit Folienbeuteln kann die Haltbarkeit verlängert bzw. verbessert werden. Es kommen aber nur mittelgroße, völlig gesunde

Früchte hierfür in Frage. Geeignet sind Beutel aus 0,05 mm starker PE-Folie, die 2–5 kg Äpfel fassen. Bewährt hat sich diese Möglichkeit bei 'Jonathan', 'Golden Delicious', 'Roter Boskoop', 'Glockenapfel' und 'Melrose'.
Diese Sorten sollen für die Lagerung in Folienbeuteln bereits etwa 1 Woche vor dem sonst üblichen Zeitpunkt geerntet werden. Die Beutel dürfen erst verschlossen werden, wenn sich das darin befindliche Obst der Lagerraumtemperatur angepaßt hat. Andernfalls bildet sich Schwitzwasser, Fäulnis wird begünstigt. Die Beutel sollten bei möglichst niedrigen Temperaturen, etwa + 5–10 °C gelagert werden, da bei höheren Temperaturen Fruchtfleisch- und Schalenbräune auftreten können. Ist der Lagerraum geringfügig wärmer als angegeben, so sollte wenigstens dafür gesorgt werden, daß das beim Reifungsprozeß entstehende Kohlendioxid zum Teil abziehen kann. Dazu stechen wir einen 2-kg-Beutel 1- oder 2mal mit einer Büroklammer ein. Bei noch höherer Temperatur sollten bis zu 10 Einstiche angebracht werden, wodurch allerdings die Lagerfähigkeit erheblich verkürzt wird.
Man nimmt das Obst einige Tage vor dem Verbrauch aus dem Beutel und läßt es offen nachreifen. Dadurch verschwindet ein evtl. vorhandener muffiger Geruch. Die gute Haltbarkeit beruht auf der Sättigung mit Wasserdampf im weitgehend luftdicht verschlossenen Folienbeutel, was die weitere Verdunstung

Nur völlig gesunde Früchte werden eingelagert

stoppt; die Früchte bleiben frisch und knackig. Aber auch das bei der Reife entstehende Kohlendioxid wirkt sich günstig auf die Haltbarkeit aus. Leider ist dies alles ein wenig umständlich und eben nur ein Notbehelf anstelle eines günstigen Lagerraums.
Geradezu ideal für die Obstlagerung ist ein Keller unter einer Gerätehütte oder unter einem Gartenhaus. Ein solcher Keller ist sehr kühl, dabei aber absolut frostsicher. Außerdem ist eine günstige relative Luftfeuchtigkeit vorhanden, bedingt durch den Natur- oder Ziegelboden. Schade, daß es in den meisten Kleingartenanlagen nicht gestattet ist, das Gartenhäuschen zu unterkellern. Dies würde weder das Aussehen der Anlage nachteilig beeinflussen, noch sonst irgendwelche Nachteile haben. Sicherlich, der Preis für die Gartenlaube würde sich erhöhen, doch das Ausheben des Bodens könnte ja in eigener Regie erfolgen. Dem stünde jedoch ein großer Nutzen bei der Lagerung von Obst und Gemüse gegenüber.
Wenn ein solcher Keller also nicht sein darf oder kann, so kann trotzdem das Obst im Gartenhaus oder in der Gerätehütte eines Hausgartens gelagert werden. Ich kenne eine ganze Reihe von Hobbygärtnern, die dies seit Jahren mit Erfolg praktizieren. Die Obstkisten müssen dann nur mit Decken oder – noch besser – mit Isolierfolie (Noppenfolie) abgedeckt werden, damit bei nicht zu strenger winterlicher Kälte die vom Boden her nachfließende wärmere Luft zurückgehalten wird und das Obst nicht erfriert. Einige Grad unter Null schaden nicht. Nur, wenn es ab Januar oder im Februar so richtig kalt wird, muß das Obst aus dem Lager geholt und im Haus gelagert werden. Doch bis dahin ist meist schon ein ganzer Teil verbraucht.
Ich kenne auch Gartenfreunde, die mangels eines geeigneten Lagerraums die Obstkisten auf den Balkon stellen. Sie geben auf den Boden jeder Kiste mehrere Lagen Zeitungspapier, ebenso zwischen jede Obstschicht und decken die Kisten dick mit Zeitungspapier bzw. Wolldecken ab. Auf diese Weise halten sich die Äpfel meist bis zum Frühjahr frisch.
Sehr spätreifende und besonders hartfrüchtige

Sorten wie z. B. 'Rheinischer Bohnapfel', 'Welschisner', 'Roter Eiserapfel' u. a. lassen sich bis zum Frühjahr ausgezeichnet in 30–50 cm tiefen Erdmieten bzw. in leerstehenden tiefen Frühbeetkästen lagern, so wie wir dies vom Wintergemüse her kennen.

Wer einen Obstgarten besitzt und ein Haus neu baut, sollte möglichst auch einen Obstlagerraum mit einplanen, vor allem, wenn die Kellerfläche groß genug ist. Ein solcher Raum wird gegen die anderen Räume gut isoliert, der Boden bleibt so wie er von Natur aus ist, d. h. er sollte aus gestampftem Lehm bestehen. Hier kann den Winter über laufend Feuchtigkeit hochsteigen.

Nach diesen Tips für die Lagerung von Äpfel und Birnen noch ein paar Hinweise zu den Nüssen: Walnüsse werden gleich nach der Ernte aus der grünen Schale gelöst und in fließendem Wasser mit einem Reisigbesen gereinigt. Dann trocknet man sie in der Sonne oder in einem warmen Raum, aber nicht auf dem Ofen. Wichtig ist, daß die Nüsse nicht in der äußeren grünen Schale bleiben, bis diese schwarz wird und zu faulen beginnt. Die Nüsse würden in diesem Fall unansehnlich und die Kerne von Schimmelpilzen befallen. Wir könnten sie dann nicht mehr essen. Nachdem sie gereinigt und getrocknet sind, bewahren wir die Walnüsse, ebenso wie Haselnüsse, in luftdurchlässigen Säckchen auf.

Was tun mit all' dem Obst?

Am liebsten essen wir Obst gleich von der Hand in den Mund. Im Unterbewußtsein fühlen wir uns dabei wie im Paradies. Doch bei den meisten Obstarten ist dies nicht zu schaffen; sie tragen bei richtiger Pflege reich und werden, ist der ideale Reifezustand erreicht, oft schon in wenigen Tagen überreif. Also müssen wir sie in irgendeiner Form verwerten. Verschiedene Beerenarten eignen sich vorzüglich zum Tiefgefrieren, andere Obstarten können zu Marmelade oder Gelee verarbeitet bzw. eingemacht werden, Äpfel, Birnen und Zwetschen lassen sich dörren.

Doch die Gefriertruhe quillt bald über und auch mit den anderen genannten Verwertungsmöglichkeiten lassen sich keine allzugroßen Mengen verarbeiten. Sie sollen hier auch nicht näher beschrieben werden, denn jede Hausfrau hat damit mehr Praxis als ich und außerdem gibt es vorzügliche Fachliteratur. Hier nur ein paar Tips, wie man große Obstmengen am besten verwerten kann: wir verflüssigen sie zu Saft und Wein.

Obstsäfte

Darunter versteht man den unvergorenen Saft der Früchte, der meist durch Pressen gewonnen wird. Saft von Äpfeln oder Birnen kann frisch gepreßt sofort getrunken werden, Säfte von Beeren und Sauerkirschen müssen erst verdünnt und gezuckert werden.

Solche Säfte sind gesundheitlich außerordentlich wertvoll, denn die Vitamine und sonstigen Inhaltsstoffe bleiben hier weitgehend erhalten.

Und so wird's gemacht: Voll ausgereifte Früchte waschen und zerkleinern, dabei schlechte oder faule Stellen herausschneiden. Kleine Mengen können wir mit einem Ansatzgerät zum Fleischwolf oder dem Zusatz zur Küchenmaschine entsaften. Der so gewonnene Saft sollte allerdings rasch verbraucht werden, denn er kommt bei dieser Methode stark mit Luft in Berührung, d. h., das enthaltene Vitamin C wird rasch abgebaut. Außerdem enthält ein solcher Saft einen hohen Anteil an Fruchtmark.

Wer mittlere Obstmengen, vor allem Beerenobst verwerten will, verwendet dazu den Dampfentsafter. Durch den Dampf platzen die Früchte auf; der erhitzte Saft tritt heraus und braucht nur noch in saubere Flaschen abgefüllt zu werden, die man langsam auskühlen läßt. Bei diesem Verfahren bekommen wir sehr viel Saft; die Inhaltsstoffe bleiben weitgehend erhalten.

Wer größere Obstmengen zu bewältigen hat und das Entsaften ein bißchen profihaft betreiben möchte, kann sich eine richtiggehende kleine Kelter (Spindelpresse) zulegen. Solch ein Gerät sieht nach etwas aus, denn es besteht aus klassischen Materialien wie Holz und verzinnten bzw. lackierten Eisenteilen, das Arbeiten macht Spaß. Je nach Modell kann der Preßkorb einer solchen Haushaltskelter 5 bis 40 Liter und mehr fassen. Dazu gehört eine aufsetz- und schwenkbare Mühle, die das mühselige, zeitaufwendige Zerkleinern des Obstes sehr erleichtert. Eine andere Möglichkeit: Es gibt Betriebe, die im Lohnverfahren pressen. Man liefert das Obst an und nimmt den Saft mit nach Hause.

Auf keinen Fall dürfen bei der Saftgewinnung Zink-, Kupfer- oder Eisengefäße verwendet werden, nachdem sich Spuren des Materials durch die Fruchtsäuren lösen und dies gesundheitliche Schäden zur Folge haben kann. Brauchbar sind dagegen Behälter aus Holz, Aluminium, Emaille, Kunststoff und verzinnte Eisenteile (Mühle, Presse).

Nachdem die Verarbeitung rasch erfolgen soll, können wir nicht abwarten, bis sich die im frisch gepreßten Saft befindlichen Trubstoffe restlos absetzen. Wer einen weitgehend klaren Saft haben möchte, muß ihn deshalb filtern, z. B. mit dem Kitzinger Trichterfilter, in den zusätzlich ein Perlonfilter eingelegt und am Rand mit Wäscheklammern festgehalten wird.

Damit der frisch gepreßte und gefilterte Saft haltbar wird, müssen wir ihn pasteurisieren. Dazu wird der Saft in saubere Flaschen gefüllt und im Weckapparat etwa 20 Minuten lang auf 80 °C erhitzt; Im Inneren der Flaschen hat dann der Saft ca. 75 °C. Dann stülpt man über die Flaschen Gummikappen, die in heißem Wasser bereitgelegt wurden. Nach dem Erkalten der Flaschen müssen sie sich etwas nach innen ziehen; nur dann schließen sie dicht ab.

Wir machen Äpplwoi, Most, Obstwein

Aus dem Saft der gepreßten Früchte kann außer unvergorenem, alkoholfreiem Süßmost auch ein alkoholisches Getränk hergestellt werden: »Äpplwoi« heißt es im Frankfurter Raum, während man im süddeutschen, österreichischen und schweizerischen Raum von »Most« spricht; es ist immer das gleiche: vergorener Obstsaft, also Obstwein. Er muß nicht allein aus Äpfeln bestehen, ebenso ist eine Mischung möglich, ja sogar zu empfehlen: Apfel- und Birnenmost. Aber auch von allen möglichen anderen Obstarten können Weine hergestellt werden: Johannis- und Stachelbeerwein, Erdbeerwein, Sauerkirschwein usw. In all diesen Fällen lassen wir den Saft gären, wobei der vorhandene Zucker durch die Hefepilze (Gärhefe) zu Alkohol und gasförmig entweichender Kohlensäure (Kohlendioxid) umgewandelt wird. Für das spätere Aroma ist der Säuregehalt der Früchte bzw. des Fruchtsaftes entscheidend.

Der erste Arbeitsvorgang ist wie bei der Herstellung von Süßmost: waschen der Früchte, zerkleinern bzw. mahlen und anschließend pressen. Dies alles soll rasch hintereinander erfolgen, damit es einen reinen, goldgelben Most gibt. Wer sich nicht selbst zum Kauf einer kleinen Obstmühle mit Presse entschließt, kann sich an einen Obst- und Gartenbauverein wenden, der eine solche Einrichtung besitzt. Es gibt auch Lohnkeltereien, die diese Arbeit gewerblich vornehmen. Pro Liter fertigen Saft zahlte man im Herbst 1986 etwa 30 Pfennige, und erhielt pro Zentner (50 kg) angelieferten Obstes 30 Liter Saft. Ein Schönheitsfehler: Man bekommt nicht den Saft aus dem eigenen Obst, sondern von Äpfeln und Birnen, die ein anderer angeliefert hat. Von 10 kg Äpfeln bekommt man beim Pressen 5–7,5 Liter, bei Birnen 6–8 Liter Saft, wobei Schwankungen bis zu 2,5 Liter möglich sind.

Nicht jeder Fruchtsaft ist von Natur aus zum Vergären geeignet. Um einen wohlschmekkenden Obstwein zu bekommen, muß man vielfach Zucker und Säure zusetzen. Erst dann kann man mit der entsprechenden Haltbarkeit und dem gewünschten Alkoholgehalt rechnen. Den Zuckergehalt können wir auf ganz einfache Weise feststellen: Mit der Öchsle- oder Mostwaage, einem thermometerähnlichen »Ding«, das anzeigt, um wieviel Gramm 1 Liter Saft schwerer ist als 1 Liter Wasser. Die Differenz ist beim Most vor allem Zucker. Gemessen wird in Öchsle-Graden, benannt nach dem schwäbischen Goldschmid und Fein-

mechaniker Ferdinand Öchsle, dem Erfinder der Öchslewaage.
Wird der gemessene Wert durch 5 geteilt, so erhalten wir den prozentualen Zuckeranteil im Most, multiplizieren wir ihn dagegen mit 2 so wissen wir, wieviel Gramm Zucker je Liter enthalten sind. Beispiel: 60 ° Öchsle entsprechen einem Zuckergehalt von etwa 12% bzw. 120 g in 1 Liter Saft. Wenn man die Öchsle-Grade durch 8 teilt, erhält man den zu erwartenden Alkoholgehalt nach der Gärung, in unserem Beispiel dürfte der Wein also 7,5 Volumenprozent Alkohol bekommen.
Und schließlich können wir mit der Öchslewaage den Verlauf der Gärung verfolgen: je mehr Alkohol entsteht, desto mehr geht der Zuckergehalt und damit auch das angezeigte Mostgewicht von Woche zu Woche zurück. Dies ist ein gutes Zeichen für einen günstigen Gärverlauf. Wenn schließlich die Öchslewaage nur mehr 0–5% Öchsle anzeigt, ist die Gärung beendet.

Wann soll aufgezuckert werden?
Der Zuckergehalt schwankt nicht nur von Sorte zu Sorte, sondern bei der gleichen Sorte auch von Jahr zu Jahr, je nachdem ob es regen- oder sonnenreich war. Wie beim Wein gibt es also auch beim Obst gute und schlechte Jahrgänge.
Ist von Natur aus zu wenig Zucker im Saft, so würde der Most sauer schmecken, auch der Alkoholgehalt wäre dann zu gering, was sich wiederum auf die Haltbarkeit auswirken würde. Wir machen es in diesem Fall wie die Weinbauern: wir zuckern auf.
Soll z. B. ein Saft von nur 50 ° Öchsle auf 60 ° Oe verbessert werden, so müssen auf 100 Liter rund 2,5 kg Zucker zugegeben werden, will man 70 ° Oe erreichen, also um 20 ° verbessern, so sind 5 kg Zucker nötig. Man löst die gewünschte Zuckermenge in einer Plastikschüssel mit Saft auf und gibt die Zuckerlösung in das Faß bzw. in den Gärbehälter. Für einen normalen, leichten Tischwein sollte der Saft 50–80° Öchsle aufweisen, bei Beeren- und Steinobst 80° Öchsle. Wer dagegen einen Dessertwein erzeugen will, muß auf etwa 130 Öchslegrade aufzuckern. Aber Vorsicht, ein solcher Wein wirft auch den stärksten Mann leicht um, denn er hat über 16% Alkohol! Ich kann mich noch gut an einen Abend mit Erdbeer-Dessertwein erinnern, den ich in damaliger Unkenntnis der Wirkung als angenehm schmeckendes »Zuckerwasser« einstufte. Anschließend dachte ich anders darüber.
Die Säurebestimmung des gepreßten Saftes ist dagegen etwas schwieriger und meist auch nicht nötig, vor allem wenn wir typische Mostäpfel oder Mostbirnen verwerten.

Der gärende junge Most
Der vorbereitete Most wird nun in einen Glasballon, Plastikbehälter (5–120 Liter), oder ein Holzfaß gefüllt. Letzteres sieht zwar wesentlich schöner aus, ist aber erheblich teurer und bedarf einer alljährigen speziellen Pflege. Das Gefäß wird nur bis zu vier Fünftel gefüllt, da es beim Gären zu Schaumbildung kommt.
Überläßt man den Gärprozeß den stets anwesenden »wilden« Hefen, so befriedigt das Ergebnis nicht immer. Sicher gehen wir, wenn eine speziell für die betreffende Fruchtart ge-

Obstmühle mit Presse

eignete Reinzuchthefe hinzugefügt wird sowie ein Hefenährsalz, das die Entwicklung der Reinzuchthefe fördert. Für Apfel- und Birnenmost eignet sich am besten die Heferasse Steinberg. Wichtig: Die angewärmte Zuckerlösung, mit der die Reinzuchthefe vor dem Zugeben vermengt wird, darf auf keinen Fall mehr als 30 °C haben; bei höheren Temperaturen werden nämlich die Hefepilze abgetötet.
Jetzt verschließen wir den Gärbehälter mit einem Gäraufsatz, also meist mit einem Glasröhrchen, weil wir so den Gärprozeß gut sichtbar verfolgen können. Dieser Gäraufsatz wird mit einer Sperrflüssigkeit – meist Wasser, Mostexperten nehmen hierfür einen »Klaren« – gefüllt. Auf diese Weise kann das bei der Gärung entstehende Kohlesäuregas entweichen, gleichzeitig wird aber der Eintritt von Luft verhindert.
Der Gäraufsatz aus Glas oder ein becherförmiger aus Kunststoff kann auf dem Behälter mit fertigem Wein verbleiben. Man muß ihn dann nur mit »Klarem«, also Schnaps oder mit schwefeliger Säure füllen, damit die beim Abzapfen eindringende Luft desinfiziert wird. Auf diese Weise können wir unseren Haustrunk ganz nach Bedarf dem Gär- bzw. Aufbewahrungsgefäß entnehmen, d. h., wir ersparen uns das Abfüllen in Flaschen.
Während der Gärphase sollte die Temperatur möglichst gleichbleibend sein und nicht um mehr als 7 °C abfallen. Am besten eignet sich für den Anlauf der Gärung ein Heizungskeller oder ein anderer Raum mit Temperaturen von 18–25 °C. Wem dies nicht möglich ist, kann von der Reinzuchthefeanstalt in Kitzingen eine »Kalt und warm gärende Reinzuchthefe« beziehen, bei deren Verwendung die Gärung auch bei nur 6–8 °C normal abläuft.
Ab jetzt gehen wir immer wieder einmal in den Keller und freuen uns, wenn es in den Gärgläsern rhythmisch blubbert, bzw. wenn die Gäraufsätze leicht und regelmäßig klappern. Damit der gesamte Saft gleichmäßig gärt, werden die Ballons des öfteren geschüttelt, bzw. Fässer und Kunststoffbehälter gerüttelt. Bei mehr als 50 Liter Inhalt nehmen wir am besten einen Stab und rühren die sich am Boden absetzenden gärungsfördernden Stoffe auf.
Sobald die Gärung nach 2–3 Wochen beendet ist und sich die Hefe abgesetzt hat, wird der Wein mit einem einfachen Plastikschlauch in ein anderes Gefäß »abgezogen«.
Apfel-, Birnen- oder auch andere Obstweine kann man – wie Süßmost – haltbarer machen, indem man beim Abziehen je 10 Liter eine Schwefeltablette von 1 g dazugibt. Das Schwefeln verhindert eine mögliche Oxidation, also das Braunwerden und trägt zur Klärung des Weines bei; wir bekommen einen Most mit goldgelbem Glanz.
Nach dem Abziehen wird der junge Most in den kühleren Raum gebracht. Zu warm gelagert würde er an Geschmack verlieren. Das Gefäß, in das der Wein nach dem Abzug gegeben wird, sollte möglichst randvoll sein. Wir verschließen mit einem Gäraufsatz, weil möglicherweise noch eine geringfügige Nachgärung einsetzt. Nachdem schließlich der Wein oder Most ein zweites Mal von den abgelagerten Trubstoffen abgezogen ist, können wir den Wein in Flaschen füllen, die mit Natur- oder Kronenkorken fachgerecht verschlossen werden. Mit einem der im Handel erhältlichen, praktischen Hebelgeräte gelingt dies ohne Schwierigkeit.
Ein mir bekannter Landwirt erspart sich seit Jahren die Arbeit des Abziehens. Er verwendet zum Mosten Gärbehälter aus Plastik mit einem Hahn etwas oberhalb des Bodens. Die Trubstoffe lagern sich unterhalb des Auslaufs ab, so daß aus den Behältern das ganze Jahr über klarer Apfelmost herausläuft. Der Gäraufsatz bleibt selbstverständlich obenauf und wird nach Abschluß der Gärung mit einem »Klaren« gefüllt, so daß keine Mikroorganismen schädlich auf die Qualität einwirken können. Ich habe den Most probiert. Ein DM-Test müßte lauten: gut – sehr gut!
Alle hier genannten Geräte und sonstiges Zubehör für die Süßmost- und Obstweinherstellung gibt es in Drogerien, landwirtschaftlichen Lagerhäusern usw. Eine altbekannte Spezialfirma hat ihren Sitz in Kitzingen/Main (siehe S. 205). Sie bietet nicht nur einen interessanten Prospekt und gibt Auskunft über nächstgelegene Bezugsquellen, sondern führt auch Untersuchungen von Getränkeproben durch.

Der Obstgarten im Jahreslauf

Auch im Winter haben Obstbäume ihren eigenen Reiz. So zeigt dieser Walnußbaum eine grafische Wirkung, die ihresgleichen sucht.

In dieser Jahreszeit, wenn der Garten noch in Winterruhe liegt, beginnen die Arbeiten im Obstgarten. Was in den einzelnen Monaten des Jahres zu tun ist, wird auf den nächsten Seiten kurz beschrieben. So werden wir allmonatlich an die wichtigsten Arbeiten erinnert. Mehr darüber in den einzelnen Kapiteln wie Pflanzung, Schnitt, Düngung . . ., in denen das »Wie« und »Warum« ausführlicher dargestellt ist. Wenn wir uns an diesen Leitfaden durch das Obstjahr halten, werden uns keine groben Fehler mehr unterlaufen.

Januar

Ältere, zu dicht gewordene Bäume auslichten Dies ist den ganzen Monat über möglich, sofern die Temperaturen nicht unter – 5 °C liegen. Am besten warten wir auf einen sonnigen, frostfreien Tag, es sei denn, es stehen viele Bäume im Garten, bei denen diese wichtige Pflegemaßnahme durchgeführt werden muß. Dabei werden vorrangig kranke, dürre und zu dicht stehende Äste entfernt, denn nur in locker aufgebauten Kronen kann das Sonnenlicht bis in das Innere eindringen. Der Erfolg dieser Arbeit ist offensichtlich: Die Fruchtqualität, also Größe und Färbung, wird merklich verbessert. Außerdem wird der Baum widerstandsfähiger gegen Pilzkrankheiten, weil Holz, Blätter und Früchte nach sommerlichen Regenfällen rascher abtrocknen.

Alte, vergreiste Bäume verjüngen Vor allem bei Bäumen wertvoller Sorten, die zu kleine Früchte bringen, ansonsten aber gesund sind, lohnt sich das kräftige Zurückschneiden ins alte Holz. Probieren Sie es, wenn Sie einen 'Klarapfel', 'Ontario' oder eine 'Goldparmäne' im Garten stehen haben!

Absterbende Bäume oder unbefriedigende Träger roden Nachdem auch der Wurzelstock aus dem Boden muß, ist dies eine Arbeit, die bei Kälte erledigt werden kann, denn sie macht warm. Man sägt zuerst die Äste vom Stamm und versucht dann, den Wurzelstock freizulegen. Sobald die meisten Hauptwurzeln mit dem Pickel abgehackt sind, wird ein Seil im zweiten Drittel der Stammhöhe um den Stamm gelegt und angezogen, bis der Baum fällt.

Umveredlungen vorbereiten Bereits jetzt wird die gesamte Baumkrone ausgelichtet und dann um gut zwei Drittel zurückgeschnitten. Auch die Edelreiser werden geschnitten. Nur wenn wir sie in voller Winterruhe vom Baum nehmen, bleiben sie bis zum Veredeln im Frühjahr frisch. Nach dem Schnitt schlagen wir sie an schattiger Stelle, also im kühlen Keller oder an der Nordseite des Hauses ein; mindestens das untere Drittel sollte in Erde oder in leicht feuchtem Sand stecken. Darauf achten, daß die Reiser etwa bleistiftstark sind und nur an der Sonnenseite des Mutterbaumes geschnitten werden; dort sind die Knospen am besten ausgebildet.

Beerensträucher auslichten Sofern dies nicht bereits im Sommer nach der Ernte geschehen ist, holen wir es möglichst bald nach, denn Beerensträucher treiben zeitig aus. Triebe dicht über dem Boden abschneiden, am besten mit einer Astschere.

Wildschäden verhindern Wenn Hasenfraß zu befürchten ist, sollte die Einfriedung des Obstgartens kontrolliert und dafür gesorgt werden, daß sie dicht ist. Zusätzlich werden die Baumstämme mit einer Drahthose oder Kunststoffspirale umgeben. Es empfiehlt sich auch, abgeschnittene Äste unter den Bäumen liegen zu lassen, damit sich ein eingedrungener Hase erst über diese hermacht.

Schutz der Baumstämme Dies kann mit einem Kalkbrei-Anstrich geschehen; um eine bessere Haftfähigkeit zu erhalten, Wasserglas oder Tapetenkleister zusetzen! Auch weiße Fassadenfarbe haftet gut und ist geeignet. Darüber hinaus gibt es im Handel fertigen Weißanstrich für Obstbäume oder Preicobakt, einen biologischen Obstbaumschutz, der vorbeugend gegen Moose und Flechten, Frostplatten und -risse wirkt. Wem dies zu viel Aufwand ist, der kann an die Südseite der Baumstämme je ein Brett stellen, damit der Stamm weitgehend beschattet ist. Darauf kommt es nämlich an, denn Frostplatten und -risse entstehen überwiegend durch starke Temperaturdifferenzen zwischen Tag und Nacht. Untertags wird an einem sonnigen Januartag der Stamm aufgeheizt, während bei Nacht die Temperatur vielfach bis weit unter den Gefrierpunkt absinkt. Der weiße Anstrich reflektiert die Sonnenstrahlen, und auch das vor den Stamm gestellte Brett hält sie ab.

Knospenfraß bei Beerenobst verhindern Vögel, vor allem Gimpel, Spatzen und Grünfinken, machen sich des öfteren über die Johannisbeersträucher her und picken die Knospen ab. Geht es nur um wenige Sträucher, kann man ein Netz darüberhängen. Andernfalls mit Kalkmilch + Haftmittel spritzen. Es hat den Anschein, daß die Vögel von der weißen Farbe abgeschreckt werden. Ein amtlich anerkanntes Mittel gegen Knospenfraß ist AAprotect, das in einer Verdünnung von 1:10 mit der Obstbaumspritze ausgebracht werden kann.

Februar

Schnittarbeiten fortsetzen Wie bereits im Januar beschrieben, werden auch in den nächsten Wochen zu dichte ältere Baumkronen ausgelichtet oder verjüngt. Bei Bäumen, die im Frühjahr umveredelt werden sollen, wird die Krone abgeworfen. Dabei ist darauf zu achten, daß erst unmittelbar vor dem Veredeln der endgültige Rückschnitt erfolgt, d. h., die Äste müssen dann nochmals um etwa 20 cm nachgeschnitten werden. Alle Wunden, die bei Schnittarbeiten entstehen und größer als ein Zwei-Mark-Stück sind, anschließend verstreichen.

Jetzt auch jüngere Obstbäume und empfindliche Arten schneiden Sofern die letzten Februarwochen nicht allzu kalt sind, können jetzt auch jüngere Bäume geschnitten werden. Bei diesen wird der Erziehungsschnitt durchgeführt, also der Aufbau einer möglichst idealen, lichten Krone. Etwa 5 bis 6 Jahre nach der Pflanzung ist diese Arbeit weitgehend abgeschlossen. Ebenso werden ab Ende des Monats die frostempfindlicheren Obstarten wie Pfirsich, Aprikose und Brombeere geschnitten.

An Frostschutz denken Inzwischen beginnt der Saft zu steigen. Starke Temperaturschwankungen zwischen Tag und Nacht können zu Holz- und Rindenschäden führen. Deshalb für weißen Anstrich sorgen bzw. ein Brett vor die Stämme stellen.

Schutz gegen Wildverbiß Wenn viel Schnee liegt, reicht in wildgefährdeten Gebieten der Schutz des Einzelbaumes (Drahthose, Kunststoffspirale) oft nicht mehr aus. In solchen Fällen bleibt das frisch geschnittene Astholz unter den Bäumen liegen, vor allem bei Einzelbäumen in der freien Landschaft.

Mäusefraß verhindern Wenn nicht bereits im Spätherbst geschehen, wird das im letzten Jahr aufgebrachte Mulchmaterial (Grasschnitt, Stroh, Holzhäcksel) schnellstens um den Stamm herum entfernt. Dadurch wird dem Mäusefraß vorgebeugt. Mäuse nagen die Rinde ringförmig um den Stamm bis auf das Holz ab und schädigen die Bäume deshalb meist wesentlich stärker als Hasen, bei deren Fraß normalerweise Rindenstreifen und Kambiumreste verbleiben, so daß bei sachgemäßer Behandlung die Stammwunden verheilen.

Vorbeugender Pflanzenschutz Beim Schnitt der Obstbäume werden die vom Apfelmehltau befallenen Triebspitzen entfernt, ebenso Fruchtmumien und Eigelege.

Schnitt des Strauchbeerenobstes Diese Arbeit eilt, denn Stachel- und Johannisbeersträucher beginnen bereits Ende Februar/Anfang März auszutreiben. Bei den Stachelbeersträuchern oder -stämmchen achten wir dabei auf Befall mit Amerikanischem Stachelbeermehltau. Die von dieser Pilzkrankheit befallenen Triebe sind am weißlichen bis bräunlichen Belag, vornehmlich im Bereich der Triebspitzen, zu erkennen. Solche Triebe werden bis ins gesunde Holz zurückgeschnitten und in die Mülltonne gegeben bzw. im Ofen verbrannt.

Johannisbeergallmilbe bekämpfen An den Trieben von Schwarzen Johannisbeeren befinden sich häufig ballonförmige Rundknospen, die mit den Fingern ausgebrochen und in die Mülltonne gegeben werden. Stark befallene Triebe entfernen.

Zweimaltragende Himbeeren schneiden Wer im Garten auch »normale« Himbeeren hat, die im Juli reifen, sollte die Ruten der zweimaltragenden Sorte jetzt insgesamt bis zum Boden herunterschneiden. Es entstehen dann kräftige Jungtriebe, die im Spätsommer und Herbst tragen. Ist jedoch ausschließlich eine zweimaltragende Sorte vorhanden, so lassen wir bei dieser jetzt nur die kräftigsten Ruten in einem Abstand von etwa 20 cm stehen. Auf diese Weise gibt es eine kleine erste Ernte im Juli, und es ist Platz vorhanden, damit sich die im Herbst tragenden Jungtriebe entwickeln können.

Weinspalier schneiden Gegen Ende des Monats ist in den meisten Gegenden der richtige Zeitpunkt hierfür gekommen, da die Triebe bei zu spätem Schnitt stark »bluten« und der Weinstock dadurch geschwächt wird.

Obstlager kontrollieren Diese Arbeit ist den ganzen Winter hindurch zu wiederholen, wobei Früchte mit beginnender Fäulnis rasch entfernt und verwertet werden. In einem zu trockenen Lagerraum kann die Luftfeuchtigkeit erhöht werden, wenn der Boden wiederholt mit Wasser besprengt wird.

März

Obstbaumschnitt beenden Der Schnitt jüngerer Bäume sollte gegen Monatsende erledigt sein. Das gleiche gilt für den Pflanzschnitt von Obstbäumen und Beerensträuchern, die im Herbst in den Boden kamen. Bei Bäumen und Sträuchern, die jetzt gepflanzt werden, erfolgt dieser 1. Schnitt sofort.

Pflanzzeit Sobald der Boden frostfrei ist, können Obstbäume und Beerensträucher gepflanzt werden. In manchen Wintern ist dies schon im Februar möglich. Vorher den Boden gründlich vorbereiten und möglichst mit Kompost verbessern! Feuchter Torf fördert die Wurzelbildung. für Pfirsich, Aprikose, Walnußbäume, Weinreben und Brombeeren ist jetzt die beste Pflanzzeit. Nach erfolgter Pflanzung und kräftigem Angießen wird die Pflanzscheibe mit kurzem Stroh, gehäckselten Zweigen, strohigem Mist oder Rindenmulch abgedeckt. Dadurch bleibt der Boden locker und gleichmäßig feucht, so daß nicht so oft gegossen werden braucht. Sollten die gewünschten Sorten und Baumformen bereits vergriffen sein, ist es besser, bis zum Herbst zu warten als ungeeignetes Material zu verwenden.

Weinreben schneiden Dies ist zu Monatsbeginn fällig, in jedem Fall aber vor dem Knospenschwellen, da sonst der Weinstock zu stark bluten würde.

Baumpfähle überprüfen Eine wichtige Arbeit! Wir bewegen die Pfähle von Spindelbüschen und Beerenhochstämmchen etwas hin und her und merken, ob sie bereits abgefault sind. die Pfähle müssen dann erneuert werden, ebenso das Bindematerial, wenn dieses nicht mehr haltbar genug ist.

Obstbäume düngen Dies sollte bis zur Blüte erledigt sein. Unter den flachwurzelnden Spindelbüschen und Beerensträuchern verbessern wir den offenen Boden zuallererst mit halbverrottetem Kompost, der nur flach eingearbeitet wird. Diese Humusgabe sollte die Grundlage jeder Düngung sein. Zusätzlich wird dann ein Blau-Volldünger ausgestreut bzw. in Wasser gelöst und mit der Düngerlanze oder Gießkanne eingebracht, so wie dies im Kapitel Düngung beschrieben wurde. Einseitige übertriebene Stickstoffdüngung ist von Übel, denn dadurch würden die Obstgehölze zu mastig wachsen und krankheitsanfällig werden. Außerdem besteht die Gefahr von Nitratanreicherung im Grundwasser. Meist reichen 40–50 g/m², das ist etwa eine Handvoll, eines Blau-Volldüngers für die von den Wurzeln durchzogene Fläche aus, es sei denn, aufgrund einer Bodenuntersuchung wurden andere Gaben empfohlen. Ist nur eine reine Stickstoffdüngung nötig, weil die anderen Nährstoffe in genügender Menge vorliegen, so genügen meist 20–25 g/m² – eine halbe Handvoll – Kalkammonsalpeter. Wer einen organisch-mineralischen Volldünger vorzieht, hat damit ebenso Erfolg, wenn er den meist geringeren Stickstoffgehalt eines solchen Düngers beachtet und sich nach der auf der Packung angegebenen Menge richtet.

Obstbaumschnitt beenden Schneiden wir später, so hat dies eine Schwächung der Bäume zur Folge. Bei sehr starktriebigen Bäumen kann dies allerdings erwünscht sein, um das Wachstum zu bremsen. Dies ist z. B. bei einem Wandspalier der Fall, das in seiner Höhe begrenzt bleiben soll. Wir haben es so gezogen, daß die oberen Äste waagerecht verlaufen und darüber die Stammitte entfernt wurde. Nachdem aber die obersten Teile eines Baumes wachstumsmäßig am stärksten gefördert werden – der Saftstrom steigt nach oben –, werden entlang der oberen waagerechten Äste eine Vielzahl kräftiger »Wasserschosse« nach oben treiben. In einem solchen Fall ist es zweckmäßig, diese senkrecht nach oben schießenden Triebe erst nach erfolgtem Austrieb zu entfernen, um das Wachstum zu bremsen.

Wundenpflege Diese Arbeit darf nicht vernachlässigt werden, denn gerade hierfür gilt: Kleine Ursachen – große (Aus)wirkungen. Größere Wunden, die beim Obstbaumschnitt versehentlich nicht verstrichen wurden, werden mit einem der im Handel erhältlichen Wundpflegemittel behandelt. Vor allem aber werden Wunden, die durch Wildverbiß oder Frost (Frostrisse, Frostplatten) entstanden sind, mit einem scharfen Messer (Hippe) bis hin zu den gesunden gelblichgrünen Wundrändern ausgeschnitten. Das gleiche gilt für krebsige Stellen. Anschließend wird die gesamte Wunde einschließlich der glatt geschnittenen Wundränder mit einem Wundpflegemittel verstrichen. Größere Stammwunden durch Wildverbiß oder Frost verheilen gut, wenn sie nach einem alten Rezept behandelt werden: Lehm und Kuhmist mischen, auf die Wunde auftragen und mit Sackleinen (Rupfen, Jute) umwickeln.

Pflanzarbeiten Obstbäume und Beerensträucher können noch den ganzen April hindurch gepflanzt werden, je eher, desto besser. Der Pflanzschnitt erfolgt dabei sofort.

Mulchen Eine der wichtigsten Pflegearbeiten! Wenn unter den Obstbäumchen und Beerensträuchern Unkräuter wachsen, werden diese entfernt und der Boden mit der Grabgabel nur ganz flach (Vorsicht Wurzeln!) gelockert. Soweit nicht bereits im März geschehen, wird anschließend daumenstark Kompost aufgebracht und der Boden mit Mist oder Häcksel abgedeckt, also gemulcht.

Veredeln Sobald sich die Rinde löst, kann veredelt werden. Vorher werden die bereits im Winter stark zurückgeschnittenen Äste etwa 20 cm tiefer abgesägt, damit die Pfropfköpfe frisch sind. Bei Kirschen und Zwetschen gelingt das Veredeln am besten zur Blütezeit, bei Apfel und Birne ist dies bis weit in den Mai hinein möglich. Die Reiser dürfen allerdings nicht eingetrocknet oder zu weit ausgetrieben sein.

Frostschutz Gras unter Obstbäumen wirkt isolierend und behindert dadurch den Wärmenachschub aus dem Boden. Es sollte deshalb vor Blühbeginn möglichst kurz gemäht werden.

Erdbeeren, Spaliere am Haus und Spindelbüsche kann man bei Frostgefahr mit Folien, Tüchern oder Schattierleinen schützen. Das Abdeckmaterial soll aber möglichst nicht auf den Pflanzen aufliegen. Also, ein einfaches Gestell aus Stangen oder Dachlatten bauen.

Pflanzenschutz Es gibt Pilzkrankheiten, die beinahe jedes Jahr auftreten. Wer sie vermeiden und halbwegs sauberes Obst ernten will, muß bereits vorbeugend spritzen. Dazu zählt der Schorf an Apfel und Birne gegen den sich bereits unmittelbar vor oder während der Blüte eine erste vorbeugende Spritzung mit einem organischen Fungizid empfiehlt. Pflanzenschutzwarndienst beachten!

Gegen Kräuselkrankheit bei Pfirsich erfolgt die Bekämpfung bereits beim Knospenschwellen, gegen Zweigmonilia bei Sauerkirschen und Narrentaschenkrankheit bei Zwetschen verspricht nur eine Spritzung in die Blüte sichtbaren Erfolg (Wirksame und dabei bienenungefährliche Mittel, siehe Tabelle S. 172, 173). Zu beachten ist, daß auch bienenungefährliche Mittel nur morgens oder abends, also außerhalb der Flugzeit der Bienen eingesetzt werden dürfen.

Nur bei stärkerem Befall mit Blattläusen, Raupen und anderen tierischen Schädlingen ein Insektizid zusetzen!

Mulchen Offener Boden unter Obstbäumen und Beerensträucher wird gemulcht. Vor allem Himbeeren sind für eine solche Abdeckung dankbar. Das Mulchmaterial in Form von kurzem Rasenschnitt fällt ab Mai in beinahe jedem Garten reichlich an. Selbstverständlich kann auch kurzes Stroh oder Holzhäcksel zum Mulchen verwendet werden. Eine andere Möglichkeit: Baumscheiben mit Kapuzinerkresse, Phacelia oder Ringelblumen ansäen.

Frostschutz Bis zu den Eisheiligen (12.–14. Mai) muß noch mit Nachtfrösten gerechnet werden. Erst nach der »Kalten Sophie« (15. Mai) beginnt es im allgemeinen, wärmer zu werden. Also, Tücher, Folien oder Abdeckplanen bereithalten, um kleine, reichblühende Bäumchen in Frostnächten zu schützen; vor allem bei Spalierbäumen an der Hauswand, die bereits kleine Früchte angesetzt haben, lohnt ein solcher Schutz.

Wässern Bei anhaltender Trockenheit neu gepflanzte Bäumchen und Sträucher gelegentlich gründlich gießen und den Boden mit Mulchmaterial abdecken.

Erdbeeren Auch sie werden bei Trockenheit zusätzlich gegossen, damit sich die Früchte gut entwikkeln können. Nach den Eisheiligen werden die Beete von Unkraut gesäubert und der Boden unter den Pflanzen mit kurzem Stroh bedeckt. Dadurch bleibt die Erde feucht und krümelig, und die heranreifenden Früchte sind vor Verschmutzung geschützt. Kurzes Stroh trocknet nach Regen rasch ab, der Geschmack der Früchte wird nicht beeinträchtigt.

Sorten, die erfahrungsgemäß stärker von Grauschimmel (*Botrytis*) befallen werden, sollte man vorbeugend mit einem hierfür zugelassenen Mittel (Euparen) spritzen. Wichtig ist, daß die 1. Spritzung bereits zu Blühbeginn und eine 2. zur Zeit der Vollblüte erfolgt. Bei Regenwetter oder feuchtwarmer Witterung empfiehlt sich noch eine 3. Behandlung beim Abblühen der Pflanzen.

Veredlungen Das Pfropfen hinter die Rinde kann auch jetzt noch vorgenommen werden. Die Reiser dürfen aber weder trocken sein, noch ausgetrieben haben.

Pfirsichschnitt In Gegenden, in denen sowohl die Blüte als auch die kleinen Früchte des Pfirsichs immer einmal wieder durch Spätfröste geschädigt werden, empfiehlt es sich, den Schnitt erst nach den Eisheiligen vorzunehmen. Zu diesem Zeitpunkt kann man eindeutig erkennen, inwieweit der Baum behangen ist. Alles Nähere hierzu auf S. 57/58.

Himbeeren Soweit noch nicht geschehen, werden die Ruten angebunden oder zwischen die parallel verlaufenden Spanndrähte geschoben. Von zu dicht stehenden Jungtrieben, die jetzt aus dem Boden kommen und im nächsten Jahr tragen, werden möglichst frühzeitig die schwächsten ausgerissen, so daß die verbleibenden sich kräftig entwickeln können. Ein Bedecken des Bodens mit Mulchmaterial fördert die Gesundheit der Pflanzen.

Pflanzenschutz Soweit möglich, wollen wir im Garten mit wenig Chemie auskommen. Vorbeugend läßt sich jetzt die Zweigmonilia bei Sauerkirschen bekämpfen, indem alle von diesem Pilz befallenen und dadurch eingetrockneten Zweige bis auf das gesunde Holz zurückgeschnitten und aus dem Garten entfernt werden.

An Apfelbäumen werden die weißlichen Mehltauspitzen abgeschnitten und dadurch die weitere Verbreitung des Pilzes gehemmt.

Gegen Schorf an Apfel und Birne ist die Nachblütenspritzung mit einem organischen Fungizid fällig, die nach etwa 2–3 Wochen wiederholt werden sollte. Auf diese Weise ist die erste starke Infektion unterbunden, so daß sich der weitere Befall in Grenzen hält. Bei Zwetschen und Pflaumen kann eine Spritzung gegen Pflaumenrost und Pflaumensägewespe starken Befall verhindern, bei Kirschen gilt dies für die Schrotschußkrankheit.

Insektenmittel werden bei der vorbeugenden Bekämpfung von Pilzkrankheiten nur dann zugesetzt, wenn tatsächlich ein stärkerer Befall an tierischen Schädlingen vorliegt, gegen den vorhandene Nützlinge nicht ausreichen. Also immer erst beobachten, und dann erst zur Spritze greifen! Wartezeiten beachten! In keinem Fall erntefähige Kulturen, vor allem auch nicht im Nachbargarten, treffen!

Juni

Mulchen Ab jetzt fällt reichlich Rasenschnitt an. Sobald er angetrocknet ist, wird damit der Boden unter den Obstbäumen und Beerensträuchern bedeckt; er bleibt dann gleichmäßig feucht und krümelig. Gleichzeitig wird das Bodenleben gefördert und dadurch eine laufende Nährstoffzufuhr.

Sommerschnitt Bei Jungbäumen entfernt man gegen Monatsende die Konkurrenztriebe und die auf den Astoberseiten entstandenen, steil ins Kroneninnere wachsenden Triebe. Der Saft-Nährstoffstrom kommt dadurch den verbleibenden Trieben zugute; sie werden im Wachstum gefördert, der Kronenaufbau geht rascher voran.

Bei streng gezogenen Formspalieren von Apfel und Birne wird ebenfalls der Sommerschnitt durchgeführt: Man entspitzt dabei alle entlang der waagerechten Äste oder des Stammes entstandenen Holztriebe sobald sie 15–20 cm lang geworden sind. Dabei kneift man die Triebspitze aus, so daß noch 3–4 gut entwickelte Blätter verbleiben.

Veredlungen Sobald die aufgepfropften Edelreiser austreiben, wird der Bast mit einem Längsschnitt gelöst. Andernfalls würde er das in die Dicke wachsende Edelreis einschnüren. Gleichzeitig entfernt man die unterhalb der Veredlungsstelle entstehenden »Wildtriebe« bzw. entspitzt sie bis auf die grundständigen Blätter. Anschließend sollten die Äste bis etwa 30 cm unterhalb der Veredlungsstellen frei von langen Trieben sein.

Fruchtausdünnen Apfelspindelbüsche setzen oft überreich Früchte an. In diesem Fall dünnt man die Fruchtbüschel aus und beläßt jeweils nur 1 oder 2 Äpfelchen, die sich dann zu großen Früchten entwickeln können. Dies trägt außerdem zur Vermeidung von großen Ertragsschwankungen bei.

Erdbeeren Bei Trockenheit gießen, damit die Früchte nicht zu klein bleiben, möglichst früh am Abend oder morgens, da durch lang anhaltende Feuchtigkeit (Nacht) der Grauschimmelbefall gefördert wird. Die sich bildenden Ranken werden laufend abgeschnitten, es sei denn, man will Jungpflanzen gewinnen. In diesem Fall werden gesunde, reichtragende Mutterpflanzen mit Stäben u. ä. gekennzeichnet und deren Ausläufer belassen. Vor Erntebeginn kurzes Stroh unter die Pflanzen legen.

Himbeeren Auch hier kann der Grauschimmel bei viel Regen und geringem Abstand der Ruten auftreten. Deshalb sollten je laufenden Meter nicht mehr als 8–10 starke Ruten stehen. Mulchen fördert Wachstum und Gesundheit.

Brombeeren Hier bilden sich gegen Monatsende aus den Blattachseln sogenannte Geiztriebe. Sobald sie etwa 40 cm lang geworden sind, entspitzt man sie auf 2–4 Augen. Von den Jungtrieben werden je Pflanze nur etwa 6, natürlich die kräftigsten, belassen und am Drahtgerüst zwischen die fruchtenden Triebe bzw. an freie Stellen geheftet.

Weinreben Nicht benötigte, zu dicht stehende Triebe lassen sich jetzt leicht ausbrechen. In den Blattachseln entstandene Geiztriebe und nur mit Blättern besetzte Jungtriebe werden entspitzt, während man die Triebe mit Gescheinen (Blüten) bis auf 2–4 Blätter über den Gescheinen zurückschneidet.

Süßkirschen Vorsicht bei der Ernte! Alljährlich passieren schwere Unfälle! Vor allem müssen die Sprossen der Leiter einwandfrei sein und diese standsicher an den Baum gelegt werden. Wer einen Jungbaum pflanzt, sollte eine geringe Stammhöhe (1 m) bevorzugen und die Kronenhöhe schon bei der Entwicklung des Baumes begrenzen. Ältere Kirschbäume können bei der Ernte oder gleich danach zurückgesägt werden.

Düngung Nur wenn die Triebentwicklung mäßig und ein starker Fruchtbehang vorhanden ist, sollte jetzt nochmals gedüngt werden. Vom Blau-Volldünger genügen 20–40 g/m², bei einem reinen Stickstoffdünger (Kalkammonsalpeter) 10–20 g/m².

Pflanzenschutz Bei Apfel und Birne ist zu einer 2. Nachblütespritzung gegen Schorf zu raten. Starker Blattlausbefall wird mit einem zugelassenen Insektenmittel bekämpft. Bei neu gepflanzten Bäumen und auch bei Sauerkirschen oder Zwetschen konzentriert sich der Befall meist nur auf die Triebspitzen. In diesem Fall genügt eine gezielte Bekämpfung, d. h., der größte Teil des Baumes braucht nicht gespritzt zu werden.

Juli

Wässern Bei anhaltender Trockenheit werden Obstbäume im Wurzelbereich gewässert. Wasser nur schwach laufen lassen. Umlegen des Schlauches und Abdrehen des Wasserhahnes nicht vergessen! Dies lohnt sich besonders bei Spindelbüschen oder Obstspalieren mit flachverlaufendem Wurzelwerk.

Früchte ausdünnen Je früher ausgedünnt wird, desto besser ist der Erfolg. Der Blütenknospenansatz für das nächste Jahr wird nur dann günstig beeinflußt, wenn gleich unmittelbar nach der Blüte ausgedünnt wird. Jetzt, nach dem Junifruchtfall, bewirkt das Ausdünnen bei Äpfel und Birnen lediglich eine bessere Fruchtqualität. Auch beim Pfirsich entwikkeln sich die Früchte zu besonders schönen Exemplaren, wenn sie einzeln gestellt werden und nicht in dichten Büscheln zusammensitzen.

Schnitt bei Süßkirschen Bei Hoch- und Halbstämmen sägt man Äste, die wegen der zu hohen Krone ohnehin entfernt werden müßten, mitsamt den reifen Kirschen aus der Krone und kann dann bequem im Sitzen ernten. Andernfalls wird eine übermäßig hohe Krone gleich nach der Ernte auf tieferstehende Äste herabgesetzt.

Sommerschnitt Das Entfernen von Konkurrenztrieben und anderen den Kronenaufbau störenden Trieben wird an Spindelbüschen, Obsthecken und Jungbäumen fortgesetzt. Wer sein Obstspalier streng erziehen will, muß jetzt den im Juni begonnenen klassischen Fruchtholzschnitt fortsetzen. Dadurch entstehen kurze Fruchttriebe und die Augen bilden sich kräftig aus.

Erdbeeren Sind die Blätter einer vorhandenen Erdbeerpflanzung stark von Pilzkrankheiten befallen, sollte man sie nach der Ernte dicht über dem Boden abmähen. Die Pflanzen treiben rasch neues, gesundes Laub. Des weiteren werden nach der Ernte das Unkraut und etwa vorhandene Ausläufer entfernt, der Boden ganz flach gelockert und gedüngt. Man gibt einen organischen oder einen mineralischen Blau-Volldünger, von letzterem etwa 40 g/m^2, arbeitet ihn flach ein und gießt das Beet. So können sich die Pflanzen rasch erholen und Blütenanlagen für das nächste Jahr ausbilden.

Johannis- und Stachelbeeren Sobald die Ernte vorbei ist, nimmt man die ältesten Triebe aus den Sträuchern und läßt kräftige Jungtriebe als Ersatz stehen. Bei Roten Johannisbeeren kommen Jungtriebe aus dem Wurzelstock, von denen alle schwachen dicht am Boden abgeschnitten werden.

Nachdem bei Schwarzen Johannisbeeren die einjährigen Triebe den besten Ertrag bringen, kann man alle mit Beeren behangenen Triebe entweder dicht über dem Boden oder über einem seitlichen Jungtrieb abschneiden und sie im Sitzen abpflücken.

Himbeeren Nach der Ernte werden die abgetragenen Triebe dicht über dem Boden abgeschnitten. Von den Jungtrieben beläßt man je laufenden Meter nur 8–10 kräftige Ruten.

Weinstock Wenn nicht bereits geschehen, werden tragende Triebe 2–4 Blätter über dem äußeren Geschein (Blüten- bzw. Fruchttraube) eingekürzt, andere Triebe entspitzt und die in den Blattachseln entstandenen Geiztriebe bis auf 1 Blatt zurückgenommen. Anschließend bindet man die tragenden Triebe gut verteilt ans Spaliergerüst.

Pflanzenschutz Dem Apfel- und Pflaumenwickler ist im Liebhabergarten mit chemischen Mitteln nur schwer beizukommen, da für den Erfolg engbegrenzte Termine eingehalten werden müssen und außerdem auf allerlei erntereife Unterkulturen Rücksicht genommen werden muß.

Vorbeugend kann allerdings gegen den Apfelwickler (Obstmade) etwas unternommen werden, um den Anteil an »wurmigen« Äpfeln im nächsten Jahr möglichst gering zu halten: Man legt jetzt Fanggürtel aus Wellpappe um die Baumstämme. Raupen, die aus den »wurmigen« Äpfel kommen, suchen unter dem Wellpappgürtel ein Versteck zum Verpuppen. Gegen Anfang August werden die Fanggürtel abgenommen und verbrannt.

Auf den Blättern der Birnbäume sind jetzt vielfach alarmierend orangerote Flecken zu sehen: Birnengitterrost. Nach neuesten Versuchsergebnissen läßt sich ein stärkerer Befall nur vermeiden, wenn bereits bei den ersten Anzeichen 3 mal im Abstand von je 12 Tagen mit Saprol oder Baycor gespritzt wird.

Sauerkirsche Bei der 'Schattenmorelle' sollte in den ersten Augustwochen, also gleich nach der Ernte, die Fruchtholzbehandlung erfolgen: Man schneidet alle abgeernteten Triebe bis auf Jungtriebe zurück, die sich möglichst nahe an den stärkeren Ästen bzw. am Stamm befinden.

Pfirsich und Aprikose Sobald die Ernte vorbei ist, geht es auch hier an die groben Schnittarbeiten. Zu hohe, im unteren Bereich verkahlte Kronen werden bis auf weiter unten befindliche Äste zurückgeschnitten. Dadurch entsteht im kommenden Jahr entlang der unteren Partien kräftiger Neutrieb und damit bessere Fruchtqualität.

Walnuß Auch bei dieser Obstart ist jetzt die beste Zeit gekommen, um größere Äste aus der Krone zu nehmen, nachdem der Baum im Frühjahr stark bluten würde. Vor allem nach Frostwintern setzt man stärker beschädigte Äste auf tieferstehende kräftige Austriebe zurück. Wenn die Kronenform durch eine zu stark entwickelte Astpartie einseitig geworden und das Gleichgewicht gestört ist, kann jetzt eingegriffen werden. Ansonsten aber sollte bei der Walnuß, die als Hofbaum oder als markanter Hausbaum vor allem auch wegen ihrer malerischen Krone gepflanzt wird, nicht viel herumgeschnitten werden. Wundenpflege nicht vergessen!

Sommerschnitt Soweit noch nicht durchgeführt, kann auch jetzt noch die sommerliche Behandlung von kleinbleibenden Formen (Spindelbüsche) erfolgen sowie von Obstbäumen, die erst gepflanzt wurden bzw. deren Krone sich noch im Aufbau befindet. Vorrangig werden alle Konkurrenztriebe sowie zu dicht stehende Jungtriebe und solche, die steil ins Kroneninnere wachsen, entfernt. An den Leit- und Nebenästen wachsende Jungtriebe, die zwar genügend Platz haben, aber etwas schräg nach oben wachsen, bindet man waagerecht. Dadurch wird die Fruchtbarkeit gefördert.

Grundsätzlich kann man jetzt mehr Triebe entfernen als im Juni/Juli, da es zu keinem erneuten Austrieb mehr kommt. Alle diese Arbeiten lassen sich im Sommer bequem erledigen, so daß die restliche Schnittarbeit im Februar/März schnell vor sich geht.

Erdbeeren Eine Neupflanzung sollte möglichst bis Mitte August erfolgen, je früher, desto besser.

Auf vorhandenen 1- oder 2jährigen Erdbeerbeeten streut man nochmals 20 g/m^2 eines Blau-Volldüngers aus. Im September wird dies wiederholt, so daß auf die Fläche insgesamt etwa 80 g/m^2 ausgebracht wurden. Diese Menge auf einmal zu geben, ist bei den etwas salzempfindlichen Erdbeeren nicht ratsam. Es ist besser die Gesamtgabe in kleinen Dosen auf 3 Monate zu verteilen. Auch von der Gefahr einer Einwaschung in tiefere Bodenschichten her gesehen, sind mehrmalige kleine Gaben günstiger als eine einmalige Gesamtgabe.

Brombeeren Erst ernten, wenn die Früchte tiefschwarz sind! Die Jungtriebe der Brombeeren zwischen die tragenden Triebe ans Spaliergerüst binden. Die in den Blattachseln entstehenden Geiztriebe werden bis auf 4–5 Blätter zurückgeschnitten.

Veredelungen Alle Triebe, die zur Fortsetzung kräftiger Äste dienen, an Stäbe anbinden, damit sie bei Sturm nicht ausbrechen. Wurden auf einen größeren Pfropfkopf mehrere Reiser aufveredelt, so sollte das an der Oberseite befindliche die Führung übernehmen. Es muß gefördert werden, während man die übrigen Reiser bzw. deren Austrieb entspitzt. Sie dienen lediglich der rascheren Verheilung des Pfropfkopfes, dürfen aber zu keiner Konkurrenz der eigentlich Leitast- bzw. Stammfortsetzung werden.

Mulchen Wenn das in den Vormonaten aufgebrachte Abdeckmaterial infolge Hitze und Regen zusammengesackt ist, kann erneut kurzer Grasschnitt auf die Flächen gegeben werden, damit der Boden ständig beschattet und feucht bleibt.

Ernte Nachdem die verschiedenen Steinobstarten schon abgeerntet sind bzw. noch geerntet werden, kommen jetzt auch Äpfel und Birnen an die Reihe. Um eine gleichbleibend gute Qualität zu bekommen, wird mehrmals durchgepflückt, denn Frühobst reift nicht gleichmäßig. »Wurmige« Äpfel später reifender Sorten werden aufgelesen, die beschädigten Stellen ausgeschnitten und im Haushalt zu Saft oder Kompott verarbeitet.

Erdbeeren Die Pflege nach der Ernte bis in den Oktober hinein ist entscheidend für den Fruchtbehang im kommenden Jahr. Die Blütenanlagen werden nämlich jetzt ausgebildet. Deshalb müssen auch die Nährstoffe in den Spätsommermonaten und nicht erst im Frühjahr gegeben werden. Es wird ein letztes Mal gedüngt und zwar etwa 20 g/m² eines Blau-Volldüngers. Hat eine Bodenuntersuchung ergeben, daß der Garten mit Phosphor, Kali und Magnesium ausreichend versorgt ist, sollte nur Stickstoff gegeben werden, in diesem Fall 15–20 g/m² Kalkammonsalpeter.
Bei Trockenheit sollte außerdem des öfteren gegossen werden, denn nur wenn genügend Wasser im Boden ist, können die Nährstoffe gelöst und von den Erdbeerpflanzen aufgenommen werden.
Obsternte Nachdem die Frühsorten bereits verbraucht sind, kommen jetzt die Herbstsorten an die Reihe. Bei Äpfeln reifen 'James Grieve', 'Geheimrat Oldenburg', teilweise auch schon 'Cox Orangen Renette' u. a. Bei Birnen werden 'Williams Christ', 'Bosc's Flaschenbirne', 'Gute Luise' u. a. vom Baum genommen. Sorgfältig ernten, denn nur gesunde Früchte lassen sich lagern!
Auch die Haupternte von Zwetschen, Pflaumen, Renekloden und Mirabellen fällt in den September. Wie bei fast allen Obstarten kommt es auch hier darauf an, daß nicht zu früh geerntet wird, da die Früchte mit zunehmender Reife süßer und aromatischer werden und sich dann auch das Fruchtfleisch leichter vom Stein löst.
Walnüsse werden gegen Monatsende gesammelt, d. h., man braucht hier nur zu warten, bis die Nüsse von selbst vom Baum fallen.
Neupflanzung Im Herbst ist die beste Pflanzzeit für die wichtigsten Obstarten. Jetzt können bereits die Vorbereitungen erfolgen. Wer mehrere Bäume pflanzen möchte, sollte eine Bodenprobe entnehmen und sie an eine Untersuchungsanstalt schicken. Man weiß dann Bescheid über den Nährstoffzustand des Bodens und kann im Rahmen der Neupflanzung eine Vorratsdüngung in richtiger Zusammensetzung und Höhe einbringen.
Des weiteren können bereits jetzt die Baumgruben für die höheren Baumformen ausgehoben und wieder eingefüllt werden. Bei Spindelbüschen oder Beerensträuchern wird die gesamte Pflanzfläche gründlich vorbereitet. Dies ist die wichtigste Vorarbeit für den späteren obstbaulichen Erfolg. Es hat keinen Sinn, die Bäume überstürzt in einen »Blumentopf« zu stecken.
Obstlagerung Vor der Ernte der späten Sorten Lagerraum und Horden gründlich reinien! Wichtig ist, daß das zur Lagerung vorgesehene Obst in einwandfreiem Zustand geerntet wird, also keine Druckflecken oder Faulstellen aufweist und daß das Obst wirklich baumreif ist.
Um die Verdunstung und den Abbau der Inhaltsstoffe durch Atmung der Früchte möglichst gering zu halten, sollten die Früchte kühl und bei hoher Luftfeuchtigkeit gelagert werden. Deshalb wird der Lagerraum nachts gelüftet und der Boden immer wieder einmal mit Wasser besprengt. Ideale Lagermöglichkeiten bietet der Keller unter einem Gartenhaus oder freistehenden Geräteschuppen. Wo kein einigermaßen geeigneter Lagerraum vorhanden ist, kann das Obst in Folienbeuteln oder in mit Folie ausgeschlagenen Kisten aufbewahrt werden.
Pflanzenschutz In wühlmausgefährdeten Gärten jetzt an die Bekämpfung der schädlichen Nager denken! Nachdem sich die Tiere gerne unter einer dikken Mulchdecke aufhalten, wird das im Sommer aufgebrachte Abdeckmaterial in unmittelbarer Umgebung der Baumstämme entfernt. Die Wühlmaus selbst wird am besten mit Fallen und Ködermittel bekämpft.
Stippigkeit der Äpfel ist meist auf geringen Fruchtbehang und Wassermangel während der Sommermonate bzw. Kalkmangel in den Früchten zurückzuführen. Im Erwerbsanbau werden wiederholte Calcium-Spritzungen vorgenommen, was im Liebhaberanbau schon wegen des Arbeitsaufwandes ausscheidet. Hier kann man aber mit Mulchen und Wässern während extremer Trockenperioden vorbeugen, vor allem bei empfindlichen Sorten wie 'Boskop', 'Goldparmäne', 'Glockenapfel' u. a.

Oktober

Obsternte Spätsorten nicht zu früh ernten, denn jeder Tag, an dem die Äpfel und Birnen noch am Baum hängen, kommt ihnen zugute. Frostnächte mit kurzfristig bis −6 °C werden ohne Schaden überstanden, die Früchte dürfen nur nicht im gefrorenen Zustand mit den Händen angefaßt werden. Also mit der Ernte bis zum späten Vormittag warten!

Äpfel und Birnen sind dann pflückreif, wenn sie sich bei einer leichten Drehung samt Stiel vom Fruchtholz lösen, ohne daß dieses beschädigt wird. Wichtig ist, daß die zur Lagerung vorgesehenen Früchte samt Stiel gepflückt werden, da andernfalls an der Frucht eine Öffnung für Fäulnispilze vorhanden ist. Ebenso sind bei weichschaligen Sorten Druckstelle zu vermeiden oder Verletzungen durch lange, spitze Fingernägel.

Leitern und Pflückgefäße Holzleitern, die oft das ganze Jahr über im Freien an einem Schuppen hängen, sind sehr gefährlich. Vor der Verwendung unbedingt Sprossen und Standfestigkeit überprüfen! Zwar nicht so schön, aber leicht zu handhaben und weitgehend sicher sind Leichtmetall-Leitern, vor allem, wenn sie mit Stützen ausgestattet sind. Mit solchen standsicheren Schiebeleitern kann bei Halb- und Hochstämmen auch der äußere Kronenbereich abgeerntet werden, ohne daß Gefahr besteht. Fehlt eine solche Leiter, sollten die an den äußeren Triebspitzen hängenden Früchte mit einem Obstpflücker geerntet werden.

Als Pflückgefäße empfehlen sich Kunststoffeimer, wie sie in jedem Haushalt vorhanden sind. Mit einem S-förmigen Haken kann der Eimer an einen Ast oder an die Leiter gehängt werden.

Obstverwertung Aus Äpfeln, die bei der Ernte beschädigt wurden oder aus anderen Gründen zum Lagern nicht geeignet sind, kann man Süßmost (Apfelsaft) oder Gärmost herstellen. Vor allem säuerlich schmeckende Sorten, als Mostobst bezeichnet, eignen sich dazu vorzüglich.

Obstlagerung Eingelagert werden nur gesunde, nicht beschädigte Äpfel oder Birnen. Alles übrige Obst wird möglichst bald verbraucht bzw. »verflüssigt«. Kühle Luft und hohe Luftfeuchtigkeit fördern die Haltbarkeit der eingelagerten Früchte, deshalb die Fenster des Lagerraumes in kühlen Nächten und an Nebeltagen weit öffnen.

Gras und Mulch Unter Obstbäumen, die auf einer Wiese stehen, wird bis an die Baumstämme heran gemäht. Die Stämme sollten frei stehen, weil sie dann besser vor Mäusen oder Rindenkrankheiten geschützt sind. Wo gemulcht wurde, entfernt man das Abdeckmaterial in der Nähe der Baumstämme, um einer Schädigung durch Mäuse vorzubeugen.

Pflanzung Boden gründlich vorbereiten, wenn ab Ende des Monats gepflanzt werden soll. Bei den Überlegungen, an welche Stellen Obstbäume gepflanzt werden können, auch an die Hauswände oder an die Garagenwand denken. Spalierbäume am Haus sehen nicht nur hübsch aus, man kann an solche geschützte Stellen auch anspruchsvollere Sorten pflanzen. Wenn dies noch dazu unter einem Dachvorsprung möglich ist, können sogar schorfempfindliche Sorten gewählt werden, die an einem gegen Regen weitgehend geschützten Platz ohne jegliche Spritzung fleckenfreie Früchte bringen.

Pflanzenschutz Um einem Befall durch Frostspanner vorzubeugen, legt man jetzt Leimringe um die Baumstämme; es gibt sie in Rollen zu kaufen. Sie müssen dicht und fest am Stamm anliegen. Wenn die flügellosen Weibchen des Falters in die Baumkrone gelangen wollen, bleiben sie am Leimring hängen, so daß es nicht zur Eiablage kommt.

Blattfallspritzungen wirken gut gegen Holz- und Rindenpilze. Bei Kernobst ist dies der Obstbaumkrebs, bei Steinobst der Bleiglanz und die Valsakrankheit, durch die Gummifluß verursacht wird. Die Bäume müssen dabei mit der Spritzbrühe richtiggehend abgewaschen werden, damit auf die Eintrittspforten der Pilze, wie z. B. noch nicht verkorkte Blattnarben, ein Schutzbelag kommt. Die Spritzung wird unmittelbar nach dem Laubfall durchgeführt. Nachdem bekannt ist, daß Grünkupfer die Regenwürmer beeinträchtigt, kann Delan, 20 g/10 l Wasser verwendet werden, mit ebenfalls guter Wirkung und keiner bekannten Benachteiligung der Regenwürmer.

November

Pflanzzeit Obstbäume und Beerensträucher können den ganzen November hindurch gepflanzt werden. Nur bei vorzeitigem Wintereintritt und vorübergehend stärkerem Bodenfrost muß gewartet werden, bis der Boden wieder offen ist.
Wenn möglich, sollte aber im Herbst gepflanzt werden; die Bäume haben dann im nächsten Jahr einen Wachstumsvorsprung gegenüber solchen, die erst im späten Frühjahr in den Boden kommen. Lediglich kälteempfindliche Obstarten wie Pfirsich, Aprikose, Walnuß, Edelrebe und Brombeere pflanzt man erst im Frühjahr.
Kann man noch nicht pflanzen, weil die Zeit für eine gründliche Bodenvorbereitung nicht gereicht hat, so sollte man bereits jetzt die benötigten Obstbäume und Beerensträucher in der Baumschule oder im Garten-Center kaufen und sie den Winter über einschlagen. Im Frühjahr sind häufig die gewünschten Sorten und Unterlagen vergriffen.

Obstlagerung Bei Nacht, sowie an Nebel- und Regentagen werden die Fenster des Lagerraumes weit geöffnet, damit viel feuchte und kühle Luft hereinströmen kann. Freilich, der Idealzustand ist unter häuslichen Verhältnissen nicht erreichbar, denn die günstigte Lagertemperatur liegt nur wenig über 0 °C. Eingelagertes Obst wöchentlich durchsehen und dabei angefaulte Früchte entfernen.

Pfähle und Baumbänder Bevor der Winter beginnt, Pfähle der Spindelbüsche und der Beerenstämmchen überprüfen, ebenso das Bindematerial. Immer wieder kommt es vor, daß bereits im November schwerer, nasser Schnee fällt, der die Bäumchen umdrückt, wenn sie nicht festen Halt haben. Bei der Durchsicht werden auch eingewachsene Etiketten oder Baumbänder entfernt und durch locker anliegendes aber stabiles Bindematerial ersetzt.

Bodenuntersuchung Vor einer größeren Pflanzaktion Proben aus dem Unter- und Oberboden entnehmen und an eine Untersuchungsanstalt (S. 71) einschicken. Aus dem Ergebnis und dem beigefügten beratenden Text kann man dann entnehmen, ob bei der Neupflanzung eine Vorratsdüngung eingebracht werden soll und wieviel.
Auch bei bestehenden Obstpflanzungen gibt eine Bodenuntersuchung Aufschluß über den Nährstoffspiegel. Es kann durchaus sein, daß genügend Phosphor, Kali und Magnesium im Boden vorhanden ist. Man gibt dann anstelle eines Blau-Volldüngers nur noch Stickstoff.

Bodenlockerung Unter Spindelbüschen und Beerensträuchern den Boden oberflächlich lockern und vorhandenes Unkraut herausziehen. Als Gerät nimmt man die Grabgabel, auf keinen Fall den Spaten, weil damit ein Teil der feinen, flachstreichenden Wurzeln abgestochen würde.

Kompostieren Obstlaub zusammen mit den zerkleinerten Abfällen aus dem Zier- und Gemüsegarten kompostieren. Bedenken, daß dadurch Pilzkrankheiten für das nächste Jahr konserviert werden, bestehen nicht. Wenn die Witterungsverhältnisse für das Auftreten von Pilzkrankheiten günstig sind, wird es ohnehin zu einem Befall kommen, auch wenn man das gesamte Obstlaub aus dem Garten entfernen würde. Nur durch andere Maßnahmen wie Obstbaumschnitt und Spritzungen kann einem solchen Befall vorgebeugt werden.

Pflanzenschutz An jungen Bäumen gegen Wildverbiß Drahthosen oder Kunststoffspiralen anlegen bzw. dafür sorgen, daß in wildgefährdeten Gärten die Umzäunung dicht ist.

Feldmäuse Sie können den Wurzelhals von Obstbäumen völlig entrinden, so daß die Bäume absterben. Vor allem Spindelbüsche sind gefährdet. Mulchmaterial oder Gräser in unmittelbarer Umgebung des Stammes entfernen, weil sie den Feld- aber auch den Wühlmäusen Unterschlupf bieten.

Obstbaumschnitt An älteren Bäumen, bei denen es auf ein gründliches Auslichten der Krone ankommt, kann damit bereits jetzt begonnen werden. Auch das Verjüngen von wenig wüchsigen Bäumen, deren Früchte in letzter Zeit klein geblieben sind, sollte nicht bis auf das kommende Frühjahr verschoben werden. Gerade diese Arbeit, also ein Auslichten in Verbindung mit einem starken Zurücknehmen der verbleibenden Äste, wird am besten schon im Spätherbst durchgeführt.

Obstbaumschnitt Bei günstiger Witterung wird das Auslichten älterer Bäume fortgesetzt. Man braucht dazu vor allem die Säge, denn mit dem Herumschnipseln an kleinen Trieben wird nichts erreicht. Zuallererst werden kranke oder gar schon dürr gewordene Äste aus der Krone entfernt. Von sich überkreuzenden Trieben oder Ästen schneidet man den schwächeren oder den ungünstiger stehenden heraus. Und schließlich werden zu dicht stehende Äste entfernt. Durch die Krone sollte man anschließend einen Hut hindurchwerfen können. Wenn sie jetzt zu licht erscheint, ist es gerade richtig, denn ab Frühjahr kommen die Blätter und Neutriebe hinzu. Starkwüchsige Bäume sollten allerdings nicht gleich auf einmal zu stark ausgelichtet werden. Hier verteilt man die Arbeit besser auf 2 oder gar 3 Jahre, weil es sonst zu einer übermäßig starken Bildung von »Wasserschossen« kommen würde, die dann wieder nachbehandelt werden müßten.

Schnittkurse Obst- und Gartenbauvereine, Siedlerverbände, Kleingärtnervereine und Volkshochschulen veranstalten in den Wintermonaten Obstbaumschnittkurse, die meist von erfahrenen Fachleuten geleitet werden. Es lohnt sich, hier mitzumachen, denn der Obstbaumschnitt kann nicht ausschließlich aus Büchern erlernt werden. Die Praxis gehört unbedingt dazu, bzw. sie ist die Voraussetzung, daß man die im Buch beschriebenen Schnittmethoden verstehen und im eigenen Garten anwenden kann. Das gleiche gilt für das Veredeln.

Abgängige Bäume Ist ein Baum erheblich durch Frost geschädigt oder stirbt er aus anderen Gründen ab, sollte er gerodet und durch einen Jungbaum ersetzt werden. An der gleichen Stelle wird nach Möglichkeit der Boden ausgetauscht bzw. eine andere Obstart gepflanzt.

Umveredeln Wenn eine Sorte nicht befriedigt, kann der betreffende Baum im nächsten Frühjahr umveredelt werden. Dies ist allerdings nur sinnvoll, wenn er gesund und noch nicht zu alt ist. Die Pfropfköpfe sollen keinen größeren Durchmesser als Handbreite haben. Nachdem die Krone ausgelichtet ist, kann sie bereits jetzt im dachförmigen Winkel abgeworfen werden. Im unteren Bereich müssen einige Zugäste verbleiben, die nicht zurückgeschnitten werden.

Edelreiser Als solche eignen sich nur gut ausgereifte, einjährige Triebe, die etwa bleistiftstark sind. Sie können ab Monatsende vom Baum der gewünschten Sorte geschnitten und bis zur Veredelung im nächsten Frühjahr an der Nordseite des Hauses eingeschlagen werden.

Kompostieren Die beim Schnitt anfallenden Zweige von Obstbäumen und Beerensträuchern müssen nicht verbrannt oder aus dem Garten fortgeschafft werden. Wenn sie nur etwa fingerstark sind, eignen sie sich zum Kompostieren. Man lagert sie, auf etwa Fingerlänge zusammengeschnitten, in einem großen Karton oder anderen Behälter bis sie gebraucht werden. Beim Kompostieren gibt man auf eine etwa 20 cm starke Schicht aus Garten- und Küchenabfällen jeweils ein paar Handvoll von diesen Zweigen. Dadurch kommt viel Luft zwischen die einzelnen Schichten, die Verrottung läuft rasch ab und ein Umsetzen des Komposthaufens bzw. des in einem Behälter angesammelten Materials erübrigt sich. Nachdem dieses Schnittmaterial 2–3 Jahre braucht, bis es verrottet ist, also wesentlich länger als die üblichen Küchen- und Gartenabfälle, kann man es mehrmals als luftführende Schicht verwenden.

Obstlager Eingelagertes Obst wiederholt durchsehen und Früchte mit Faulstellen rasch verwerten. Solange es noch nicht extrem kalt ist, viel lüften und den Boden in einem trockenen Lagerraum des öfteren mit Wasser besprengen.

Pflanzung Obstbäume und Beerensträucher pflanzen, solange der Boden offen ist. Auch eine späte Pflanzung ist bei Äpfeln, Birnen, Zwetschen und Kirschen meist günstiger als eine Frühjahrspflanzung im April.

Pflanzenschutz Flüssige Pflanzenschutzmittel dürfen den Winter über nicht in der Gerätehütte verbleiben. Durch Frosteinwirkung werden sie unbrauchbar. Auch die Obstbaumspritze muß den Winter über in einen frostfreien Raum gebracht werden, damit sie ab Frühjahr funktioniert.

Bezugsquellen

Alte Obstsorten

Klaus Ganter, BdB-Markenbaumschule, Forchheimer Str. – Baumweg 2, 7831 Wyhl am Kaiserstuhl, Tel.: (07642) 1061
(umfangreiches Sortiment alter Apfel- u. Birnensorten, ebenso neueste Sorten, Walnußveredelungen u. a.)

Hans Bartsch, Deutsche Markenbaumschule, Postfach 1250, 6222 Geisenheim am Rhein, Tel.: (06722) 8220
(Spezialität: Walnußveredelungen, kleinbleibende Süßkirschen, Kultur-Heidelbeeren, Edelreben, Kiwi u. a.)

Baumschule Brenninger, Hofstarring 57, 8251 Steinkirchen, Tel.: (08084) 667
(umfangreiches Sortiment alter Apfel- u. Birnensorten, Walnußveredelungen u. a.)

Baumschulen Baumgartner, 8341 Nöham b. Pfarrkirchen, Tel.: (08726) 205
(umfangreiches Sortiment alter Apfel- und Birnensorten, Kirschen und Zwetschen)

Peter Klock, Stutsmoor 42, 2000 Hamburg 52, Tel.: (040) 8991698
(Topfobstbäumchen, alte und neuere Obstsorten, seltene Obstarten, Veredlungsunterlagen und -zubehör)

Hermann Cordes, Lütlanden 4, 2000 Wedel (Holst.), Tel.: (04103) 2498 u. 86969
(Alte und neuere Obstsorten)

Peter Friedlein, BdB Markenbaumschule, 6980 Wertheim-Lindelbach, Tel.: (09342) 6563
(Zwergapfelbäume, doppelte U-Formen von Äpfeln und Birnen in versch. Sorten zur »klassischen« Einfassung von Wegen und zur Bekleidung von Hauswänden, Riesenmonatserdbeere ‘Rimona Hummi’)

Garten-Baumschule Greb, 8703 Ochsenfurt/Main, Tel.: (09331) 2281
(im Sortiment einige alte Lokalsorten von Apfel und Birnen, Zwetschen/Pflaumen, sowie neuere Sorten)

Fritz Schwab, Baum- und Rosenschulen, 8070 Ingolstadt-Oberbrunnenreuth, Tel.: (08450) 8002
(Alte Apfelsorten, Heidelbeeren)

Garten-Baumschulen Münkel, 6987 Külsheim-Hundheim, Tel.: (09345) 400
(Alte und neuere Obstsorten)

Fischer’s Baum- und Rosenschulen, 8049 Fahrenzhausen-Bärnau, Tel.: (08133) 2014
(Alte und neuere Obstsorten)

W. Kordes’ Söhne, Rosenschule, 2206 Klein Offenseth-Sparrieshoop/Holstein, Tel.: (04121) 8688
(Diese altbekannte Rosenschule vermehrt die auf S. 129 empfohlene Johannisbeersorte ‘Traubenwunder’)

Walter Arzt, Obstbau, Jettinger Steig 1, 7033 Herrenberg, Tel.: (07032) 6315
(Spezialbetrieb für Himbeeren – Meristem Nachbau –, Brombeeren z. B. Neuheit ‘Hull Thornless’)

Albert Zillmer, Preiselbeer-Spezialanzucht, Hammer Kirchweg 55, 3079 Uchte, Tel.: (05763) 454
(Preiselbeersorten ‘Erntedank’, ‘Erntekrone’, ‘Erntesegen’)

Wilhelm Dierking, Deutsche Markenbaumschule, OT Nienhagen, 3031 Gilten, Tel.: (05071) 2932
(Kulturpreiselbeere ‘Koralle’)

Walter Bösel, Dorpaterstr. 14, 8000 München 81, Tel.: (089) 931711
(Apfelsorte ‘Orleans’)

Geräte, Zubehör

Zuwa-Zumpe GmbH
Franz-Fuchs-Str. 13–17, Postf. 1152, 8229 Laufen/Salzach, Tel.: (08682) 316
(Pflanzenschutzgeräte, Düngelanze)

W. Rinderer, Küferei-Brennerei, 7980 Ravensburg-Wernsreute, Tel.: (07546) 2346
(Leitern aus Holz und Alu)

Hermann Schneider GmbH, Emmersweilerstr. 6, 6624 Großrosseln 1, Tel.: (06898) 4999
(Leitern – Einholmleiter »Tiroler-Steigtanne«)

Lorenz Heckelmann & Söhne
Holz- und Kunststoffverarbeitung, 8736 Waldfenster, Tel.: (09734) 242
(Betonklötzchen mit Holzklammer – zum »Waagrechtbinden« von Trieben/Sommerbehandlung)

Fa. Franz Bittner
Lager- und Keller-Einrichtungen,
6424 Grebenhain 2 – Hochwaldhausen,
Tel.: (0 66 43) 280
(Obststellagen aus Holz)

Wilhelm Wahler, Maschinenbau,
Dietbachstr. 13–17,
7000 Stuttgart 60, Tel.: (07 11) 33 24 26
(Obstverwertung – Korbpressen/Obstmühlen usw.)

H. Rink, Geräte für häusliche Obstverwertung,
7989 Amtzell,
Tel.: (0 75 20) 61 45
(Dörren im Haushalt)

Paul Arauner KG, Postfach 349, Wörthstr. 34–36,
8710 Kitzingen,
Tel.: (0 93 21) 80 01
(Reinzuchthefen, Kellereiartikel, Weinlabor und Beratungsdienst)

Dr. Meixner GmbH, Sonntagweg 6 c,
7000 Stuttgart 80,
Tel.: (07 11) 68 95 46
(Trockengeräte (Obstdarren) für Obst, Gemüse u. a., versch. Marken und Modelle – Interpilz)

Landesverbände für Obst- und Gartenbau u. ä.

Landesverband für Obstbau, Garten und Landschaft Baden-Württemberg
Klopstockstr. 6, 7000 Stuttgart 1

Bayer. Landesverband für Gartenbau und Landespflege
Herzog-Heinrichstr. 21, 8000 München 2

Landesverband Hessen zur Förderung des Obstbaues, der Garten- und Landschaftspflege
Eichgärten-Allee 1, 6300 Gießen

Verband kurhessischer Obst- und Gartenbauvereine
Postfach 11, 3502 Vellmar 1

Verband der Gartenbauvereine Saar-Pfalz
Blumenstr. 11, 6600 Saarbrücken

Landesverband der Gartenbauvereine Westfalen-Lippe
Postfach 187, 4430 Burgsteinfurt

Verband Rheinischer Gartenbauvereine
Landesverband für Gartenkultur und Landespflege
Endenicher Allee 60, 5300 Bonn

Pflanzenschutzämter

Landesanstalt für Pflanzenschutz
Reinsburgstr. 107, 7000 Stuttgart 1,
Tel. 07 11/66 76-25 73

Bayerische Landesanstalt für Bodenkultur und Pflanzenbau – Abteilung Pflanzenschutz –
Menzinger Str. 54, Postfach 38 02 69,
8000 München 19, Tel. 0 89/1 79 91

Pflanzenschutzamt Bremen
Slevogtstr. 48, 2800 Bremen, Tel. 04 21/3 61 25 75

Institut für angewandte Botanik – Pflanzenschutzamt – Hamburg
Marseiller Str. 7, 2000 Hamburg 36,
Tel. 0 40/41 23 23 53

Hessisches Landesamt für Ernährung, Landwirtschaft und Landentwicklung – Pflanzenschutzdienst –
Friedrich-Wilhelm-von-Steuben-Str. 2,
Postfach 93 01 29, 6000 Frankfurt/Main 93,
Tel. 06 11/77 50 51-52

Pflanzenschutzamt Hannover
Wunstorfer Landstr. 9, 3000 Hannover 91,
Tel. 05 11/4 00 50

Pflanzenschutzamt Oldenburg
Mars-la-Tour-Str. 9–11, Postfach 25 49,
2900 Oldenburg, Tel. 04 41/8 01-1

Pflanzenschutzamt der Landwirtschaftskammer Rheinland
Rodeweg 5–11, 5300 Bonn 3, Tel. 02 28/43 40

Institut für Pflanzenschutz, Saatgutuntersuchung und Bienenkunde der Landwirtschaftskammer Westfalen-Lippe
Nevinghoff 40, 4400 Münster/Westfalen,
Tel. 02 51/27 61

Landespflanzenschutzamt Rheinland-Pfalz
Essenheimer Str. 144, 6500 Mainz-Bretzenheim,
Tel. 0 61 31/3 40 01-2

Pflanzenschutzamt Saarbrücken
Lessingstr. 12, 6600 Saarbrücken 3,
Tel. 06 81/6 55 21

Pflanzenschutzamt des Landes Schleswig-Holstein
Westring 383, 2300 Kiel, Tel. 04 31/56 20 15

Pflanzenschutzamt Berlin, mit Dienststelle für Forstschutz und forstliches Saatgutwesen
Altkircher Str. 1 u. 3, 1000 Berlin-Dahlem
(Post: 1000 Berlin 33), Tel. 0 30/8 31 38 82

Register